Karl-Georg Müller

Eifel

Wandern für die Seele

20 Wohlfühlwege

Alle Touren auf einen Blick

AUSZEITEN

WEITBLICKE

GENUSS

ENTSCHLEUNIGUNG

ERFRISCHUNG

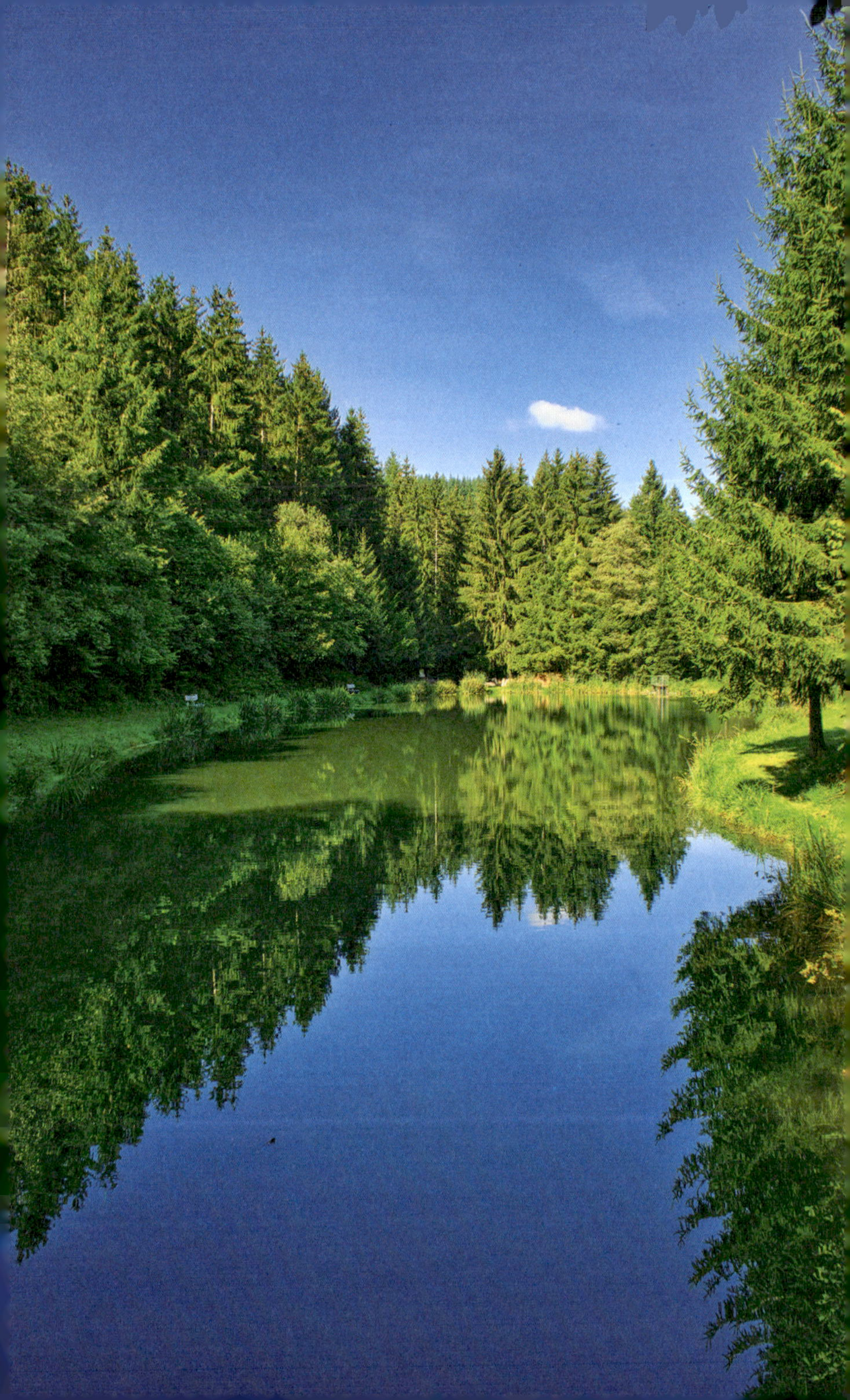

Liebe Wanderfreunde und Auszeitsucher,

damit Sie sich beim Wandern in der Eifel rundum wohlfühlen, haben wir 20 Touren für Sie zusammengestellt, die ihr **Augenmerk auf das Entspannen** legen.

Von der östlichen Vulkaneifel mit ihrem malerischen Laacher See und der eindrucksvollen Abtei Maria Laach über idyllische Flecken wie Monreal ziehen sich unsere Wege quer durch die Eifel. Wir erkunden den Nationalpark Eifel im Norden und lernen den Kermeter kennen. In der Vulkaneifel erspüren wir mit den Sinnen die Tiefen der Maare und entdecken sprudelnde Quellen. Bunt blühende Wiesen säumen unsere Wege, wir steigen hoch auf Bergfriede und lassen unsere Blicke weit über die Eifelhöhen schweifen. Die Südeifel lockt uns in Teufelsschluchten und verschwiegene Täler, und wir freuen uns, wenn farbenfrohe Schmetterlinge und Libellen um uns schwirren.

NATUR
KULTUR
GENUSS
TOUR
GPS-Tracks zum Download

Natürlich ist beim Wandern für die Seele auch für das **leibliche Wohl** gesorgt: Die persönlich getesteten und für gut befundenen Einkehrtipps – oft mit dem Fokus auf heimischen Produkten – und besondere kulturelle wie auch handwerkliche Angebote in der Nähe ergänzen die Wohlfühlwege perfekt.

Jede Tour bringt uns an Orte, die zum Entspannen einladen oder zum ruhigen Anschauen – eben **richtige Auszeiten** vom hektischen Alltag. An Wohlfühlorten, die jeweils ihren eigenen, ganz besonderen Zauber entfalten, wenn wir uns darauf einlassen. Denn eins ist klar: Wer sich wohlfühlen will, der wandert in der Eifel!
Viel Freude beim Wandern für die Seele wünscht

Ihr Karl-Georg Müller

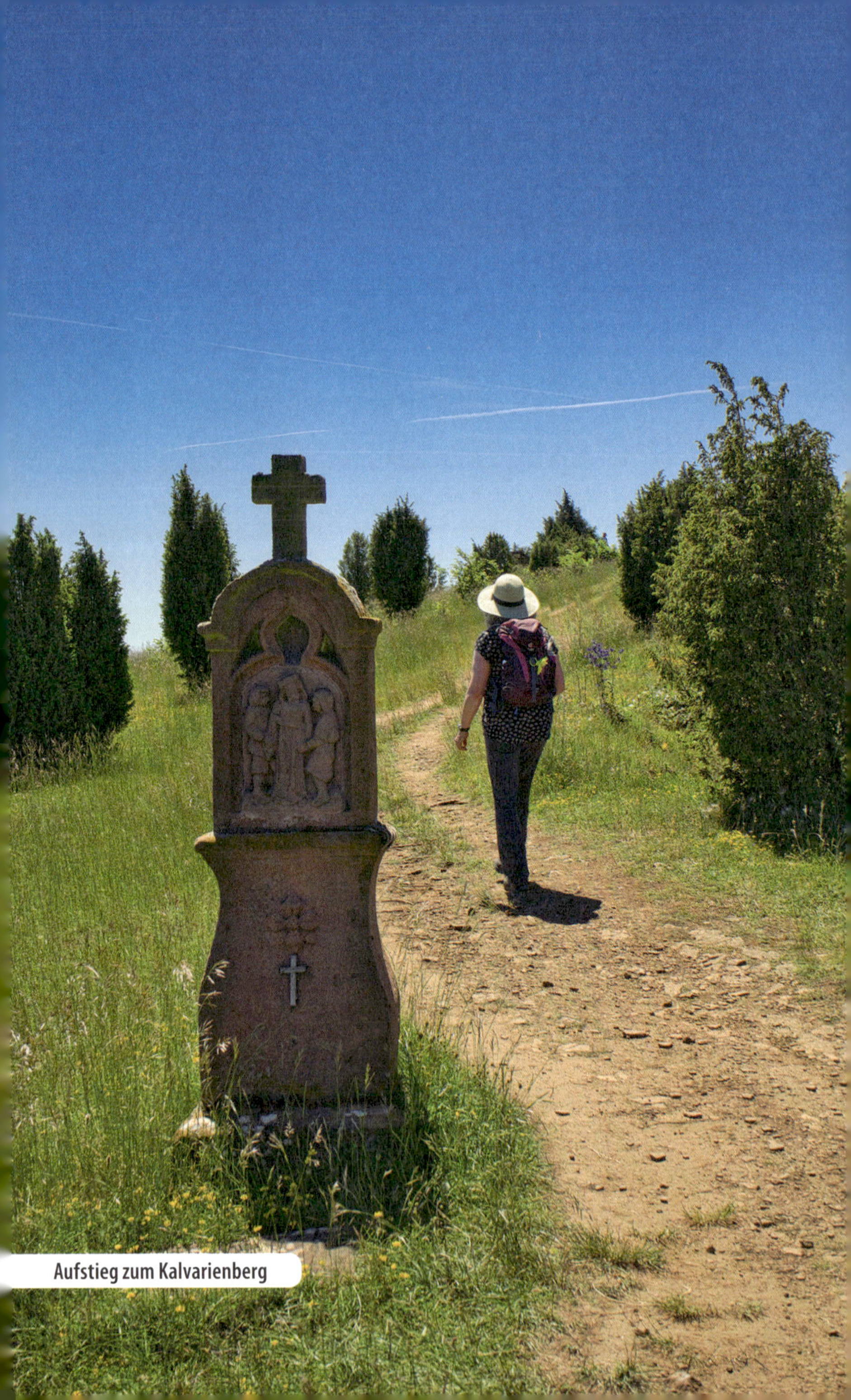

Aufstieg zum Kalvarienberg

Der Duft der Toskana

Auf der EifelSpur Toskana der Eifel

Wir beginnen unsere Wanderung an der ① **Friedhofskapelle St. Agatha** in der Nähe von Alendorf. Die Kapelle wurde 1494 erbaut, bis 1929 diente sie als Pfarrkirche des Ortes. Der Pfarrer ließ auf der Anhöhe im Jahr 1827 rund um die Kapelle Buchen anpflanzen, die auch heute noch für schattige Flächen sorgen. Der EifelSpur folgen wir entgegen dem Uhrzeigersinn und nehmen den Weg um den Friedhof herum. Unser Wanderweg ist bestens mit dem Logo – einem Fußabdruck und der Wegbezeichnung EifelSpuren: Toskana der Eifel – ausgeschildert.

Selbst am frühen Morgen sorgt die Sonne bereits für gute Temperaturen, sodass wir froh sein können, dass wir uns mit Hut und Sonnencreme geschützt auf den Weg machen. Die ersten Schritte geht es gemütlich über einen Feldweg, bald schwenken wir links hinab in eine Senke, ziehen gleich wieder hinauf – und finden uns sofort inmitten eines Wacholdergebiets wieder. Wir schauen auf den kleinen Ort Alendorf hinunter, der vom Kalvarienberg, dem Hämmersberg und vom Eierberg umrahmt wird. Ein ② **Panoramafenster** auf dem Eierberg bietet uns eine erste Gelegenheit für ein Traumfoto. Die Höhe ist mit Trockenrasen bedeckt und mit Wacholderheiden – markante Zeichen der durch jahrhundertelange extensive Schafbeweidung entstandenen Triftenlandschaft der Kalkeifel. Natürlich laden uns Rastbänke zum Verweilen ein, doch so kurz nach Beginn unserer Wanderung

Kilometer: 14,1
Höhenmeter: 342
Stunden: 4
RUNDWEG

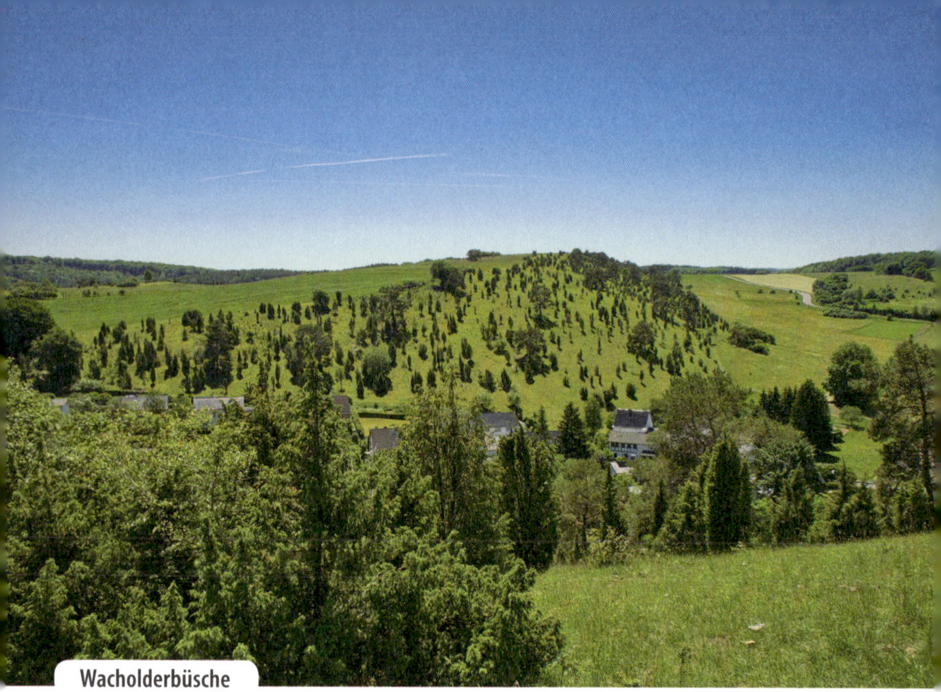

Wacholderbüsche

lehnen wir das Angebot ab und wandern weiter entlang der anregenden Wacholderlandschaft.

Ein Linksschwenk führt uns zügig hinunter zum Odenbach, bald zum Frömmelsbach und gleich danach den Hang hinauf. Bald sorgt rechter Hand ein kleines Waldstück für Schatten, während unsere Augen zur anderen Seite über die grüne Wiesenlandschaft bis weit über Alendorf hinausschauen. Wir schnaufen ein wenig wegen der Anstrengung, doch wenn wir wirklich Erholung brauchen, dann sollten wir uns bis zu einer Weggabelung gedulden. Dort wartet eine **3 XXL Panoramabank** auf uns, bei der das XXL wörtlich zu nehmen ist: Ein paar Holzstufen führen hoch auf die Sitzfläche; wir setzen uns und lassen unsere Beine locker ein gutes Stück über dem Erdboden baumeln. Natürlich gibt es Aussichten im Überfluss.

Zögerlich steigen wir wieder hinab, denn manchmal möchte man beim Wandern keinen Abschied nehmen, und Orte wie dieser wecken den Wunsch nach einem längeren Verbleib. Wir aber wandern zwischen Feldern zur **K 43,** queren sie umsichtig, folgen der Straße ein paar Meter und biegen auf einen Feldweg ein.

Auf dem anschließenden Feld- und Waldweg laufen wir nicht nur entlang von Wiesen und Äckern, sondern auch an mit Wacholder und Sträuchern wie Weißdorn bestückten Flächen vorbei. Später steigt der Weg leicht an, bis beim Hämmersberg ein schöner ❹ **Schmetterlings-Rastplatz** auf uns wartet. Wie an anderen Plätzen auf unserer EifelSpur informiert uns eine Schautafel über Flora und Fauna der Region. So werden uns hier zur richtigen Jahreszeit zahlreiche Schmetterlinge begegnen. Wir breiten unsere Brotzeit auf einem rustikalen Tisch aus und nehmen uns Zeit zum Genießen.

Für die Seele

Mediterranes Flair begleitet uns auf einen Berg mit Geschichte und durch grüne Täler.

Anschließend wandern wir hinein ins Wammesbachtal. Ein kurzes Stück gehen wir entlang der Landstraße, steigen dann aber hinauf und erreichen nach 2 Kilometern mit abwechslungsreichem Wald, ebenfalls frisch bestückt mit Jungbuchen, im Talgrund ein weiteres Areal mit Wacholder. Durch eine stille Auen-

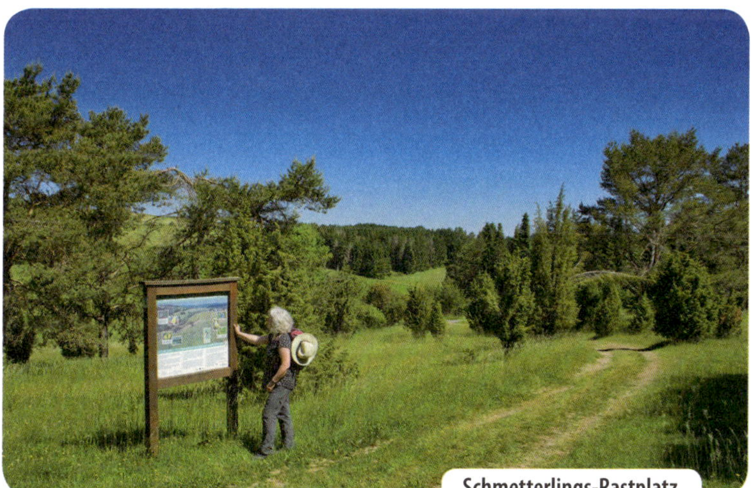

Schmetterlings-Rastplatz

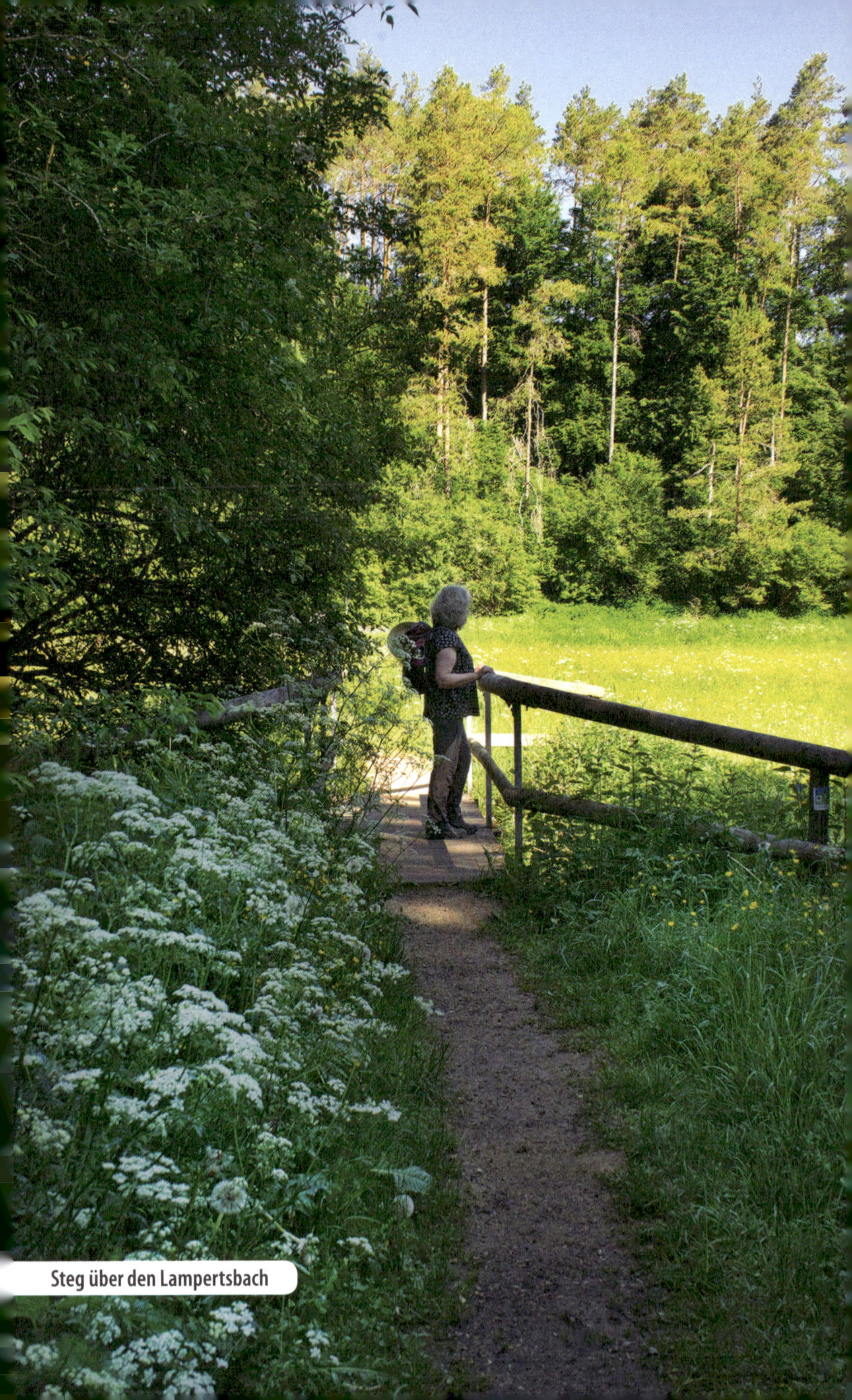

Steg über den Lampertsbach

landschaft wandern wir gemütlich weiter, bald fließt der Wammesbach mit dem **5 Lampertsbach** zusammen. Der Lampertsbach ist knapp 10 Kilometer lang und wird bis Alendorf Frömmelsbach genannt. Eine Holzbrücke und eine Weidewiese führen uns auf die andere Talseite, für einen weiteren Kilometer genießen wir die Ruhe des abgeschiedenen Lampertstals, bis unser Wanderweg nach links schwenkt und an Höhe gewinnt. Das folgende Wegstück hält uns richtig in Atem, es geht bergauf, zwischendurch holen wir Luft auf einer Rastbank, beobachten die friedlich auf einer Wiese grasenden Kühe und setzen unseren Weg fort. 100 Höhenmeter bewältigen wir und gelangen zu einer **Weggabelung,** die geradeaus zum Wanderparkplatz in Ripsdorf führt. Wir aber halten uns links.

*Im **Lampertstal** wachsen auf den Kalkmagerrasen etwa 30 verschiedene Orchideenarten, die dem Tal mit seinen Wacholderbüschen und den zahlreichen Schmetterlingsarten seine besonderen Facetten verleihen.*

Weitere Aussichten bereiten uns auf den letzten Anstieg vor. Wir schlendern durch ein Bachtal, manchmal auf weichem Wiesenweg, ein anderes Mal auf gut ausgebauten Feld- und Waldwegen. Zum Schluss nähern wir uns dem **6 Kalvarienberg,** den wir auf einem Pfad ersteigen.

*Der **Kalvarienberg** ist 523 Meter hoch. Er bietet eine beeindruckende Aussicht auf die Eifellandschaft. Seine Geschichte reicht ins 17. Jahrhundert zurück. Graf Salentin Ernst von Manderscheid-Blankenheim wollte einen Ort schaffen, der an Jerusalem erinnert.*

Als wir oben angekommen sind, setzen wir uns, betrachten die Landschaft, atmen tief ein und aus und schöpfen Kraft nach der intensiven Wanderung. Beglückt genießen wir die wundervolle Rundumsicht bis zur Dollendorfer Kalkmulde und zu den Vulkankegeln von Arenberg, zur Hohen Acht und zur Nürburg. Der Kalvarienberg ist ein Berg der Stille und Besinnung, aber auch ein Ort mit reicher Geschichte und einer einzigartigen Vegetation – in diesen Momenten sind wir dankbar, dass wir in tiefer Gelassenheit hier verweilen können. Auf einem Kreuzweg mit Stationen aus Buntsandstein und umsäumt von Wacholder steigen wir hinab zur **Alendorfstraße,** überqueren sie, halten uns links und gelangen nach ein paar Metern zu unserem Zielpunkt.

Diese wundervolle Wanderung wollen wir noch krönen. Zu Fuß gehen wir die wenigen Schritte entlang der Alendorfstraße hinab nach Alendorf. Am Ortseingang liegt das hübsche **7 Café Stübchen.** Auf den Außenplätzen genießen wir den köstlichen hausgemachten Kuchen – heute mit Äpfeln und Schokolade. Das ist das i-Tüpfchen, um einen perfekten Tag für die Sinne abzuschließen.

Wen es eher nach Deftigem gelüstet, fährt die **K 43** von Alendorf nach Ripsdorf, parkt in der Ortsmitte und besucht nicht nur den **8 Landgasthof Breuer,** sondern wirft auch einen Blick in den gleich danebenliegenden **9 Hofladen Caspers** mit einer Vielzahl regionaler Produkte, beispielsweise Rindfleisch vom ortsansässigen Landwirt Krings oder Ziegenkäse vom Vulkanhof in Gillenfeld in der Vulkaneifel.

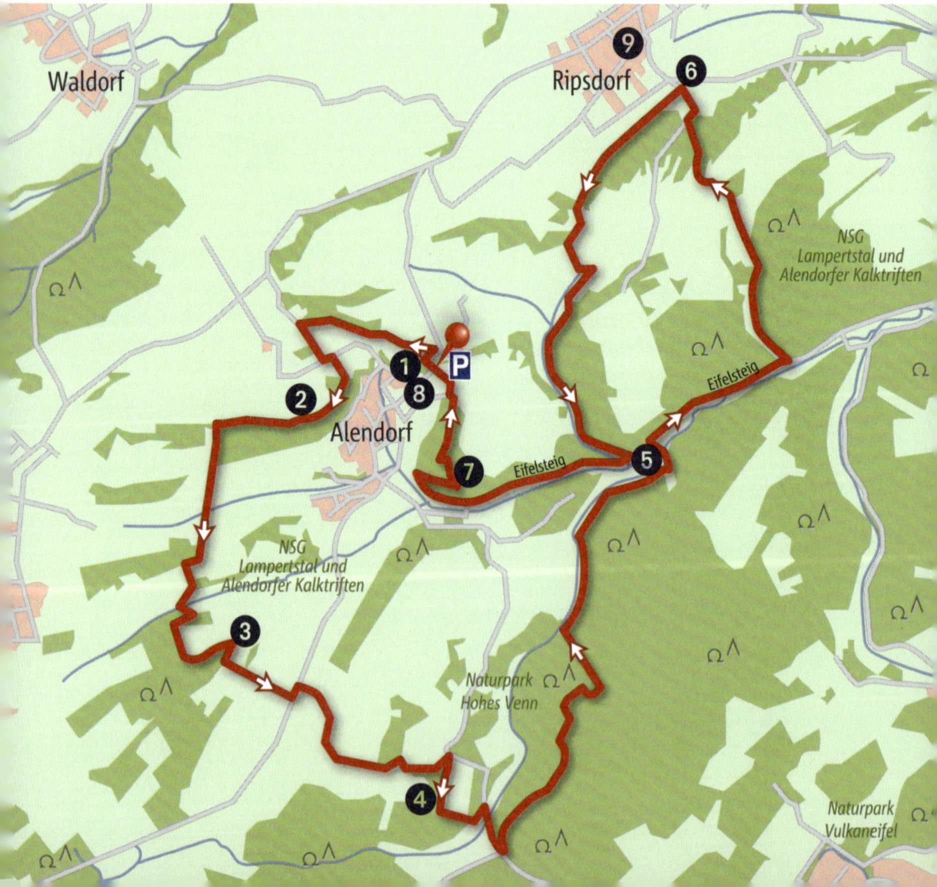

ALLES AUF EINEN BLICK

Entspannung
Abenteuer
Vielfalt

WIE & WANN

Meist wandern wir über gut ausgebaute Wanderwege, ab und an schlendern wir über Pfade; beste Wanderzeit von März bis November.

HIN & WEG

Auto: Von Köln über A1 bis Blankenheim, dann auf L 115 und weiter über B 258 und K 43 bis Alendorf. Die Friedhofskapelle befindet sich rechts vor dem Ort.
Von Trier über A60 bis Prüm, weiter über B 51 bis Blankenheim, dort auf B 258 nach Alendorf.
ÖPNV: Eigene Auswahl über die „Wanderbusse in der Eifel" (nordeifel-tourismus.de/aktivzeit/wandern/wanderbusse)

ESSEN & ENTSPANNEN

7 **Café Stübchen,** Quellenstraße 18, 53945 Blankenheim, Tel. (0162) 2 82 71 72
8 **Landgasthof Breuer,** Hauptstraße 74, 53945 Ripsdorf, Tel. (0 24 49) 10 09, www.breuer-ripsdorf.de
9 **Hofladen Caspers,** Hauptstraße 76, 53945 Ripsdorf, Tel. (0 24 49) 9 18 25 43

ENTDECKEN & ERLEBEN

1 **Friedhofskapelle St. Agatha**
2 **Panoramafenster**
3 **XXL Panoramabank**
4 **Schmetterlings-Rastplatz**
5 **Lampertsbach**
6 **Kalvarienberg**

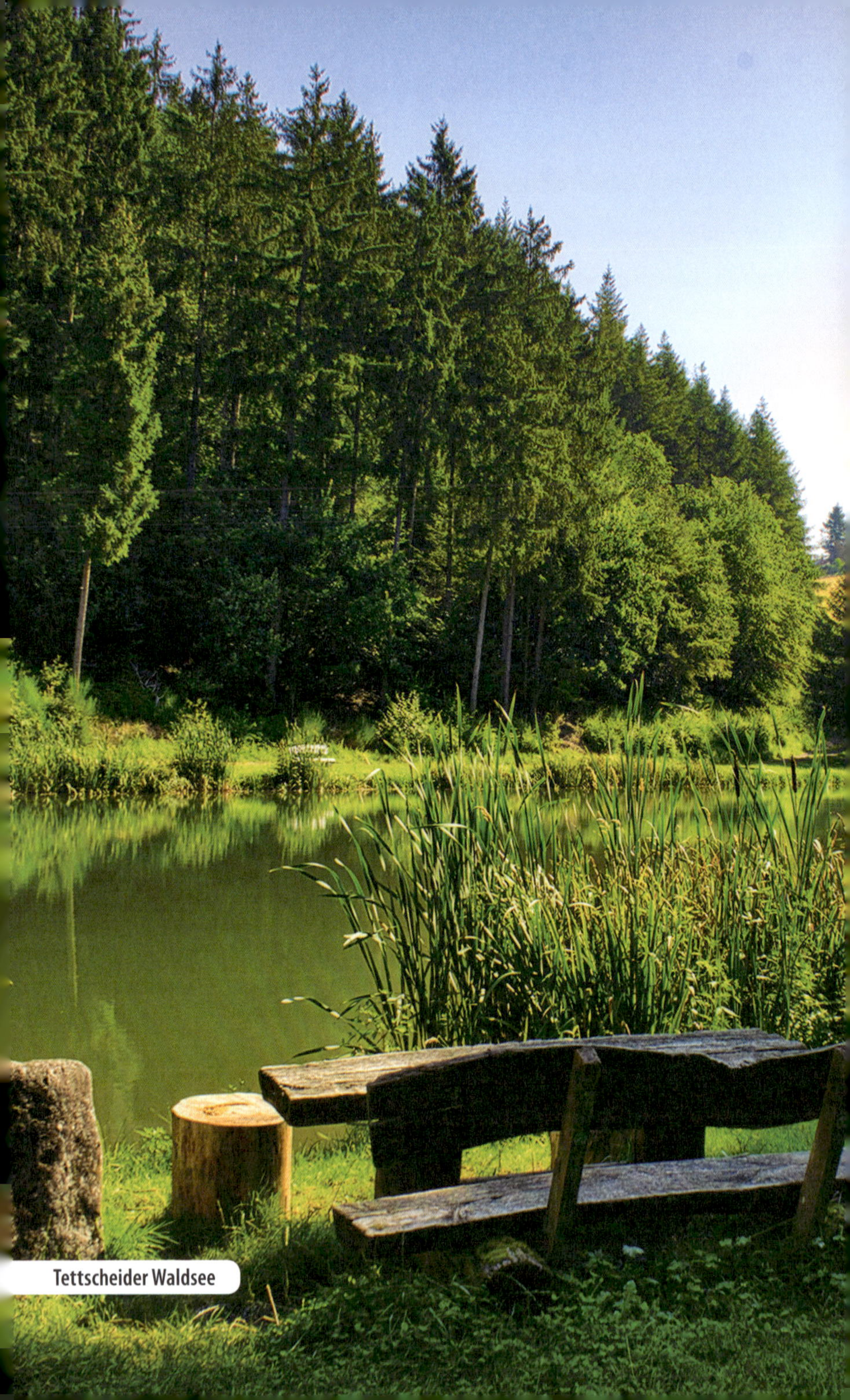

Tettscheider Waldsee

Stille Täler, sanfte Höhen

Auf und Ab an der munteren Lieser

Unsere Wanderung starten wir an der Kirche im beschaulichen Üdersdorf und folgen dem Wegezeichen der HeimatSpur 3-Dörfer-Weg, dem weißen Schriftzug „DW“ auf grünem Untergrund. Wir gehen über die **Manderscheider Straße** an der Kirche vorbei zum Sportplatz, laufen rechts entlang, überqueren die Landstraße und lassen die letzten Häuser des Dorfs hinter uns. Auf weichem Wiesenweg wandern wir nun leicht den Emmelberg hinauf in den Schatten spendenden Wald und halten uns an der folgenden Weggabelung rechts. Der naturbelassene Untergrund, auf dem wir entlang urwüchsiger Basalt- und Lavafelsen stromern, erfreut uns. Linker Hand breitet sich der **1 Lavasteinbruch Üdersdorf** aus. Wir dürfen den Steinbruch nicht betreten, doch von der Absperrung aus können wir die markanten Lavaströme mit den Gesteinsformationen erkennen. Früher wurde hier Schlacke abgebaut, die für die Zementherstellung verwendet wurde. Auf dem schmalen, bergab bei Nässe durchaus rutschigen Pfad bestaunen wir die gewaltigen Felsformationen, bis wir einen asphaltierten Weg erreichen. Nachdem wir diesen überquert haben, orientieren wir uns bald nach links und wandern im **Schlundgraben** auf einem angenehmen Waldweg.

Am **Rastplatz Lavagrube** gehen wir auf unserem Wanderweg rechts. Geradeaus entdecken wir übrigens einen Zugang zum Lavasteinbruch. Immer wieder sehen wir die tief unter uns fließende Lieser. Später verlieren wir an Höhe und gelangen an einen quer

Kilometer: 14,7
Höhenmeter: 387
Stunden: 4,5
RUNDWEG

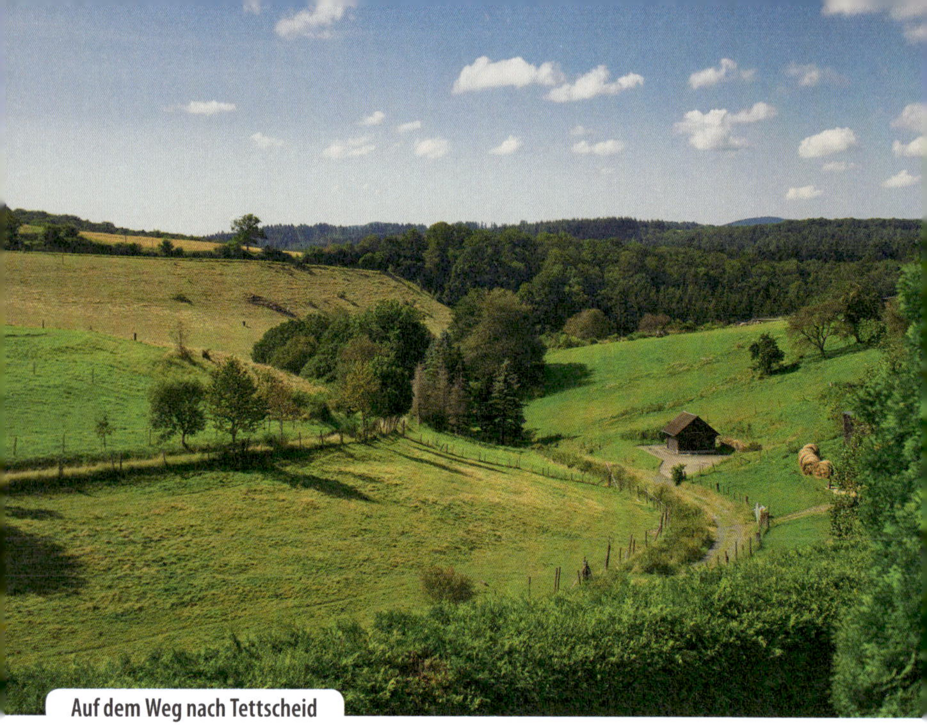

Auf dem Weg nach Tettscheid

verlaufenden Feldweg, wo wir uns rechts halten. Vielleicht sehen wir im Sommer eine kleine Herde Wasserbüffel, die sich hier sehr wohlfühlen.

Nun haben wir den Talgrund erreicht, in dem uns eine Brücke über die Lieser leitet, die wir fürs Erste hinter uns lassen. Nachdem wir eine Wiese überquert haben, tauchen wir in den Wald ein. Auf schmalem Pfad gewinnen wir an Höhe, halten uns bei einem Waldweg rechts und gelangen kurz darauf zum **2 Tettscheider Waldsee,** der auch als Angelweiher genutzt wird. Seine spiegelglatte Oberfläche reflektiert das sanfte Grün der umliegenden Bäume. Die Sonnenstrahlen, die durch das Blätterdach dringen, tanzen auf dem Wasser und zeichnen flimmernde Muster. Eine bunte Mischung an Bänken und Rastplätzen erwartet uns. Als wir uns für ein Exemplar ganz nah am See entschieden haben, lassen wir im wahrsten Sinn die Beine baumeln. Stille legt ihre beruhigenden Arme um uns, wir lauschen den Vögeln und genießen das sanfte Rauschen der Blätter im leichten Wind. Warum noch weiterwandern, fragen wir uns, wenn wir hier das finden, was uns eine Wanderung schenken soll: Entspannung, Ruhe, Erholung.

Als wir uns schließlich lösen können, geht es auf einem Waldweg den Berg hinauf, bevor wir die offene Felderlandschaft und ein Wildgehege erreichen. Nun nähern wir uns Tettscheid und wandern auf dem **Lieserweg** in den kleinen Weiler. Linker Hand sehen wir die schmucke **3 Jodokuskapelle.** Im Jahr 1743 wurde die erste kleine Kirche errichtet, später abgerissen und 1904 an dieser Stelle neu erbaut. Der Straße abwärts folgend, halten wir uns in der Dorfmitte links, wandern den **Lerchenweg** hinauf und kehren dann dem Ort den Rücken zu.

Für die Seele

Ganz entspannt geht es von Dorf zu Dorf an einem versteckten See und einer verträumten Ruine vorbei.

Auf einem weichen Grasweg geht es nun zügig vorbei an Wiesen und Äckern aufwärts. Auf der Höhe erreichen wir eine Wegkreuzung, halten uns geradeaus, während wir zur Linken einen Rastplatz entdecken. Bei einer kurzen Verschnaufpause lassen wir uns den seichten Eifelwind um die Nase wehen und ziehen dann weiter auf unserer Strecke, die wiederum eine Kapelle säumt. Als der gut ausgeschilderte Weg wieder bergab führt, tauchen wir tiefer in den Wald ein, es zieht uns stetig abwärts, ein Bächlein begleitet uns sanft plätschernd.

Im Talgrund erreichen wir das alte **4 Pumpenhäuschen am Pfaffenborn,** das wir uns neugierig näher ansehen. Aus den ersten Tagen der zentralen Trinkwasserversorgung stammend, wurde es vor wenigen Jahren saniert. Wir betreten das Gebäude und bestaunen die alten, robusten Pumpen. Und schon wartet der nächste Rastplatz auf uns.

*Brockscheid ist die Heimat einer historischen **Glockengießerei**. Sie wurde 1840 von der Familie Mark mit langer Tradition im Glockenguss gegründet. Sie hat die Zeiten überdauert und unter neuer Leitung wird das Handwerk der Glockenherstellung bewahrt.*

Anschließend schlängelt sich unsere HeimatSpur durchs Tal, bis sie sich entschließt, uns wieder ein paar Meter bergauf zuzutrauen. Wir erreichen **Brockscheid.**

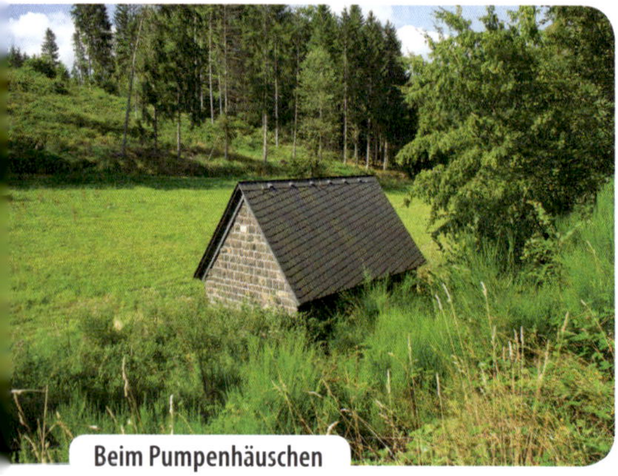
Beim Pumpenhäuschen

Im Ort wenden wir uns nach links in die **Glockenstraße,** queren die Kreisstraße und schlendern über eine Zugangsstraße an dem großen Gelände der ehemaligen **5 Glockengießerei** vorbei. Von außen erkennen wir die imposanten Hallen, in denen die Glocken gegossen wurden. Wir treffen erneut auf die **Glockenstraße** und verlassen über **Am Königsflur** das Dörfchen.

Die folgenden rund 2 Kilometer können wir uns entspannen, denn bis zur **6 Geisenburg** neigt sich der Wanderweg in angenehm sanften Wellen bergab. Wir erreichen die Burgruine, von der nur noch wenige Bestandteile erhalten sind. Ein schmaler bewachsener Pfad führt zu den geschichtsträchtigen Mauerresten. Die einst mächtigen Grundmauern der Ruine sind nun nur noch Reste, die die Natur im Laufe der Zeit überwuchert hat. Wir wandern zwischen den verwitterten Steinen hindurch, während das satte Grün der umliegenden Landschaft uns umgibt. Zur anderen Seite hingegen verheißt ein kleiner Rastplatz fabelhafte Aussichten ins Liesertal.

*Die **Geisenburg** wurde im Jahr 1340 von König Johann von Böhmen erbaut. Sie diente als militärischer Standort im Grenzland zwischen der Grafschaft Luxemburg und dem Erzbistum Trier. Die Lage auf einem Hügel bot einen idealen Überblick über die Umgebung.*

Von der Geisenburg kehren wir auf schlanker Strecke wieder zurück ins Liesertal, halten uns im Talgrund rechts und schwenken an einer Wegkreuzung nach links. Ein paar wenige Schritte später wechseln wir rechts auf einen samtweichen Wiesenweg entlang der quirligen Lieser, die auch hier beim Hochwasser 2021 weit über die Ufer getreten ist. Die damals zerstörte Holzbrücke wurde wieder instand gesetzt.

Über die erneuerte Brücke überqueren wir die Lieser. Gleich darauf zieht es uns auf einem gewundenen engen Pfad recht steil bergauf bis zu einem quer verlaufenden Waldweg. Diesem schließen wir uns nach rechts an. Er mäandert durch Mischwald, der auf dem flachen Bergrücken von Wiesen abgelöst wird. Einem wiederum quer verlaufenden asphaltierten Weg folgen wir ein paar Schritte nach links und wechseln unmittelbar auf einen grasbewachsenen Pfad. Vielleicht statten wir der Bank dort einen Besuch ab, strecken die Beine aus, genießen die Sonnenstrahlen und die Ruhe, die bislang unsere steten Begleiterinnen waren. Schenken wir ihnen also hier auf dem Plateau die verdiente Aufmerksamkeit.

Bald senkt sich unser Weg wieder einmal gemütlich talwärts. Wir erreichen das **Trombachtal,** in dem uns die Stille allmählich verlässt, als wir uns nach einer gefühlten Ewigkeit der befahrenen Landstraße nähern. Nachdem wir diese umsichtig überquert haben, wandern wir auf einem asphaltierten Uferweg entlang des **7 Üdersdorfer Stausees.** In dem fischreichen Gewässer tummeln sich die bekanntesten mitteleuropäischen Fischarten wie Bachforelle, Barsch, Brasse, Döbel,

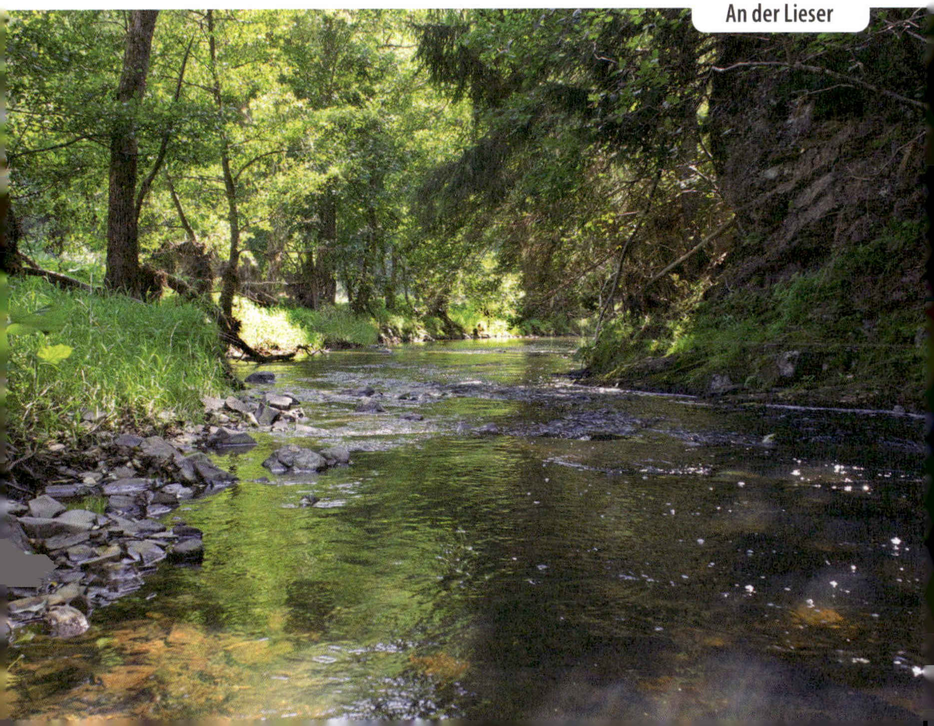

An der Lieser

Karpfen, Regenbogenforelle, Rotauge sowie Rotfeder. Ein Feldweg führt uns zu einem Abzweig, an dem wir das Trombachtal verlassen und ein letztes Mal bergauf wandern. Links von uns fächern sich Wiesen auf. Von der nächsten Anhöhe blicken wir auf das malerische Üdersdorf mit seiner markanten Kirche in der Dorfmitte. Vielleicht gleitet unser Blick aber auch noch einmal über die sanften Eifelhöhen und ins Bachtal, verbunden mit ein wenig Wehmut, denn nun nähern wir uns auf den wenigen Metern, die uns noch von unserem Ausgangspunkt trennen, dem Ende unserer Wanderung. Ein schmaler Weg führt uns rechts über die Straße **Auf dem Berg** mitten hinein ins Dorf. Noch ein paar letzte Schritte, und wir sind an unserem Ziel.

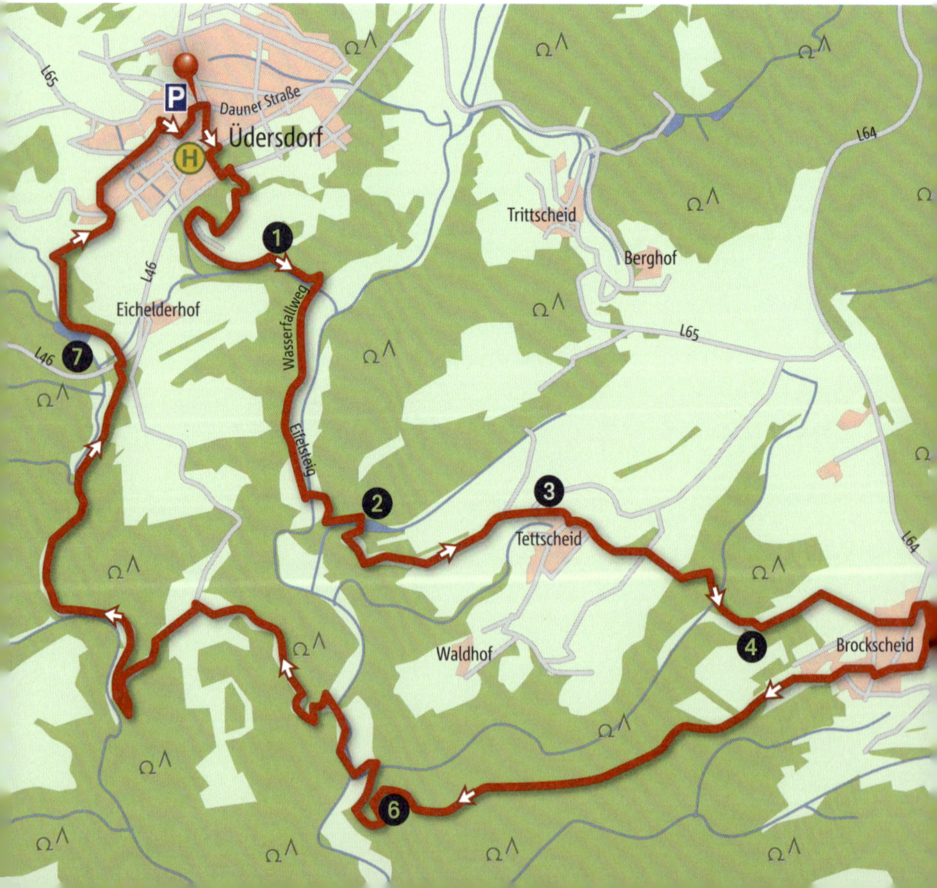

ALLES AUF EINEN BLICK

Entspannung ●●●●●
Abenteuer ●●●○○
Vielfalt ●●●○○

WIE & WANN

Meist wandern wir über gut ausgebaute Wanderwege, ab und an schlendern wir über Pfade; beste Wanderzeit von März bis November.

HIN & WEG

Auto: A1 Abfahrt Daun, B 257 bis Daun, dann weiter auf der L 46 bis Üdersdorf, An der Pfarrkirche St. Bartholomäus, 54552 Üdersdorf
ÖPNV: Bus 300 von Daun oder Bernkastel-Kues bis Üdersdorf oder Bus 554 von (Daun-)Oberstadtfeld bis Üdersdorf

ESSEN & ENTSPANNEN

An Rucksackverpflegung denken

ENTDECKEN & ERLEBEN

1. **Lavasteinbruch Üdersdorf**
2. **Tettscheider Waldsee**
3. **Jodokuskapelle**
4. **Pumpenhäuschen am Pfaffenborn**
5. **Glockengießerei,** Glockenstraße 51–53, 54552 Brockscheid, Tel. (0 65 73) 95 30 15-0, www.sbaf-technik.com/eifeler-glockengiesserei
6. **Geisenburg**
7. **Üdersdorfer Stausee**

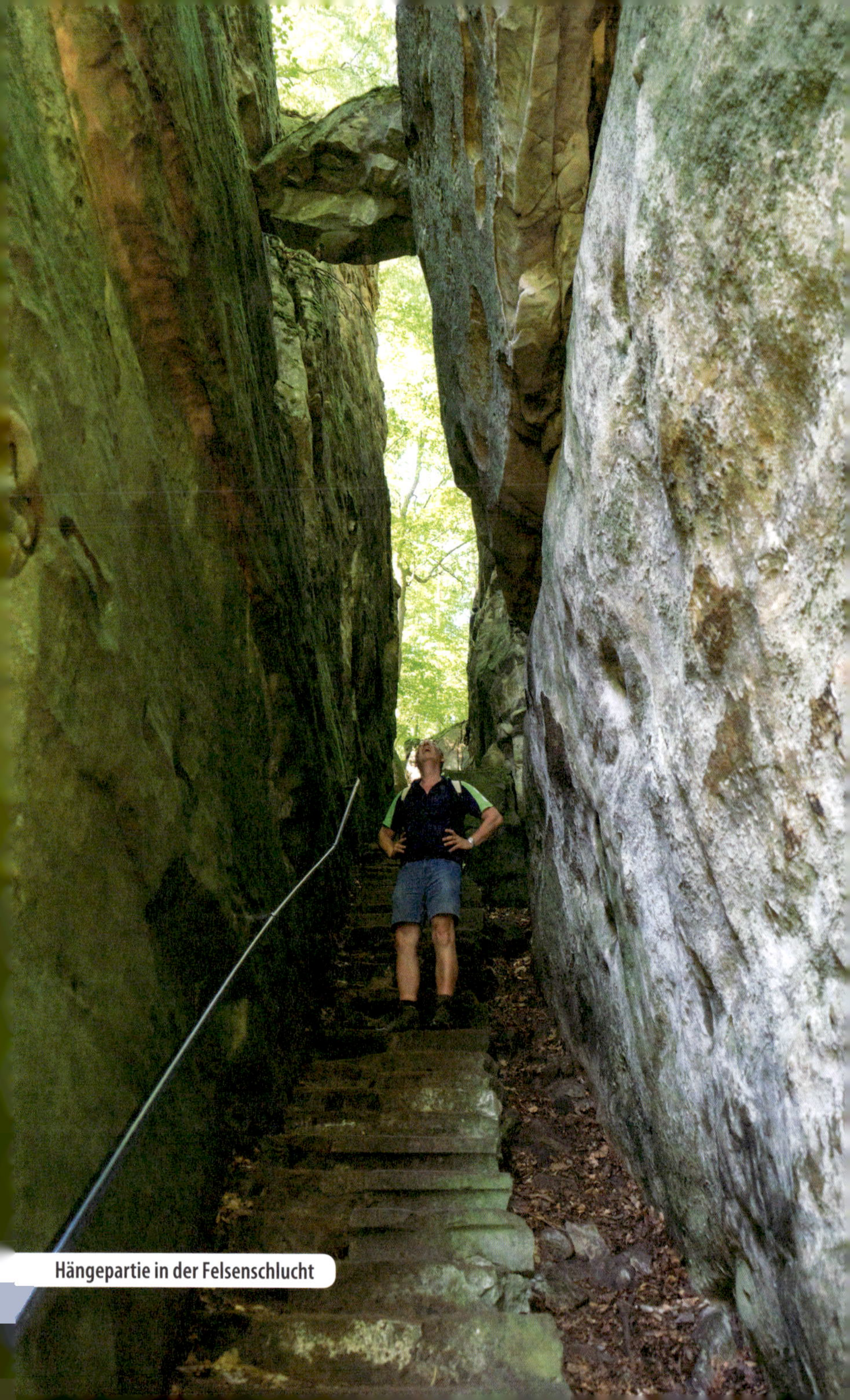

Hängepartie in der Felsenschlucht

Teuflische Felsen

Die Teufelsschlucht bei Irrel

Vom Parkplatz gehen wir auf einem Pfad zum ❶ **Naturparkzentrum Teufelsschlucht.** Am Besucherzentrum halten wir uns rechts und folgen von nun an unserem Wegezeichen, einer weißen 8 mit Teufelshörnern auf gelbem Grund. Wir nehmen den ersten Abzweig nach links und gehen rund 400 Meter durch schattigen Laubwald. An einer Kreuzung biegen wir scharf rechts ab und befinden uns nach einem kurzen Wegstück mitten in der ❷ **Teufelsschlucht.** Es wird spektakulär, wenn wir einige Stufen hinabsteigen, während links und rechts die wuchtigen Felswände enger zusammenrücken und wir uns etwas dünner machen, um einen engen Spalt zu meistern. Hoch über uns sehen wir, eingekeilt zwischen den soliden Steinwänden, einen Felsen feststecken. Dann steigen wir wieder eine Treppe hinunter und stehen mit bewundernden Blicken und mucksmäuschenstill in der wildromantischen Felsenlandschaft.

*Die **Felsschluchten** entfalteten sich vor rund 10.000 Jahren am Ende der letzten Eiszeit. Massives Gestein lagerte auf dem poröseren Luxemburger Sandstein, und durch extreme Temperaturschwankungen und Verwitterung erfolgten Felsstürze, die der Landschaft das eigenartige Aussehen gaben.*

Bei jedem Schritt knirscht der Sand unter unseren Füßen, während unsere Augen nicht stillstehen. Hin und her schweifen die Blicke, wandern gemächlich die steilen Felsen empor, treffen sich oben mit den Sonnenstrahlen, die durch Spalten den Weg zum Waldboden suchen.

Kilometer: 6,3
Höhenmeter: 243
Stunden: 3
RUNDWEG

Wir sind versucht, über die angegebene Gehzeit von 3 bis 4 Stunden müde zu lächeln – erfahrene Wandergesellen brauchen doch für eine so kurze Wegstrecke auf keinen Fall dermaßen lange? Oh doch, und ob! Wir erwischen uns dabei, wie wir stehen bleiben, von einer Felskante hinunterschauen ins Tal, ein

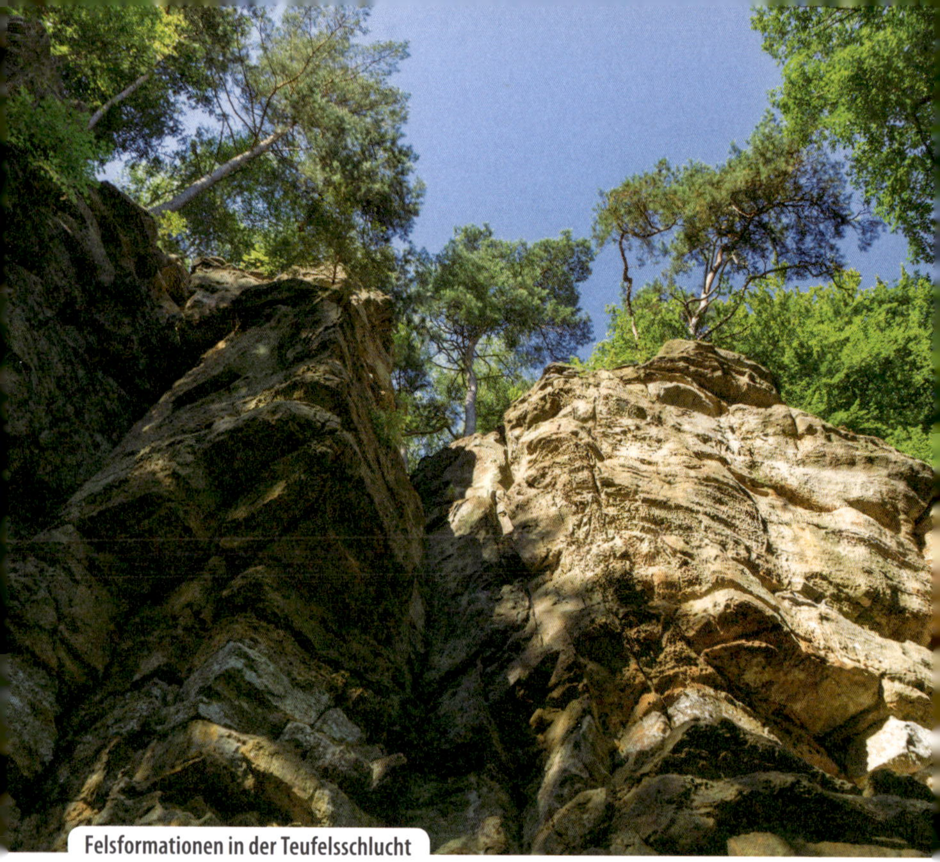

Felsformationen in der Teufelsschlucht

paar Schritte weitergehen, nun wieder aufwärtsschauen. Die Augen wandern in Zeitlupe die felsigen Klippen hinauf, der Blick rutscht wieder abwärts, bleibt gebannt hängen an einem besonders schönen Felsgebilde. Dann erst wandern wir weiter, aber mit einer bedächtigen Geschwindigkeit. Uns fallen die unterschiedlichen Verwitterungsformen auf, Waben, die sich im Sandstein gebildet haben, oder horizontale, rippenartige Strukturen.

Die Felsenschlucht nimmt beim Wanderer das Tempo heraus, entschleunigt, ohne dass wir es selbst richtig merken, weil uns die Umgebung gefangen nimmt. Wir steigen über Felsen, gewinnen von einer Felskante Ausblicke bis nach Irrel und klettern weiter durch das Felsengewirr, manchmal eng entlang an der Felskante, aber durch ein stabiles Geländer gesichert.

An einer Weggabelung orientieren wir uns rechts den Hang hinab. In einigen Kurven gelangen wir immer tiefer, der weiche Waldboden dämpft unsere Schritte, und so hören wir schon von Weitem die ③ **Irreler Wasserfälle.** Wir überqueren einen asphaltierten Weg, an dem wir uns nach dem Besuch der Wasserfälle gleich links orientieren werden, gehen aber erst geradeaus. Auf einer Rastbank gleich neben der Holzbrücke über die Prüm können wir kurz die Beine ausstrecken; wir sind zwar nicht weit gewandert, aber die meisten von uns wohl doch schon eine ganze Weile unterwegs.

Für die Seele
Wir streifen auf himmlisch schmalen Pfaden durch die Teufelsschlucht.

Dann bewundern wir das Schauspiel von der Brücke aus. Eigentlich sind die Irreler Wasserfälle Stromschnellen, über die das Wasser talwärts donnert. Auf der anderen Seite entdecken wir einen schmalen Pfad, der uns direkt hinunter zur Prüm leitet.

Wir gehen zurück zum befestigten Weg und dann die Prüm aufwärts. Nach 1 Kilometer weicht unsere Tour an einem schönen **Rastplatz** links ab. Geradeaus sehen wir die Talaue sich weiten, dort wächst an den Hängen der Hopfen oder erstrecken sich Streuobstwiesen. Über ein Brückchen überwinden wir den

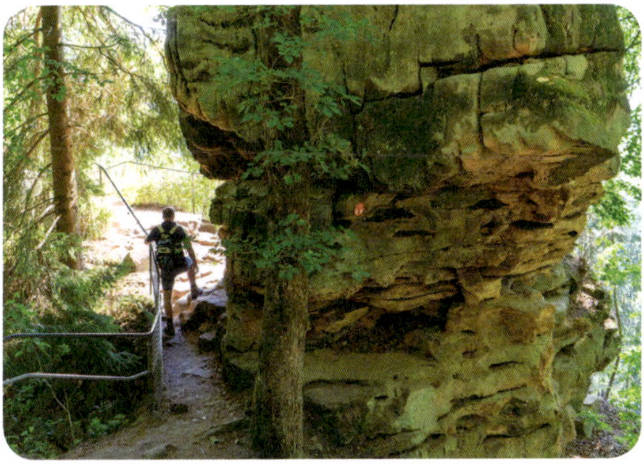

naturbelassenen 4 **Hälbach,** der uns nun 1 Kilometer lang bei unserem strammen Aufstieg begleitet. Der Pfad hangelt sich an den Felsen entlang, mal rechts vom Bach, dann wechselt er über Steine auf die andere Seite. Mitten im Anstieg entdecken wir auf der gegenüberliegenden Bachseite eine alte Wasserpumpe, einen sogenannten hydraulischen Widder; eine Informationstafel erläutert uns das Prinzip.

Bald lassen wir den Hälbach hinter uns, gehen nach links und gelangen wieder in ein zerklüftetes Felsengebiet. Wohl nirgends ist der Ausdruck „über Stock und Stein“ passender als in der Teufelsschlucht: Wir ducken uns in Felsgängen, gehen steinerne Treppen hinauf und hinab, streichen um Felswände, die sich scheinbar unendlich hoch gen Himmel recken.

Hinter einem der unzähligen massiven Felstürme treffen wir auf einen Waldweg, dem wir uns nach rechts anschließen. Kurz darauf gehen wir an einer Weggabelung links und beenden unsere abenteuerliche Tour durch die Felsenlandschaft nach rund 400 Metern beim **Naturparkzentrum.**

Weil wir uns eine Rast verdient haben, lassen wir uns auf der Terrasse des Bistros **Teufels Küche** nieder. Die Küche ist mit dem Label „Regionalmarke Eifel“ zertifiziert. Anschließend können wir uns im Naturparkzentrum über die Entstehung der Felsenlandschaft ins Bild setzen oder erhalten Informationsmaterial.

Auf dem nahen **Ferschweiler Plateau** warten noch andere Sehenswürdigkeiten auf die Besucher. Lohnend ist auch ein kurzer Abstecher nach Holsthum im Prümtal. Dazu fahren wir die **K 20** bis **Ferschweiler,** am Ortseingang rechts bis nach **Prümzurlay,** dort links auf die **L 4** bis **Holsthum.** An den Hängen sehen wir die Hopfenpflanzen, für die das Tal bekannt ist. In Holsthum nehmen wir rechts die **L 2** Richtung **Wolfsfeld,** dürfen aber kurz vor dem Ortsende einen Feldweg rechter Hand nicht verpassen, der uns zur ausgeschilderten Römischen Villa Holsthum bringt.

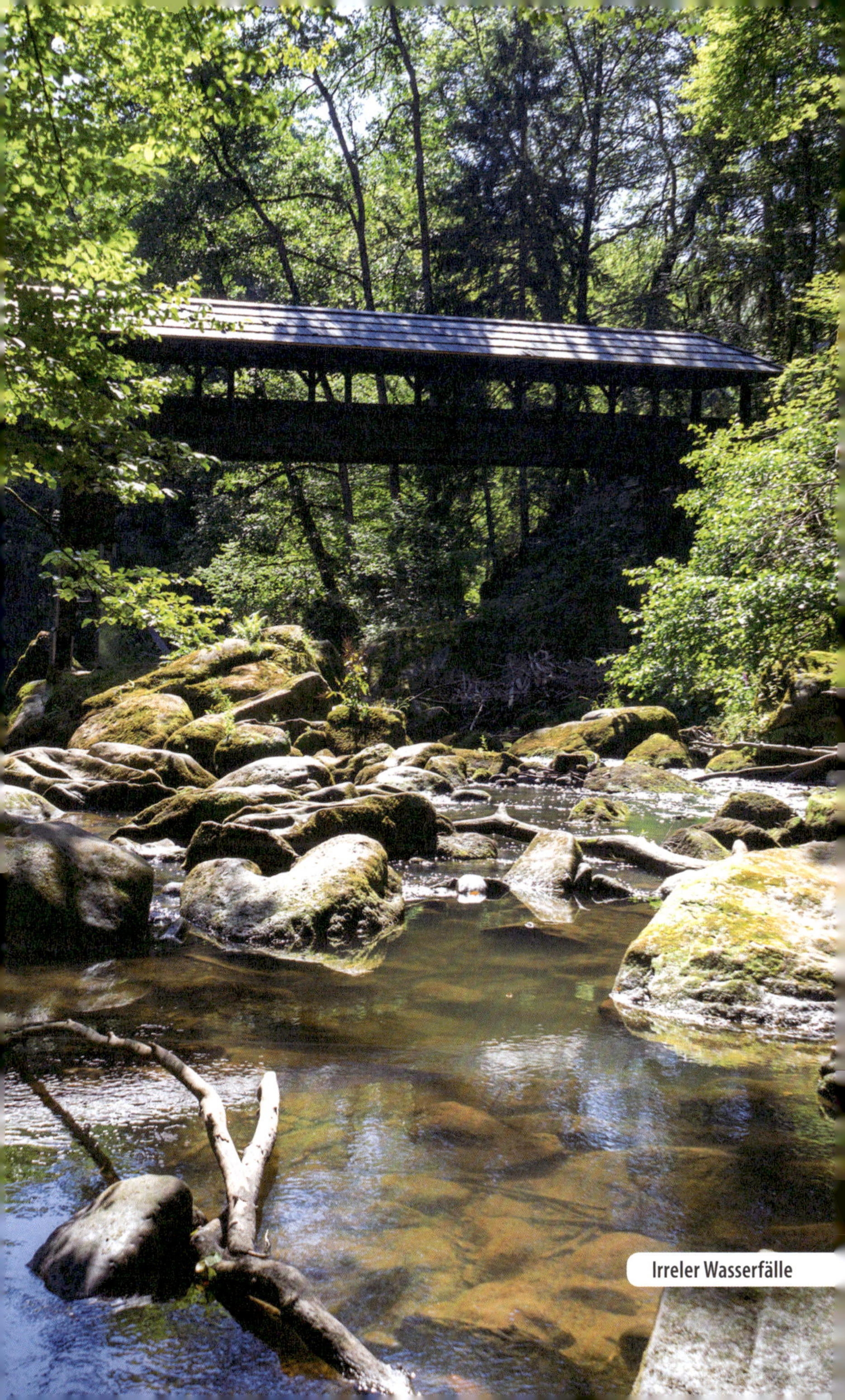

Irreler Wasserfälle

Die **Römische Villa** wurde circa im 2. Jahrhundert n. Chr. erbaut (der Ort wurde vermutlich bereits früher besiedelt). Nach Grabungen war sie bis ins 4. Jahrhundert bewohnt. Ein Teil der Villa ist unterkellert, Rückmauer und Seitenwände des Kellers sind erhalten, den Keller betreten wir über die Originaltreppe. Die Villa mit der nach vorne offenen Frontsäulenhalle misst fast 50 Meter in der Breite und knapp 25 Meter in der Tiefe. Sie präsentiert sich uns mit einer großen Informationstafel und einem durch Metallroste gesicherten Weg durch das Wohnhaus, dessen Wände früher verputzt und bemalt waren; das Dach war mit Ziegeln gedeckt.

Mit diesem Ausflug in die Vergangenheit beenden wir unseren begeisternden Wandertag.

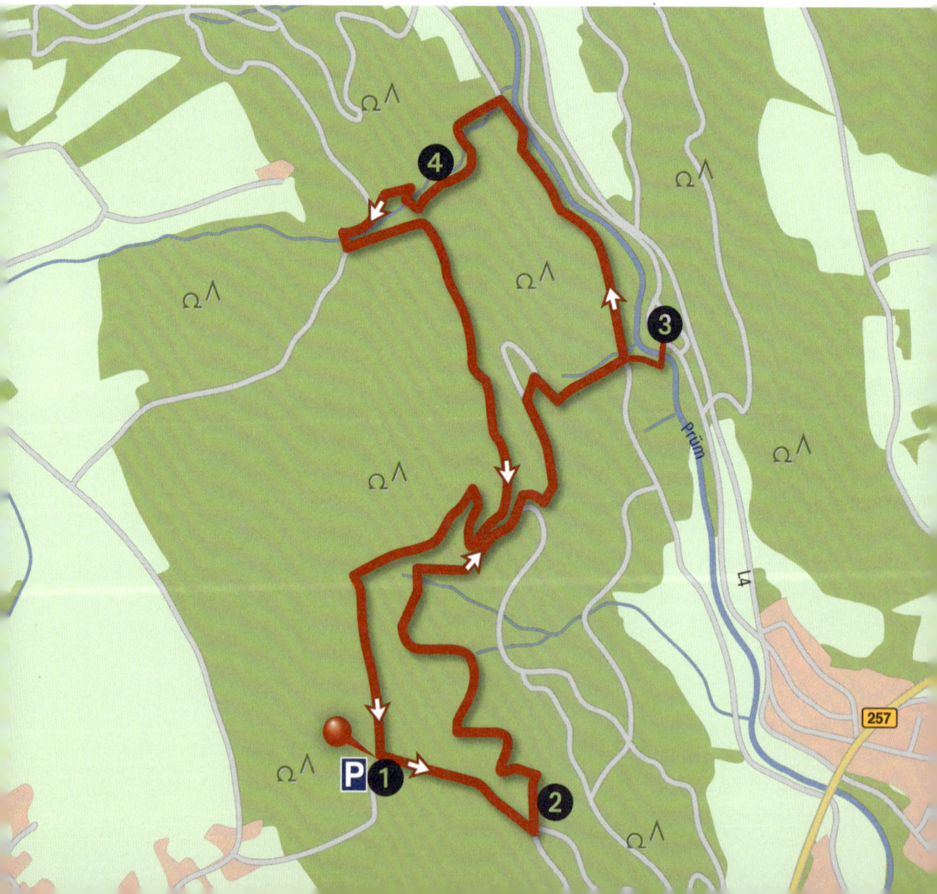

ALLES AUF EINEN BLICK

Entspannung 4/5
Abenteuer 4/5
Vielfalt 4/5

WIE & WANN

Viele felsige Pfade, Waldwege; beste Wanderzeit von April bis Oktober (außer bei Schnee- und Eisglätte)

HIN & WEG

Auto: Parkplatz am Naturparkzentrum Teufelsschlucht, Ferschweilerstraße 50, 54668 Ernzen
ÖPNV: Bus Moselbahn 441 von Trier Hbf nach Irrel ZOB, weiter mit Bus Moselbahn 443 von Irrel ZOB bis Ernzen Kirche

ESSEN & ENTSPANNEN

1. **Teufels Küche, Römer Betriebe** (Adresse wie Naturparkzentrum Teufelsschlucht, siehe „Entdecken & Erleben"), Tel. (0 65 61) 9 68 60

ENTDECKEN & ERLEBEN

1. **Naturparkzentrum Teufelsschlucht,** Ferschweilerstraße 50, 54668 Ernzen, Tel. (0 65 25) 9 33 93-0, www.teufelsschlucht.de
   Preise (bei Drucklegung dieses Buches): iPod für eine Audiotour 3,50 Euro pro Tag für Erwachsene, 2 Euro für Kinder (zusätzliche Kopfhörer sind erhältlich); GPS-Gerät 7,50 Euro
2. **Teufelsschlucht**
3. **Irreler Wasserfälle**
4. **Hälbach**

Abseits der Route sehenswert:
Römische Villa Holsthum

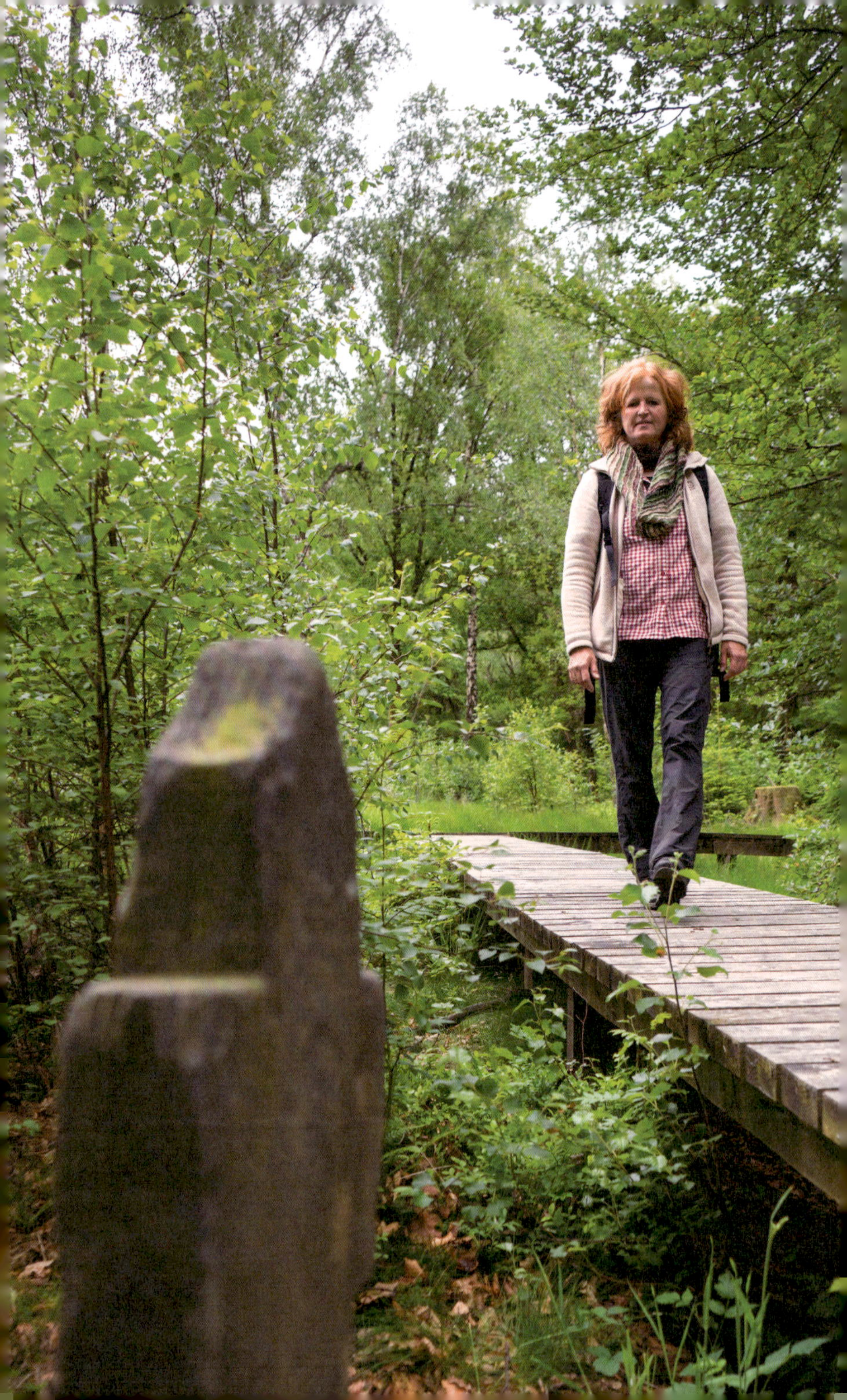

Auf Bohlenwegen

Der Moore-Pfad Schneifel

Wir beginnen unsere Rundwanderung am Parkplatz direkt beim Blockhaus Zum Schwarzen Mann und orientieren uns dabei am Markierungszeichen mit einem stilisierten **Baum** und dem Titel „NaturWanderPark delux". Zunächst überqueren wir die **L 20,** halten uns am Blockhaus dann rechts und wandern nun gut 1 Kilometer weit über einen weichen, von Wurzeln durchzogenen Pfad. Unter den würzig duftenden Nadelbäumen sprießen Blaubeerbüsche. Wir überqueren umsichtig die Straße und entdecken rechter Hand den **1 Tranchot-Stein.** Er wurde als Vermessungspunkt um 1800 von Jean Joseph Tranchot aufgestellt, der im Auftrag Napoleons erstmals genaue Karten vom Rheinland erstellte.

*Der **Westwall** wurde von 1938 bis 1940 zur Befestigung der deutschen Westgrenze errichtet, steinerne Mahnmale wie Bunker oder Mauerreste ziehen sich von Kleve bis zur Schweiz.*

Wir stehen auf dem **Schwarzen Mann,** dem mit knapp 698 Metern zweithöchsten Berg in der Südeifel. Seinen Namen erhielt er wegen der Bergleute mit ihren schwarzen Gesichtern im nahen Bleialf. Auf einer Holzplattform, die wir links über einige Stufen erreichen, grüßen wir die Personifizierung des „Schwarzen Mannes", eine gutmütig dreinschauende Holzfigur, die den höchsten Punkt markiert.

Ein herrlicher Wiesenpfad lockt uns dann sanft den Berg hinab zu einem Forstweg. Rechts sehen wir die ersten Überreste des Westwalls. Einige Male werden wir auch dem Westwallweg begegnen und somit daran erinnert, dass diese einst kahle Hügelkuppe die Zeugen einer dunklen Zeit auf ihrem Rücken trägt.

Kilometer: 15,5
Höhenmeter: 246
Stunden: 4
RUNDWEG

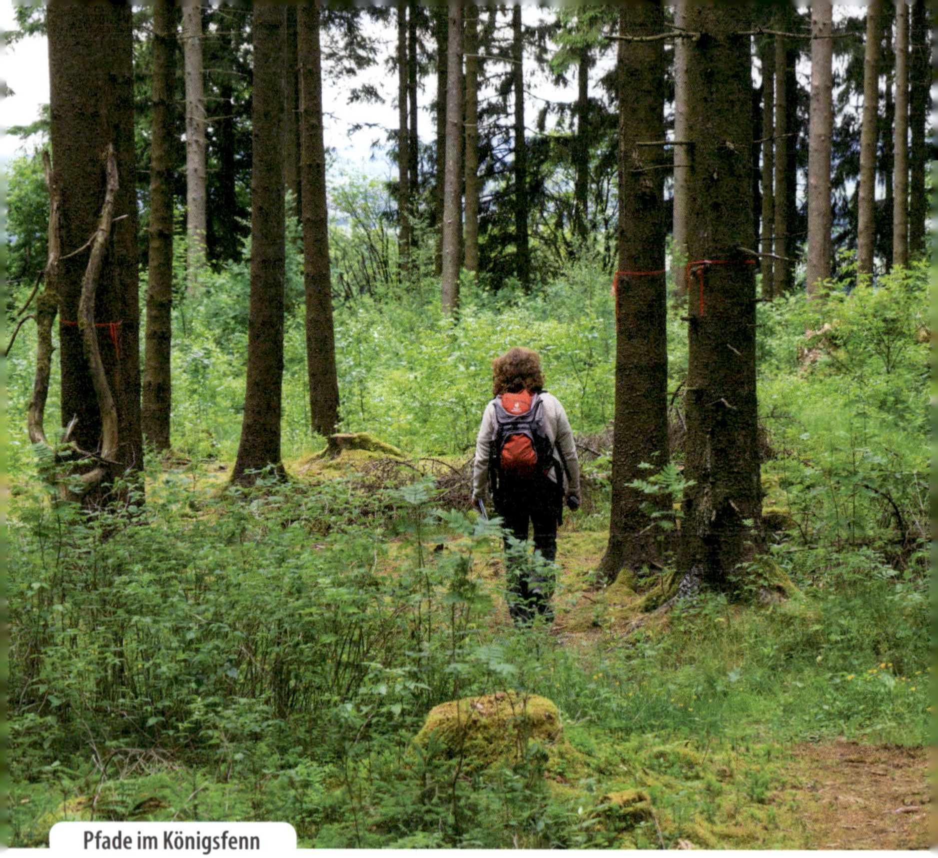
Pfade im Königsfenn

Namen wie Königsfenn oder Kesselsfenn deuten nahe dem Ursprung des Alfbachs auf die Restbestände uralter **Moore** *hin – Relikte aus einer Zeit, bevor die Biotope durch den Einsatz moderner Ackergeräte zurückgedrängt wurden. Von den Kuppen fließt im Laufe eines Jahres viel Wasser zu, sodass sich hier wie andernorts um den Schwarzen Mann Hochmoore bildeten.*

Wir wenden uns links und verlassen den breiten Weg 50 Meter weiter nach rechts. In einem Wechselspiel von schmalen Pfaden und gut ausgebauten Wegen wandern wir die nächsten 3 Kilometer zwischen Eichen, Buchen und Fichten oder an Kastanienbäumen entlang, bis wir den ❷ **Dreiländerblick** erreichen. Dieser „Eifel-Blick" ist einer von vielen Aussichtspunkten, die vom Deutsch-Belgischen Naturpark ausgewählt und besonders gekennzeichnet wurden. Der Dreiländerblick wird seinem Ruf gerecht, unsere Augen wandern bis zu den Erhebungen im Hohen Venn oder zum Islek, dem Grenzgebiet zwischen Luxemburg und Belgien.

Nach der Rast halten wir uns erst am Waldrand, während wir über die offene Felderlandschaft und auf das Dorf Buchet schauen. Wir gehen an einer Kreuzung rechts und tauchen in ein Laubwäldchen ein. Behutsam neigt der Weg sich abwärts, führt vorbei an Wiesen, bald aber wieder durch luftigen Wald. Für einige Meter verlassen wir den Hauptweg und gehen geradeaus weiter. Einen befestigten Weg am Waldrand queren wir, setzen unsere Wanderung auf einem Schotterweg fort und passieren eine Schonung und saftig grüne Wiesen. An einer Gabelung orientieren wir uns nach links, später an einem Birkenhain rechts, während uns Rinder von der Weide neugierig bei unserem Tun beobachten. Wir queren einen Asphaltweg, halten uns beim nächsten Feldweg rechts, dann sofort links und folgen ihm zum Waldrand. Einige Hecken säumen die Strecke, bis wir uns an einer Gabelung links wenden.

Für die Seele

Hin und her wandeln wir auf festen Bohlen durch das Moorgebiet beim Alfbach.

Nun gibt uns der Wald bis zum Ende der Wandertour fast nicht mehr richtig frei. Während winzige Bäche durch den Laubwald mäandern, lotst uns der Weg unaufhaltsam auf das Moorgebiet rund um den ❸ **Alfbach** zu.

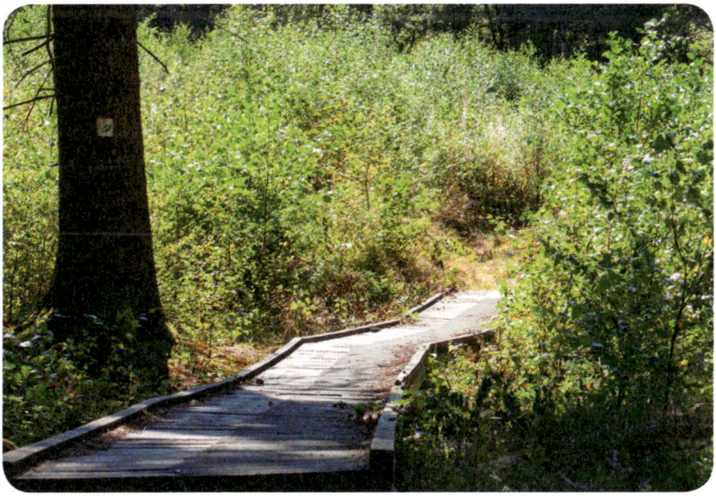

Die Holzbohlen knirschen rau unter unseren Schritten, leiten uns durch das Moor, dessen eigenartige Ausstrahlung mit seinen kleinen Tümpeln und seiner Stille wir mitnehmen.

Nach dem letzten Steg erwartet uns ein Rastplatz, an dem wir uns gerne niederlassen und einige letzte Blicke ins Moor werfen.

Der Weg führt uns durch Fichtenwald. Einem quer verlaufenden Forstweg schließen wir uns nach links an, an der nächsten Gabelung wenden wir uns wieder nach rechts, und auf dem gemächlich bergab laufenden Weg genießen wir auf ein Neues Aussichten über die Eifelhöhen. Wiesen mit Arnika und prächtigen Orchideen rings um uns, atmen wir die frische Luft tief ein, bevor wir uns bergan auf einen Forstweg begeben.

An der nächsten Gabelung wenden wir uns nach links und finden uns längst wieder im mal lichter stehenden, mal eng gedrängten Nadelwald. Die Naturszenerie wandelt sich, wenn der gut gedämpfte Waldboden morastigem Grund weicht, doch wieder führen uns Bohlenstege verlässlich zwischen den Bäumen weiter.

An einer **Schutzhütte** schnuppern wir kurz den Duft der Wiesenblumen und erfreuen uns ein letztes Mal an Weitblicken über Schlausenbach und kleine Dörfer, die in der Ferne wie Farbtupfer wirken. Dann folgen wir dem Waldweg bergauf. Zwischendurch polstert weicher Wiesenboden unsere Schritte ab, dann wieder geht es über gut ausgebaute Wege oder schmale Pfade. Dabei queren wir drei Wege, auch den Westwallweg, entdecken eine Immissions-Messstelle und legen die letzten Meter zum **Wanderparkplatz Nr. 5** zurück.

Unsere Wandertour schließen wir ab, indem wir uns dort rechts halten. Doch zuvor legen wir einen Abstecher zum **4 Kettenkreuz** ein. Dazu wandern wir auf einem Pfad rund 200 Meter nach links, queren die Straße nach Schlausenbach und stöbern dieses Denkmal mit Schrifttafel und Rastbank auf.

*Um das **Kettenkreuz,** oder vielmehr „Kättenkreuz", rankt sich eine tragische Geschichte. Kätt, eine junge Frau aus dem Dörfchen Schlausenbach, traute sich des Nachts allein mit ihrer Katze in den Wald. Doch schon die Jugendlichen damals neigten zum Schabernack und erschreckten das Mädchen so sehr, dass es eilig nach Hause rannte. Daheim dann brach es tot zusammen. Dort, wo die Jungen dem Mädchen einen Schreck eingejagt hatten, stellte der Eifelverein 1999 ein neues Kreuz auf.*

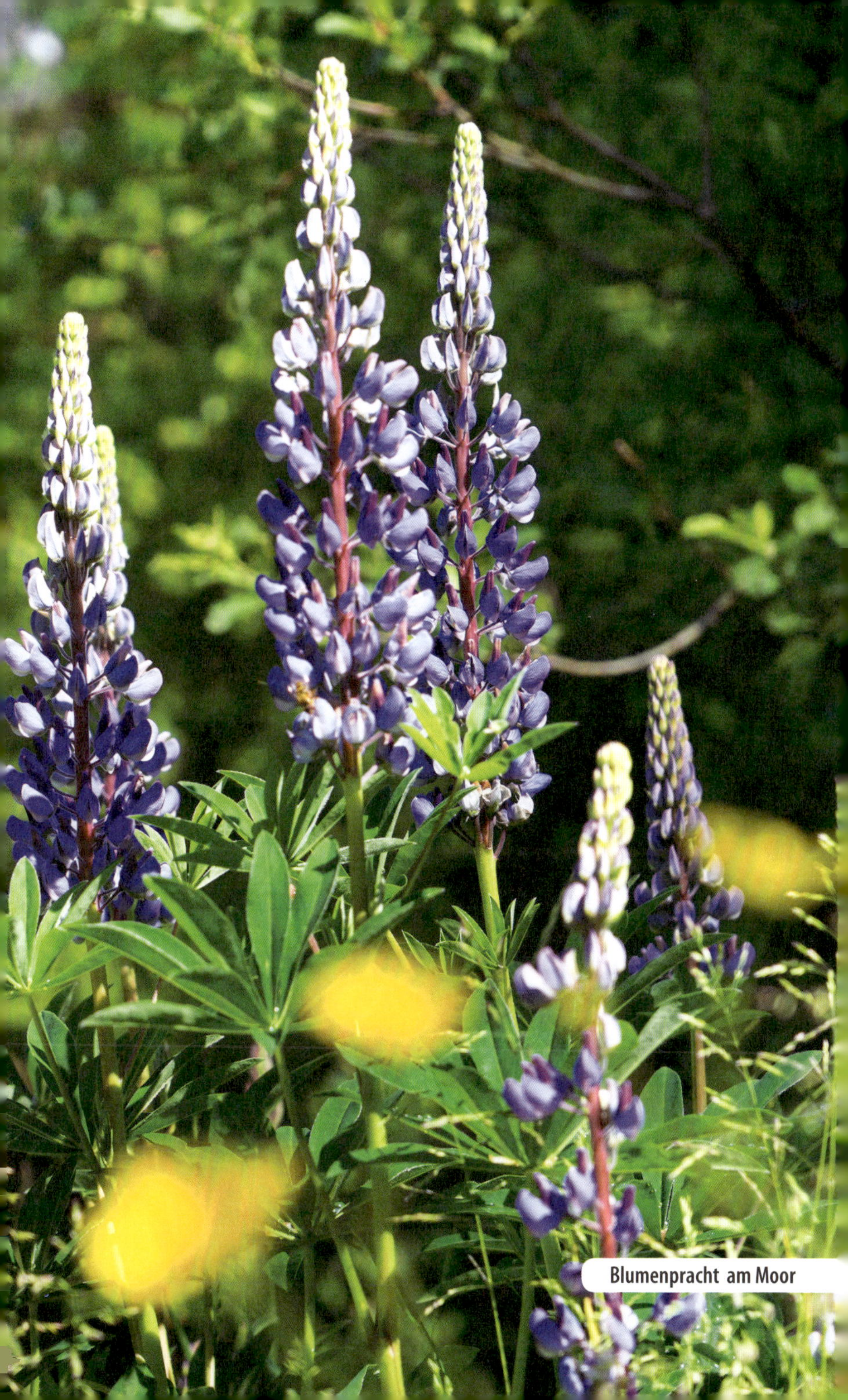

Blumenpracht am Moor

Zurück am Parkplatz, orientieren wir uns nun in die andere Richtung. Zwischen Büschen und Bäumen und im sicheren Abstand zur Landstraße gelangen wir nach einem knappen Kilometer zu unserem Zielpunkt.

Nach der kräftezehrenden Wanderung lassen wir uns im rustikalen **5 Blockhaus Zum Schwarzen Mann** nieder. Bei schönem Wetter ködert uns die Terrasse.

Die Speisekarte des Blockhauses Zum Schwarzen Mann lockt mit deftigen Gerichten wie dem Blockhaussalatteller mit Schnitzel auf Rösti oder dem Salatteller mit gekräuterten Putenstreifen und Knoblauchbruschetta. So können wir bei einem guten Essen die anregende Wanderung noch einmal an unserem inneren Auge vorbeiziehen lassen.

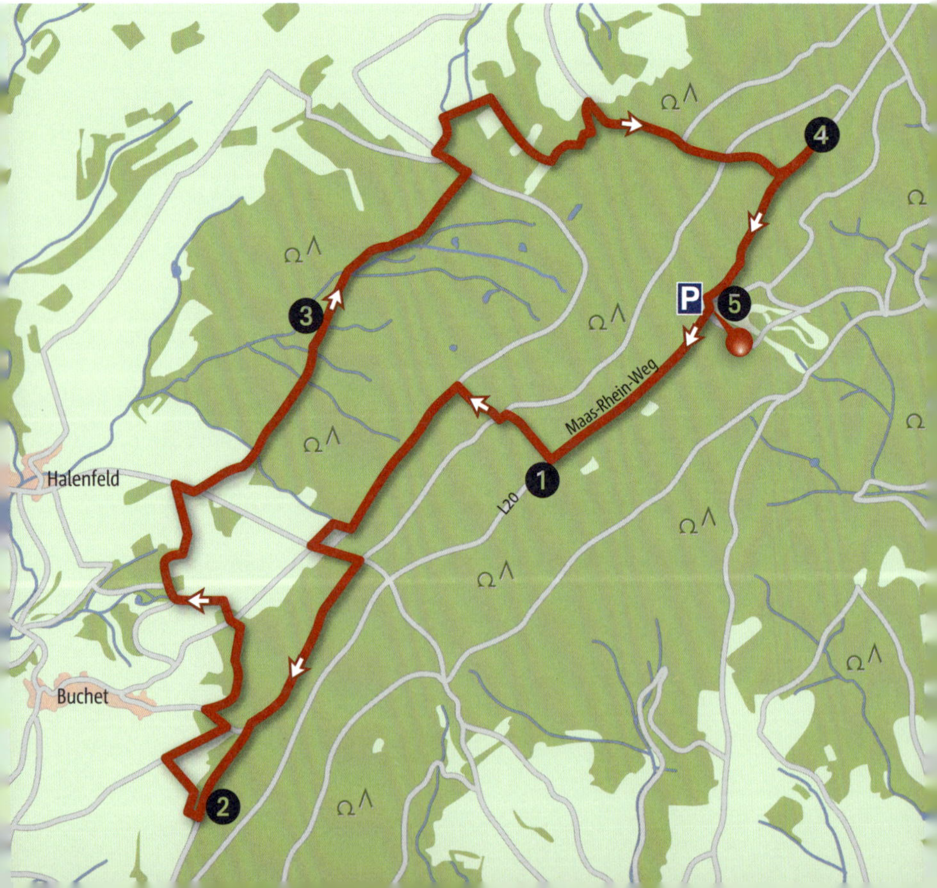

ALLES AUF EINEN BLICK

Entspannung 5/5
Abenteuer 2/5
Vielfalt 3/5

WIE & WANN

Wald- und Feldwege, Bohlenwege und schmale Pfade; beste Wanderzeit von April bis Oktober

HIN & WEG

Auto: Parkplatz gegenüber vom Blockhaus Zum Schwarzen Mann, 54595 Gondenbrett
ÖPNV: Keine direkte Anbindung an die Strecke

ESSEN & ENTSPANNEN

5 **Blockhaus Zum Schwarzen Mann,** Schwarzer Mann 1, 54595 Gondenbrett, Tel. (0 65 51) 32 52, www.blockhaus-schwarzer-mann.de

ENTDECKEN & ERLEBEN

1 **Tranchot-Stein**
2 **Aussicht Dreiländerblick**
3 **Quellgebiet des Alfbachs mit Bohlenstegen**
4 **Kettenkreuz**

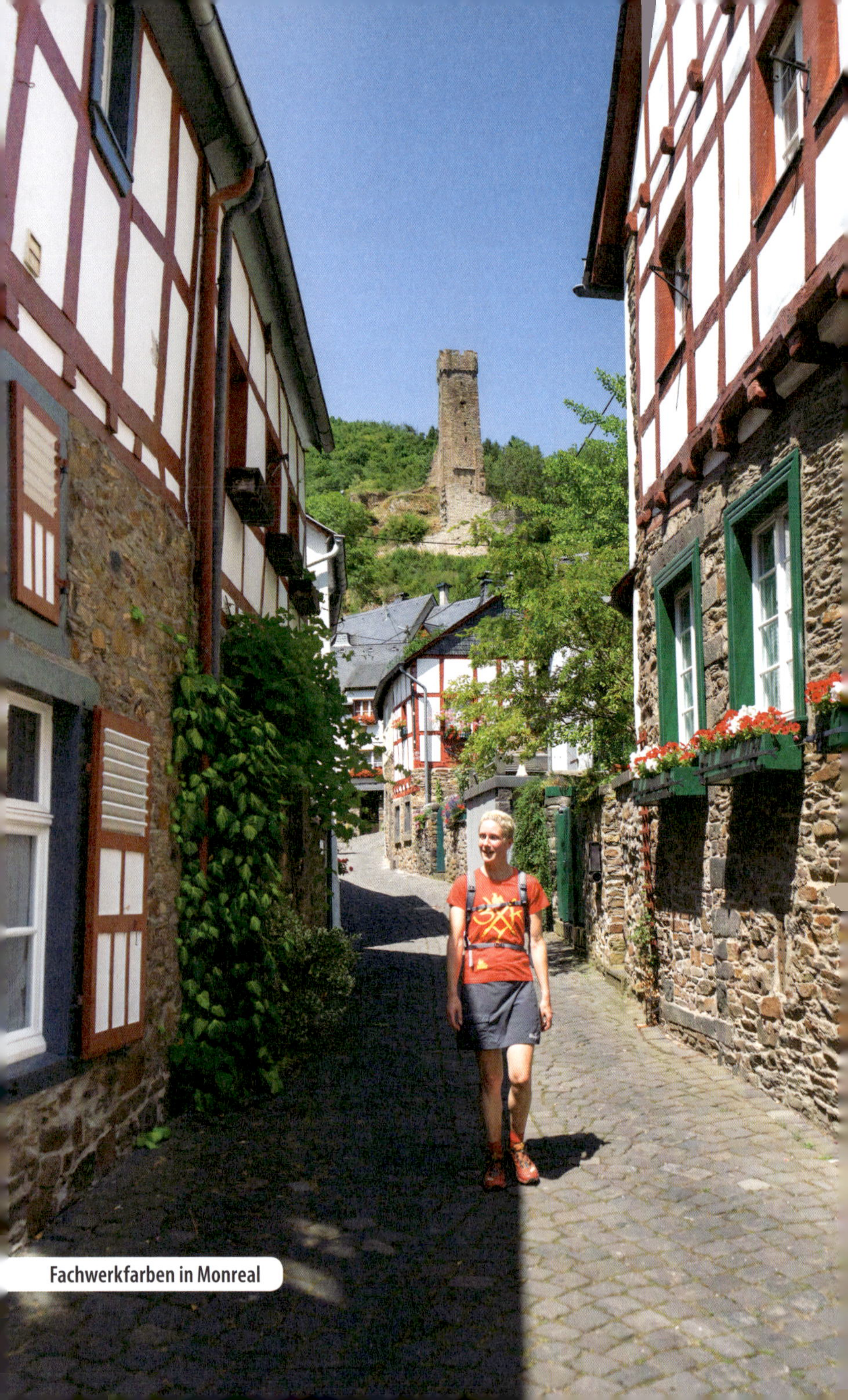

Fachwerkfarben in Monreal

Mit Ritterschlag

Traumpfad Monrealer Ritterschlag

Unsere Wanderung auf dem „Traumpfad Monrealer Ritterschlag“ beginnen wir am Parkplatz beim Bahnhof, gehen dann zum **Elzer Weg** und dort weiter über einen Grasweg, queren eine Fußgängerbrücke. Linker Hand sehen das Standortportal – die Markierung des Startpunkts auf dem „Traumpfade“-Netz. Wir orientieren uns am **Traumpfade**-Logo – weißer Pfad auf orangefarbenem Grund – und überqueren die Elz auf der **Oberen Schlossbrücke** von 1615. Die Brücke ist Teil der ehemaligen, heute nur noch in kleinen Abschnitten (beispielsweise neben dem Pfarrhaus) vorhandenen Stadtbefestigung.

Die nächsten Schritte führen uns durch das Gewirr der **1 Gassen Monreals mit seinen Fachwerkhäusern.** Zuletzt treten wir durch einen engen Durchlass auf die **Obertorstraße.** Dort halten wir uns links und werfen einen Blick auf die zweibogige **Johannesbrücke,** erbaut um 1500, mit den vier Löwenfiguren und der Nepomuk-Skulptur. Rechts schmiegt sich das Viergiebelhaus aus dem Jahr 1452 an die Brücke, das heutige **Rathaus.** Ein Schandbaum an der Südwand erinnert an die rauen Zeiten in Monreal. Dort vorbei gehen wir über den **Marktplatz** weiter, passieren das Gasthaus **Arenz am Malerwinkel** und queren die Elz über die **Untere Schlossbrücke.**

An weiteren malerischen Häusern vorbei erreichen wir einen Abzweig, der uns hinab zur Elz bringt. Wir unterqueren die **L 98.** Auf schmalen Wegen und entlang an Hausgärten geht's in auffälligem Kontrast in der Straße **Walkmühle** durch eine Neubausiedlung. Dann

Kilometer: 15,6
Höhenmeter: 456
Stunden: 5,5
RUNDWEG

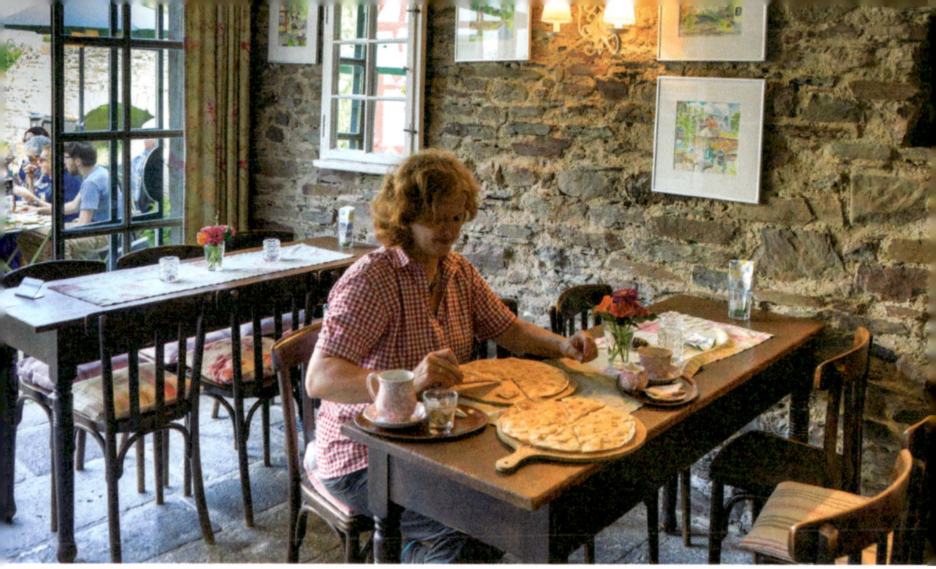

schlüpfen wir über den Trillbach und hangeln uns gleich anschließend den Berg hinauf. Der schmale Pfad führt uns zügig durch Niederwald an kantigen Felsklippen vorbei, die wir auch unter unseren Füßen spüren.

Nach dem lauschigen Wald laufen wir über eine Wiese, dann rechts abwärts zum ❷ **Schnürenhof.** Wir queren die Elz und halten uns gleich darauf links, nun 1 Kilometer weit immer am Bach entlang, bis wir rechts mit deutlichem Anstieg das **Elzbachtal** hinter uns lassen. Auf einem Hohlweg gewinnen wir rasch an Höhe, orientieren uns oben nach rechts und verlassen nach einigen weiten Kurven den Wald. Wir gehen entlang an Wiesenabhängen und lassen uns die Sonne in den Nacken scheinen. Nach einer Weggabelung wartet bei einem Wegkreuz eine Rastbank. Weiter geht es dann mit herrlichen ❸ **Aussichten über die Eifelhöhen.** Wir ziehen auf dem **Juckelsberg** an einem Waldsofa und an Obstplantagen vorbei, queren die **L 98** und verbeißen uns, von den üppig reifenden, appetitlich roten Erdbeeren zu naschen.

Gleich darauf tauchen wir wieder in den Wald ein, stapfen einen wurzeligen Weg entlang und halten uns an einem Waldweg rechts. Entlang der Hangflanke gelangen wir zu einer Raststation. Wir genießen den ❹ **Ausblick ins Thürelztal,** bevor wir noch ein kurzes

Stück auf dem breiten Weg zurücklegen. Dann wird es abenteuerlich, ein Pfad durch Krüppeleichenwald windet sich in unzähligen Kehren ins Tal, nur unterbrochen von einer Wegquerung und einem Waldsofa.

Im Thürelztal halten wir uns rechts, bekommen nach einem weiteren Kilometer mit vielen Ginsterbüschen wieder schmale **Pfade** vor die Füße gesetzt, die uns noch tiefer hinabtragen.

Für die Seele

Idyllische Fachwerkhäuser säumen unseren Weg unterhalb der beiden Burgen.

Wir schlüpfen unter einer Eisenbahnbrücke hindurch und gewinnen entlang einer saftig grünen Wiese wieder an Höhe, erfreuen uns am schmalen, wunderlichen Weg über Felsen und steigen nach dem Bergkamm wieder abwärts. Dann wandern wir über eine Wiese, überqueren wachsam die **L 96** – und schließen sofort danach das nächste Stückchen kleines Abenteuer an: mit felsigem Untergrund und Bäumen, die wirken, als wollten sie sich an uns schmiegen.

Sobald wir den Talgrund erreicht haben, bringt uns ein Steg über den Thürelzbach zur **Augstmühle.** Wir wandern links an ihr entlang durchs Tal mit seinen saftigen Wiesen. Dann überqueren wir den Elzbach, halten uns an einem **Sportplatz** links und steigen

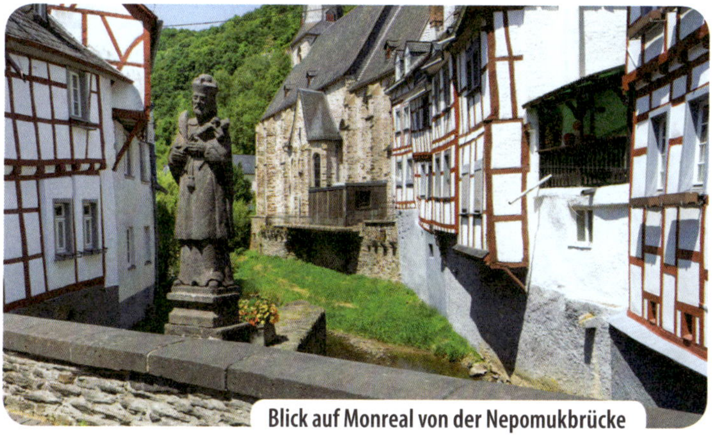

Blick auf Monreal von der Nepomukbrücke

rund 200 Meter später rechts in den Hang ein. Der letzte echte Anstieg steht uns bevor, und er hievt uns rund 100 Meter höher. Unterwegs will uns eine Rastbank zur Pause überreden, doch wir packen die letzten Meter auch ohne sie und schöpfen frischen Atem, wenn wir aus dem Wald auftauchen und zwischen Feldern weitergehen. Eine Kurve später aber fallen wir ermattet auf ein Liegesofa: das Elztal, Monreal, die Burgen liegen uns zu Füßen.

Nicht viel später umfängt uns wieder Wald, dem wir aber dann auf einem Felssporn mit herrlichem Blick auf die Burgen und das Dorf endgültig Ade sagen. Jetzt ist Burgengucken angesagt.

Zuerst nähern wir uns von oben der ❺ **Philippsburg,** von der außer Teilen der Ringmauer und dem viergeschossigen Hauptturm nicht viel erhalten geblieben ist. Die Ringmauerburg wurde vermutlich zu Beginn des 13. Jahrhunderts erbaut, zeitgleich mit der Löwenburg, die wir gleich anschließend besuchen werden.

*Die **Gründung der Löwenburg** erfolgte vor 1229 durch Graf Hermann III. von Virneburg unter dem Namen „Monroial", in späteren Jahren wurde sie weiter ausgebaut und 1689, im Pfälzischen Erbfolgekrieg, gemeinsam mit der Philippsburg und dem Ort Monreal zerstört.*

Wir schreiten entlang der Hangflanke zur ❻ **Löwenburg,** die auf einer steil ansteigenden Anhöhe über Monreal thront. Dominiert wird die Anlage vom 25 Meter hohen Bergfried aus dem 13. Jahrhundert, auf den wir über viele Treppenstufen steigen. Das lohnt sich, denn die Panoramasicht ist grandios, Monreals Gassen und Häuser fächern sich tief unter uns ins Tal aus, und über die Eifelhöhen weht uns ein frischer Wind ins Gesicht.

Von der Burg steigen wir hinab ins malerische Dorf. Monreal erlebte eine Blütezeit der Tuchindustrie Mitte des 18. Jahrhunderts; 1765 arbeiteten 40 Weber mit 64 Webstühlen in der Stadt. Vom damaligen Wohlstand können wir uns anhand der zahlreichen Fachwerkhäuser überzeugen. Nach dem Abstieg von der Löwenburg gehen wir rechts durch die **Untertorstraße** in die **Kirchstraße,** beachten dabei die Informationstäfelchen an bemerkenswerten Bauwerken aus vergangenen Jahrhunderten.

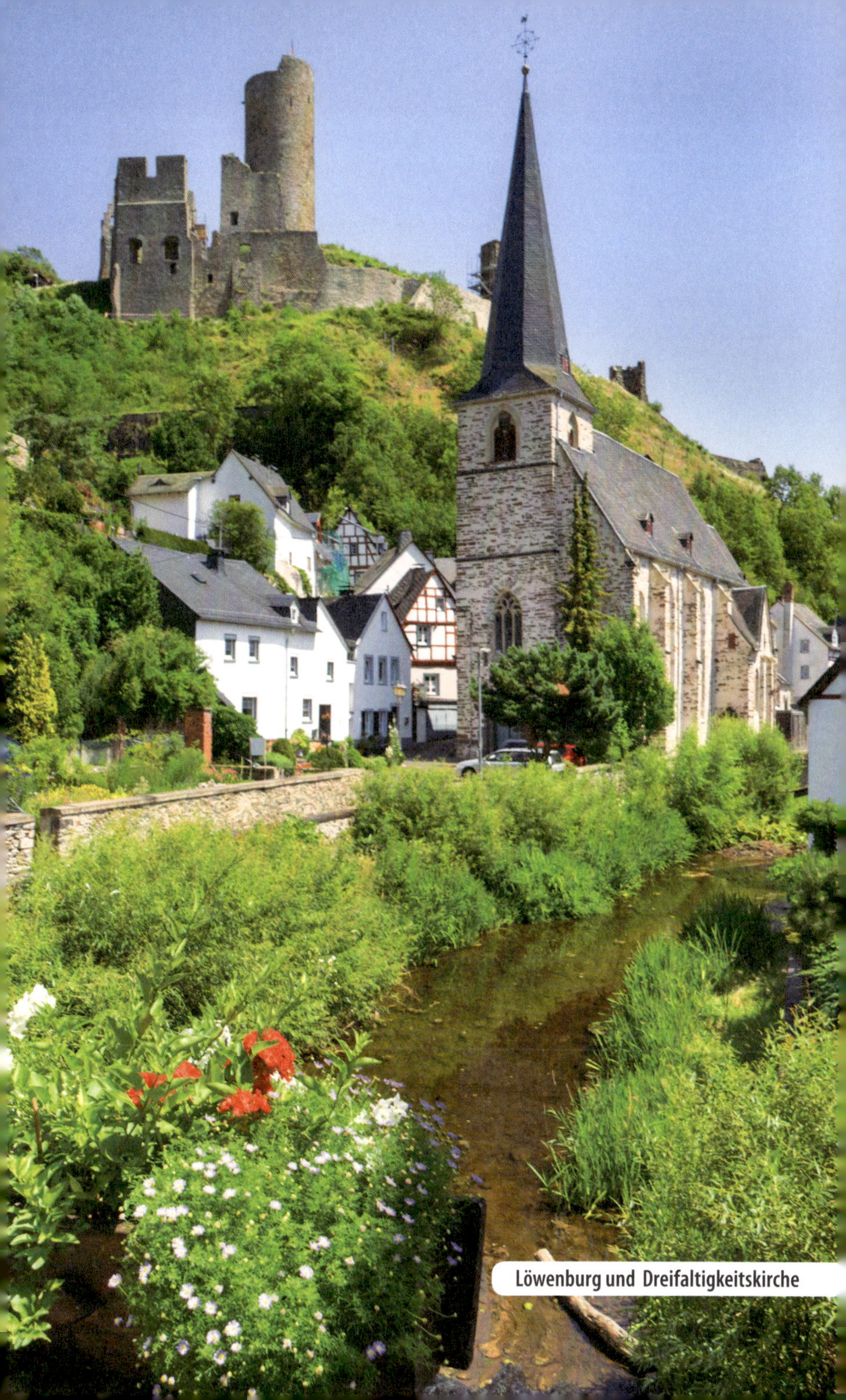

Löwenburg und Dreifaltigkeitskirche

Schließlich ist es Zeit für eine abschließende Einkehr. Monreal bietet uns mehrere Möglichkeiten. Eine davon ist das 7 **Gartencafé Altes Pfarrhaus,** das wir gleich beim Standortportal finden. Bei einem Stück hausgemachtem Kuchen schauen wir den flanierenden Besuchern des Eifelortes zu, die wie wir von der malerischen Kulisse begeistert sind. Von der Terrasse hören wir den rauschenden Elzbach, unsere Augen schweifen hinauf zum Bergfried der Löwenburg, von dem wir kurze Zeit zuvor noch auf die klein wirkenden Häuser Monreals schauten.

Vielleicht auch cin zusätzlicher Anreiz, einmal wiederzukommen in den historischen Ort zu Füßen der beiden Burgen.

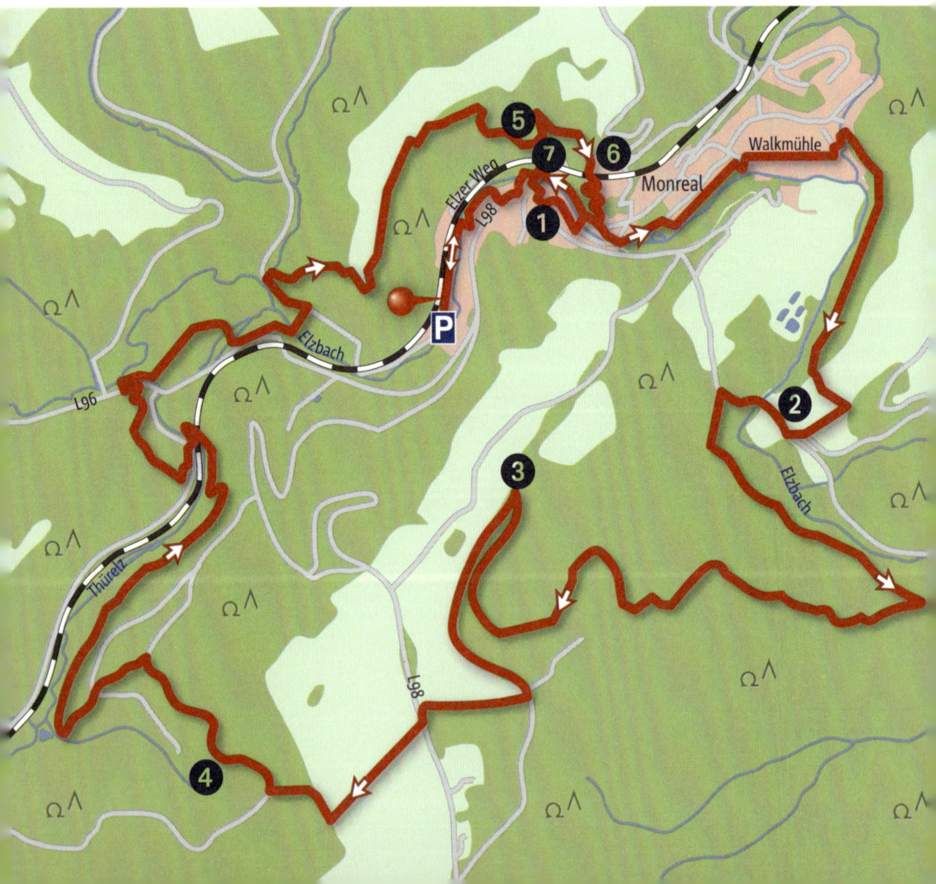

ALLES AUF EINEN BLICK

Entspannung 3/5
Abenteuer 4/5
Vielfalt 4/5

WIE & WANN

Überwiegend Waldwege und -pfade mit schmalen Anstiegen; beste Wanderzeit von April bis Oktober (außer bei Schnee- und Eisglätte)

HIN & WEG

Auto: Parkplatz am Bahnhof Monreal
ÖPNV: RB 38 (Lahn-Eifel-Bahn) bis Monreal oder Bus 377 (FreizeitBus; 01.04.–01.11.) ab Mayen bis Monreal Bahnhofstraße

ESSEN & ENTSPANNEN

7 **Gartencafé Altes Pfarrhaus,** Kirchstraße 23, 56729 Monreal, Tel. (0 176) 20 29 21 87, www.altes-pfarrhaus-monreal.de

ENTDECKEN & ERLEBEN

1 **Fachwerkhäuser und enge Gässchen in Monreal**
2 **Schnürenhof**
3 **Aussichten über die Eifelhöhen**
4 **Ausblicke ins Thürelztal**
5 **Philippsburg**
6 **Löwenburg**

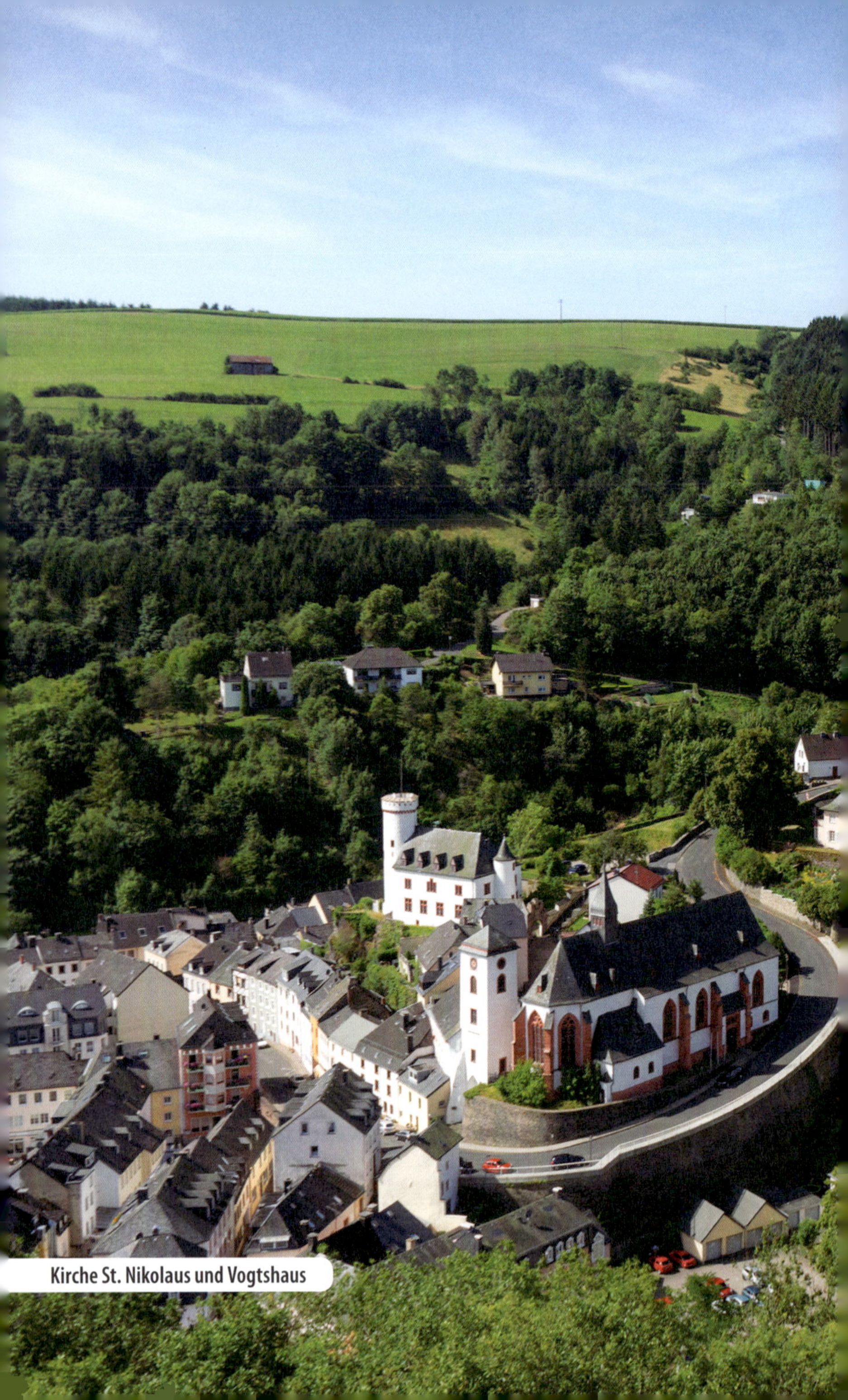

Kirche St. Nikolaus und Vogtshaus

Auf Kreuzwegen

Über die Höhen bei Neuerburg

Unsere mit einem stilisierten **Baum** und dem Titel „NaturWanderPark delux“ markierte Wandertour startet am Torturm der Pfarrkirche. Um vom **Wanderparkplatz Am Notarsberg** dorthin zu gelangen, gehen wir die **Weberstraße** stadteinwärts, dann in die **Braubachstraße,** rechts schließlich in die **Oberstraße** mit Häusern, deren Kern mitunter bis ins 15. Jahrhundert zurückreicht.

Nun haben wir den **Torturm** erreicht und gehen rechts entlang der Pfarrkirche die Straße hinauf. Am ersten Abzweig wenden wir uns rechts auf einen Pfad, der uns in Hanglage durch den Mühlenwald zum **1 Hexentanzplatz** bringt, dem angeblichen Versammlungsort der Hexen.

1613 findet man die Frau des Grafen von Manderscheid-Virneburg tot in ihrem Bett. Beschuldigt wird rasch eine Magdalene Pirken, die unter den Qualen der Folter gesteht und weitere 14 Personen der Mittäterschaft bezichtigt. Mit diesem Tag bricht in der Region die Zeit der Hexenprozesse an. 57 Menschen stehen bald als Hexen vor Gericht, 21 von ihnen werden verbrannt. Der Hexentanzplatz erinnert an die düstere Zeit.

In einigen Kehren wandern wir anschließend hinunter zum **2 Stadtpark** mit Ententeiher und dem Blick auf den **Doppelwasserfall der Enz.** Das Wasser stürzt neben uns in die Tiefe, während wir die **3 herrschaftliche Mühle** passieren. Wir wandern links die Tränkstraße hinauf, überqueren diese auf Höhe des **Ehrenfriedhofs,** gehen durch die

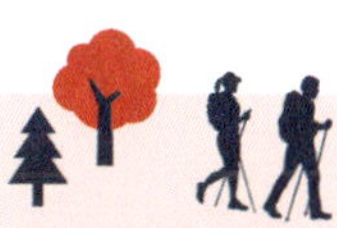

Kilometer: 13,4
Höhenmeter: 516
Stunden: 5
RUNDWEG

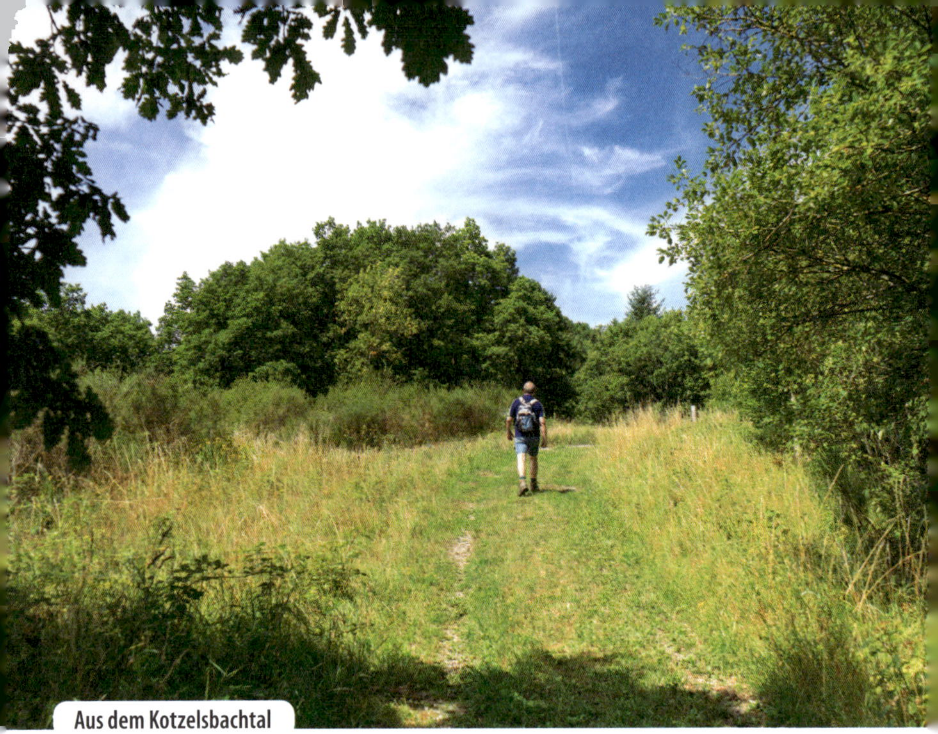

Aus dem Kotzelsbachtal

Das **Langhaus der Kapelle** wurde 1437 erbaut, aber 1886 durch einen Brand zerstört und seit 1980 in aufwendigen Instandsetzungsarbeiten im heutigen Erscheinungsbild wiederhergestellt. Neuerburgs Wohlstand offenbarte sich in den Zünften. Zur 1424 gegründeten „Zunft des Hammers und der Haue" oder Eligiusbruderschaft zählten Goldschmiede, Maurer oder Zimmerleute.

Pforte, den Friedhof und einige Stufen hinauf in die **Weiherstraße.** Rechts gelangen wir bald zur Eligiussäule, auf Sichtweite entdecken wir die ④ **Eligiuskapelle.** Der heilige Eligius erlernte in jungen Jahren das Goldschmiedehandwerk und war dann Münzmeister am merowingischen Königshof. Er gründete einige Klöster und Kirchen und bekleidete das Bischofsamt von Tours und Noyen. Später widmete sich Eligius der Missionsarbeit in Flandern.

Von der Kapelle gehen wir links einen schmalen Weg über Treppenstufen hinauf, dann quer auf dem ⑤ **Koblenzer Pfad,** bis wir die Stadtmauer erreichen. Bevor wir rechts einen steil abwärts verlaufenden Pfad nehmen, erlauben wir uns einen rund 20 Meter langen Abstecher nach links zu einem Wohnturm der Stadtbefestigung aus dem 14. Jahrhundert mit schönem Blick auf Neuerburg und die Kirche.

Die Treppe hinab gelangen wir über die **Weiherstraße** nach **Im Madamenhof** mit einigen ansehnlichen Häusern. Wir queren die **Tränkstraße** und erreichen über die **Graf-Dietrich-Straße** mit dreigeschossigen Wohnhäusern aus dem 18. und 19. Jahrhundert wiederum die **Tränkstraße.** An einem Fußgängerüberweg wechseln wir erneut die Straßenseite, nehmen sogleich die Treppe in den Hang hinein und steigen auf zum **6 Beilsturm.** Der 16 Meter hohe Beilsturm wurde im 16. Jahrhundert als Vorturm der Stadtbefestigung errichtet.

Für die Seele

Aussichten im Überfluss versüßen uns die Wanderung rund um das malerische Städtchen Neuerburg.

Wir steigen an der anderen Hangseite hinunter, halten uns in der **Beilsbachstraße** links und dürfen einen schmalen Einstieg links in den Hang nicht verpassen, der erst zwischen Gärten läuft, dann aber zügig nach oben führt, bis wir uns an der fabelhaften Sicht über das mittelalterliche Ensemble aus Burg, Kirche und Vogtshaus von der **7 Aussichtskanzel** erbauen.

Nun heißt es fürs Erste Abschied nehmen vom umtriebigen Städtchen. In mehreren Kehren wandern wir durch den Wald und entdecken nach rund 2 Kilometern einen Steig hinunter zur **8 Kreuzkapelle.**

Nun folgt der Abstieg von der Kapelle hinunter zur **Kreuzbergstraße** auf dem **Sieben-Fußfälle-Weg** – die

*1619 soll an der Stelle der heutigen **Kreuzkapelle** bereits ein kleines Bethaus gestanden haben, doch erst 1745 wurde die Kapelle geweiht. 1920 bis 1923 schmückte der Malerpastor März aus Eschfeld Decken und Wände mit Bildern, aber das Gewölbe stürzte 1959 ein; die Renovierung erfolgte in den 1970er-Jahren.*

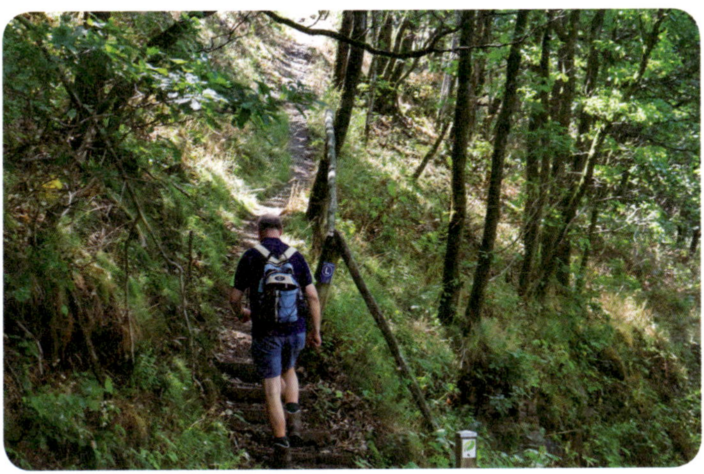

„Fußfälle“ sind ein Vorläufer des heute zumindest den Katholiken bestens bekannten Kreuzwegs. Zur Linken sehen wir eine weitere, kleinere Kapelle aus dem 18. Jahrhundert. An der Straße orientieren wir uns nach links, verlassen sie aber nach rund 100 Metern rechts und gehen auf einem grasbewachsenen Weg erst flach, dann ansteigend weiter, bis wir den Wald verlassen und ein Plateau erreichen. Ein schön platzierter Rastplatz lockt zu einer kleinen Pause, ein kurzer Abstecher führt zur Aussicht ins Enztal. Dann wandern wir auf samtweichem Grasboden an einer Wiese vorwärts.

Bei einer Rastbank verlassen wir den Waldweg und gehen rechts zwischen Ginsterbüschen und Brombeersträuchern über eine Hügelkuppe. Der Pfad neigt sich abwärts, wir treffen auf die **L 4,** halten uns links und queren sie dann. Bald gehen wir über eine Stahlbrücke, während unter uns die muntere Enz fließt.

An einem Bauernhof vorbei steuern wir über eine Wiese und gelangen ins **Kotzelsbachtal.** Einen knappen Kilometer weit wandern wir durch das abgelegene Tal und genießen die Ruhe. Dann führt unser Waldweg rechts hinauf. Wir erreichen die Anhöhe, schöpfen Atem an einer Rastbank und genießen einen weiteren Ausblick, bevor wir an einer **Schutzhütte** vorbei in den Wald schlüpfen. Der Weg wandelt sich zum Pfad, und an einer Wegkreuzung am Fernseh-Umsetzer beginnt die letzte Etappe unserer Rundwanderung.

Dazu überqueren wir eine asphaltierte Straße, wandern hoch über dem Tal des Braubachs und schauen vom **9 Ritter-Kuno-Blick** auf eine vom dichten Blätterwerk fast verborgene Burg. Wir queren einen Bach und gelangen auf der anderen Talseite rasch zum **10 Schwarzbildchen.** Hier steht in einer 700 Jahre alten Eiche eine 46 Zentimeter hohe Madonnenfigur, gestiftet von Kuno von Falkenstein.

Einst wollte Kuno seine geliebte Ida vom Schloss Neuerburg besuchen, doch der böse Graf von Vianden

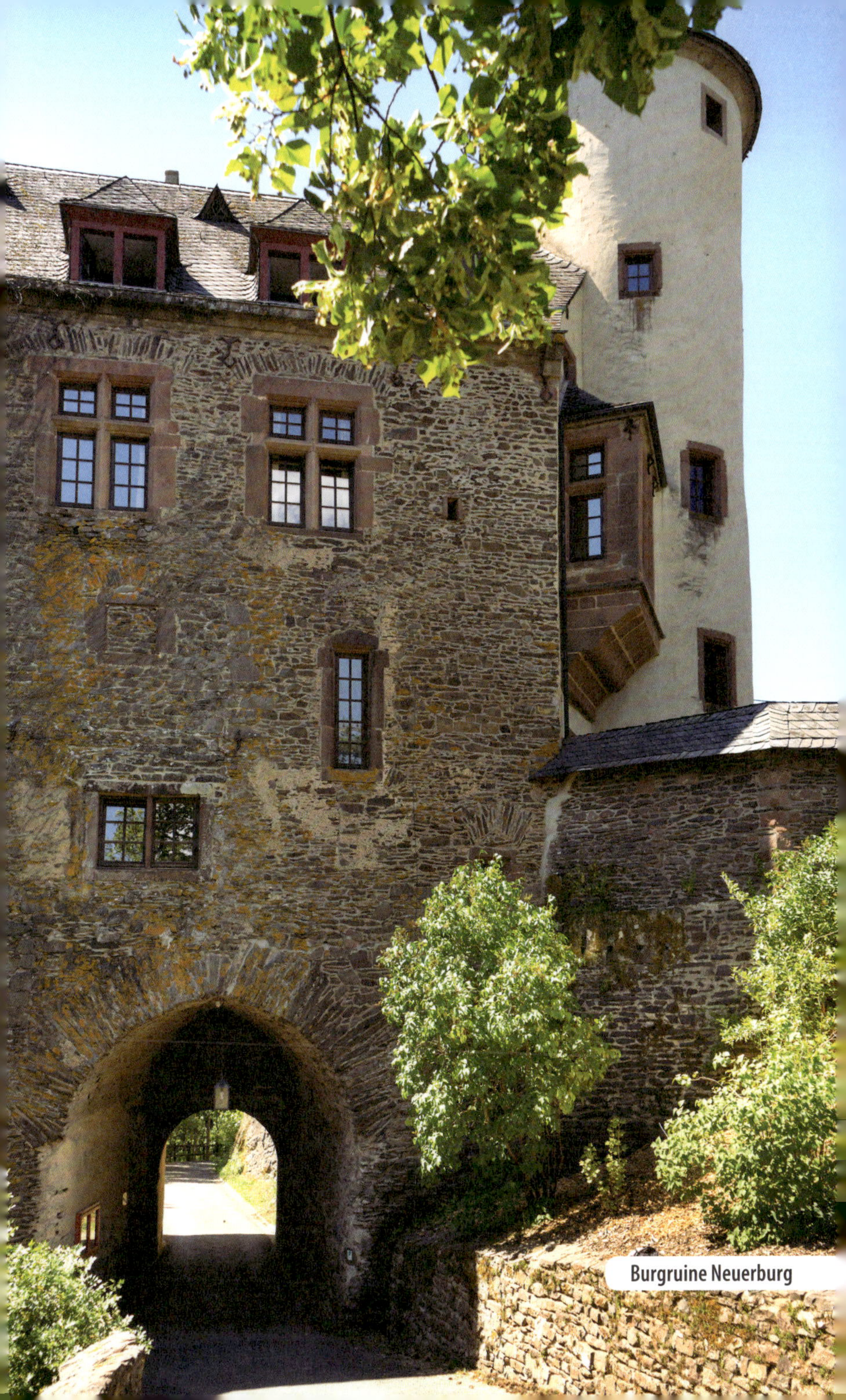

Burgruine Neuerburg

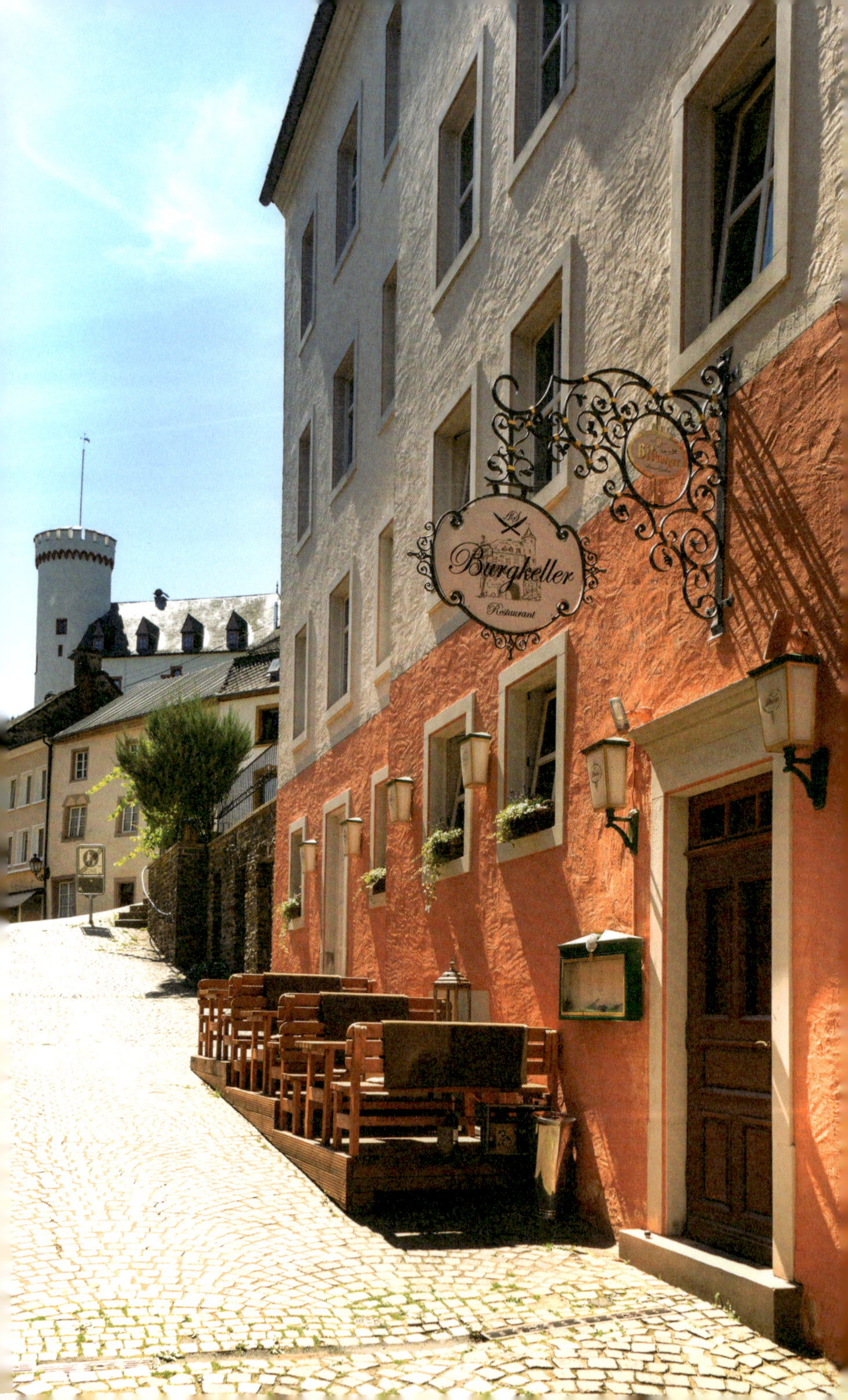
Burgkeller
Restaurant

hatte etwas dagegen. Kuno verbarg sich in der hohlen Eiche und entkam, zum Dank stellte er die Figur hinein. Die Bibelstelle „Ich bin schwarz, aber schön, ihr Töchter Jerusalems“ soll einst Künstler bewogen haben, Gesicht, Hals und Hände der Gottesmutter in Schwarz darzustellen. Weiterhin sehen wir eine dem Täufer Johannes geweihte Kapelle.

Am **Kreuzweg** wandern wir talwärts, gelangen zur **K 50** und wechseln zur Sicherheit die Straßenseite. Wir gehen die Kreisstraße hinab und queren kurz vor der Burg die Straße wiederum nach rechts. Dann passieren wir die Torburg der **11 Burgruine Neuerburg** mit Durchgang, wenden uns links und betreten die Anlage über den äußeren Burghof.

Der Innenhof, der Ruinenbereich und die sehenswerte Kapelle (der frühere Palas) mit kreuzgewölbtem Saal sind zugänglich und können besichtigt werden.

Kurz hinter dem Durchgang an der Torburg führt uns ein Steig nach unten. An einem Aussichtspunkt mit schöner Bank am Turm der alten Stadtbefestigung passieren wir das **12 Vogtshaus**, das heute als Pfarrhaus dient, mit Umfassungsmauern von 1624 und einem Treppenturm.

Danach betreten wir die **13 katholische Pfarrkirche St. Nikolaus**, die von 1492 bis circa 1570 erbaut wurde und als eine der schönsten zweischiffigen Hallenkirchen im Rheinland gilt. 1913 wurde sie um ein „Joch“ erweitert, das heißt, ein dritter Pfeiler kam hinzu. Das Gewölbe beeindruckt durch die Ranken und die fantastischen Gebilde; die Schlusssteine in der Mitte tragen Wappen oder Motive. An Besonderheiten weist die Kirche beispielsweise ein steinernes Wandtabernakel aus dem 15. Jahrhundert auf sowie das über dem Südportal außen eingelassene Tympanon mit Kreuzigungsszene, das vielleicht sogar aus der Vorgängerkirche und somit aus dem 11. oder 12. Jahrhundert stammt.

Vorbei an den sieben Fußfällen mit sechs barocken Stationen aus dem 18. Jahrhundert gehen wir durch

Die Festung geht zurück ins 12. Jahrhundert. 1550 wurde sie durch eine Ostbastion verstärkt, auch um Artilleriebeschuss standzuhalten. 1692 wurde die Burg gesprengt, später wurden Steine herausgebrochen und anderweitig verwendet. Die ***Neuerburg*** *wurde teilweise wiederaufgebaut und dient heute als Jugendburg des katholischen „Bunds Neudeutschland“.*

den Torturm, der als Glockenturm der Pfarrkirche dient und sich hoch über uns reckt. Wir sind am Zielpunkt angelangt.

Nach der langen Wanderung haben wir eine Stärkung verdient. Vom Torturm gehen wir geradeaus in die **Kirchgasse,** dann rechts in die Hohlstraße und vorbei am ehemaligen **Restaurant Burgkeller.**

Von hier gehen wir die **Hohlstraße** hinauf bis zu einer Treppe, diese hinab in die **Hospitalstraße** und erreichen den sehenswerten **⑭ Marktplatz** mit dem Marktbrunnen, der Mariensäule und einer Statue des heiligen Nepomuk. Vom Marktplatz gehen wir rechts in die **Braubachstraße** und erreichen über die **Weberstraße** den **Wanderparkplatz.**

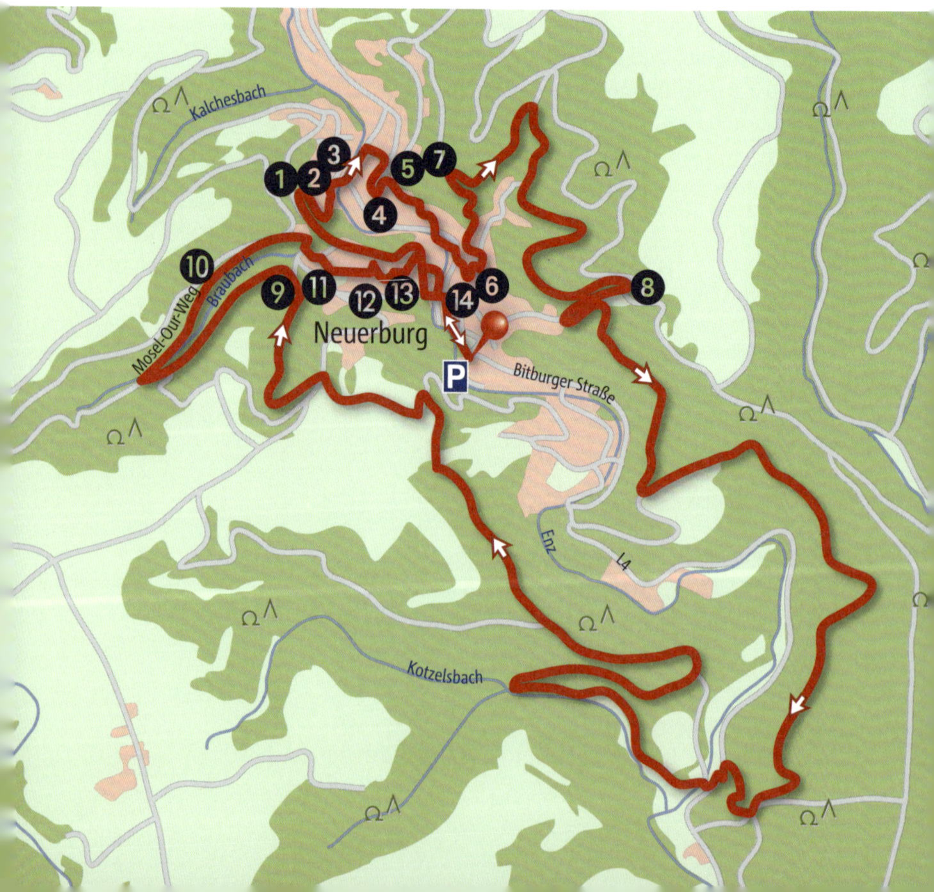

ALLES AUF EINEN BLICK

Entspannung 2/5
Abenteuer 3/5
Vielfalt 4/5

WIE & WANN

Wald- und Wiesenwege und Pfade, Straßen in Neuerburg; beste Wanderzeit von April bis Oktober

HIN & WEG

Auto: Wanderparkplatz Am Notarsberg, Weberstraße, 54673 Neuerburg
ÖPNV: Bus 420 von Trier Hbf nach Neuerburg Markplatz, von dort Einstieg in die Tour

ESSEN & ENTSPANNEN

Bitte an Rucksackverpflegung denken

ENTDECKEN & ERLEBEN

1. **Hexentanzplatz**
2. **Stadtpark Neuerburg**
3. **Wasserfall und herrschaftliche Mühle**
4. **Eligiuskapelle**
5. **Koblenzer Pfad mit mittelalterlichem Turm**
6. **Beilsturm**
7. **Aussichtskanzel**
8. **Kreuzkapelle**
9. **Ritter-Kuno-Blick**
10. **Schwarzbildchen**
11. **Burgruine Neuerburg**
12. **Vogtshaus** (heute Pfarrhaus)
13. **Pfarrkirche St. Nikolaus Neuerburg mit Torturm**
14. **Historischer Marktplatz Neuerburg mit Mariensäule, Marktbrunnen und Statue**

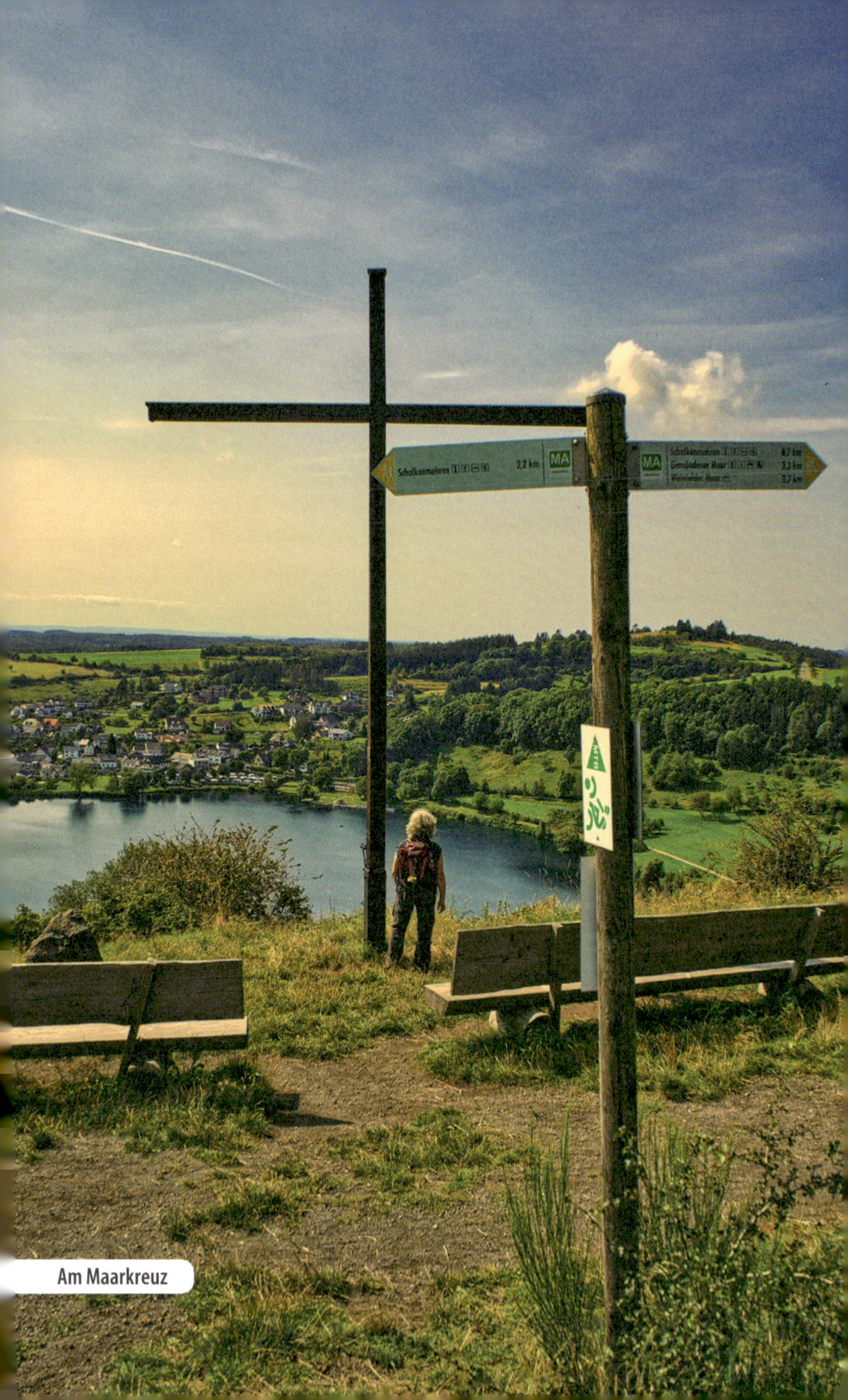

Am Maarkreuz

Vulkanlandschaften

Drei Maare bei Schalkenmehren

Vom Startpunkt der Tour in Schalkenmehren gehen wir die **Mehrener Straße** hinauf, passieren die Kirche St. Martin sowie das Heimwebereimuseum und schwenken in die Straße **Auf Koop.** Dabei folgen wir dem Logo für die HeimatSpur Maareglück, dem in weißer Schrift auf grünem Untergrund eingezeichneten „MA". Nach einem Sportgelände lassen wir die Bebauung bereits hinter uns, und sofort öffnet sich der Blick auf das **1 Schalkenmehrener Maar.** Das Schalkenmehrener Maar, das größte der drei Dauner Maare, ist ein Doppelmaar. Es besteht aus dem westlichen Maarsee und dem östlichen Trockenmaar. Im Sommer ist es eine beliebte Anlaufstelle für Familien mit Kindern und alle, die sich im kühlen Nass erfrischen wollen. Schwimmen im Naturfreibad und Bootfahren sind dann das pure Vergnügen. Wie auf einer Terrasse wandern wir in Sichtweite zum Maar, unsere Augen streifen immer wieder über das tiefblaue Wasser und gleiten die Hänge hinauf. Wir können uns nicht sattsehen. Dann schlendern wir an einem kleinen Waldstück vorbei, gewinnen an Höhe und werden nun mit wunderbaren Ausblicken über die lieblichen, sanften Eifelhöhen belohnt. Nach dem nicht allzu anstrengenden Aufstieg bringt der Weg uns sanft weiter, und wir haben Muße, immer wieder hinab zum Maar zu schauen, wie es malerisch, einem Auge gleich, in seinem sattgrünen Saum liegt. Vielleicht begrüßen wir die Schafe, die einmal links, ein anderes Mal rechts des Wegs grasen, vielleicht entgegnen sie unseren Gruß mit einem lauten Blöken.

*Die Maare entstanden, als aufsteigendes Magma auf wasserführende Gesteinsschichten traf. Gewaltige Explosionen schleuderten das umgebende Gestein mit dem Magma aus dem Explosionstrichter. Das **Schalkenmehrener Maar** hat eine Tiefe von etwa 21 Metern.*

Kilometer: 10,8
Höhenmeter: 322
Stunden: 3,5
RUNDWEG

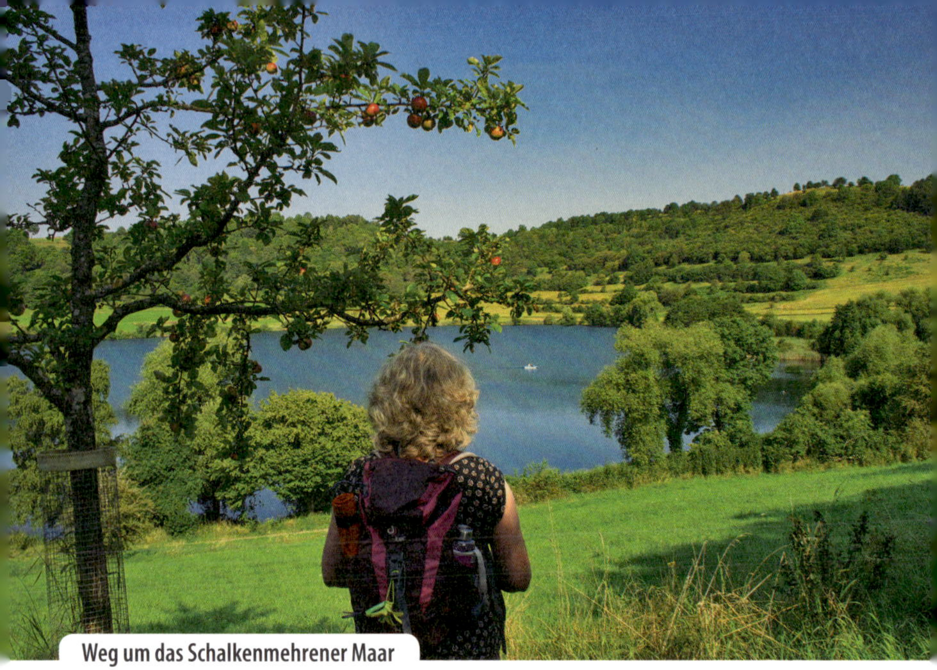

Weg um das Schalkenmehrener Maar

So oder so erreichen wir gut gelaunt das **2 Maarkreuz.** Es wurde im Jahr 1932 als Notkreuz errichtet, um mit Fürbitten schlechte Ernten, Hungers- und Seelennöte zu mindern. Wir setzen uns auf eine der Rastbänke und atmen sachte ein und aus. Früh am Tag spendet die Sonne eine angenehme Wärme, die Luft kitzelt unser Gesicht als zarter Hauch, unsere Sinne sind hellwach und nehmen alle Eindrücke auf.

Dennoch reißen wir uns los und setzen unsere Wanderung fort, die uns nun durch kleine Waldstücke führt. Nicht weit entfernt vom Gipfelkreuz liegt übrigens der Segelflugplatz Daun-Senfeld, von dem wir hin und wieder Motorengeräusche hören. Unsere Strecke windet sich entlang von Ginsterbüschen, Obstbäumen und Wiesen zur Landstraße. Wir überqueren sie achtsam, setzen unseren Weg direkt auf der anderen Seite fort, nutzen womöglich einen ersten Aussichtspunkt und gehen dann bergab – immer mit Sicht auf das **3 Weinfelder Maar.** Wir betrachten den malerischen Kratersee mit seinem türkis schimmernden Wasser, der umgeben ist von sanften Hängen und dem Eifelgold des Besenginsters. Die auf der gegenüber-

__Weinfeld,__ das Dorf, das einst hier stand, wurde im 16. Jahrhundert aufgrund von Pest und Abwanderung aufgegeben. Seine letzte urkundliche Erwähnung stammt aus dem Jahr 1512. Heute erinnert nur noch die Kapelle an das einstige Dorf.

liegenden Seite befindliche 4 **Kapelle** fällt uns durch ihren niedrigen, gedrungenen Westturm auf. Der Name Totenmaar, wie das Weinfelder Maar auch genannt wird, ist eng mit der Kapelle und dem angrenzenden Friedhof verbunden, die sich in der Nähe des Maars befinden. Die Kapelle stammt teilweise aus dem 14. Jahrhundert und war die Pfarrkirche von Weinfeld. Im weiteren Verlauf durchschreiten wir ein paar Drehkreuze; diese sowie die Zäune sind zum Schutz der Esel und Ziegen eingerichtet worden, denen wir rund um dieses Maar sicher begegnen.

Die Kapelle betrachtend, verlassen wir das Areal. Gleich danach entdecken wir einen netten Rastplatz, den wir für ein lauschiges Picknick nutzen, und passieren ein letztes Drehkreuz. Ein Pfad führt uns über Stock und Stein hinauf zum nächsten Aussichtspunkt. Weitblicke erwarten uns. Spätestens jetzt wird uns klar, dass wir die angedachte Wanderzeit weit

Für die Seele

Dreimal auf und ab geht es an drei faszinierenden Maaren entlang, an denen wir uns einfach nicht sattsehen können.

Laut einer Sage stand an der Stelle des Maars einst das Schloss eines Grafen. Eines Tages war das Schloss im ***Totenmaar*** *verschwunden, doch auf dem See trieb eine Wiege mit dem Kind des Grafen. Aus Dankbarkeit für dieses Wunder errichtete er die Kapelle.*

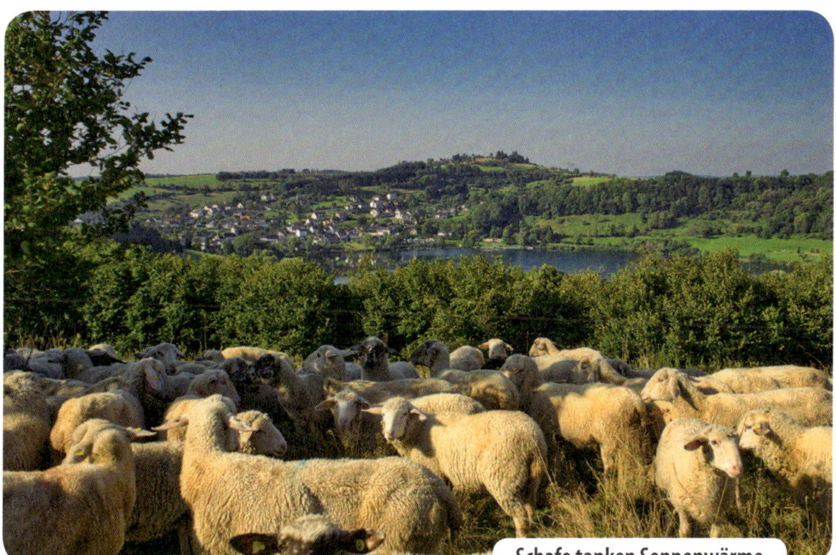

Schafe tanken Sonnenwärme

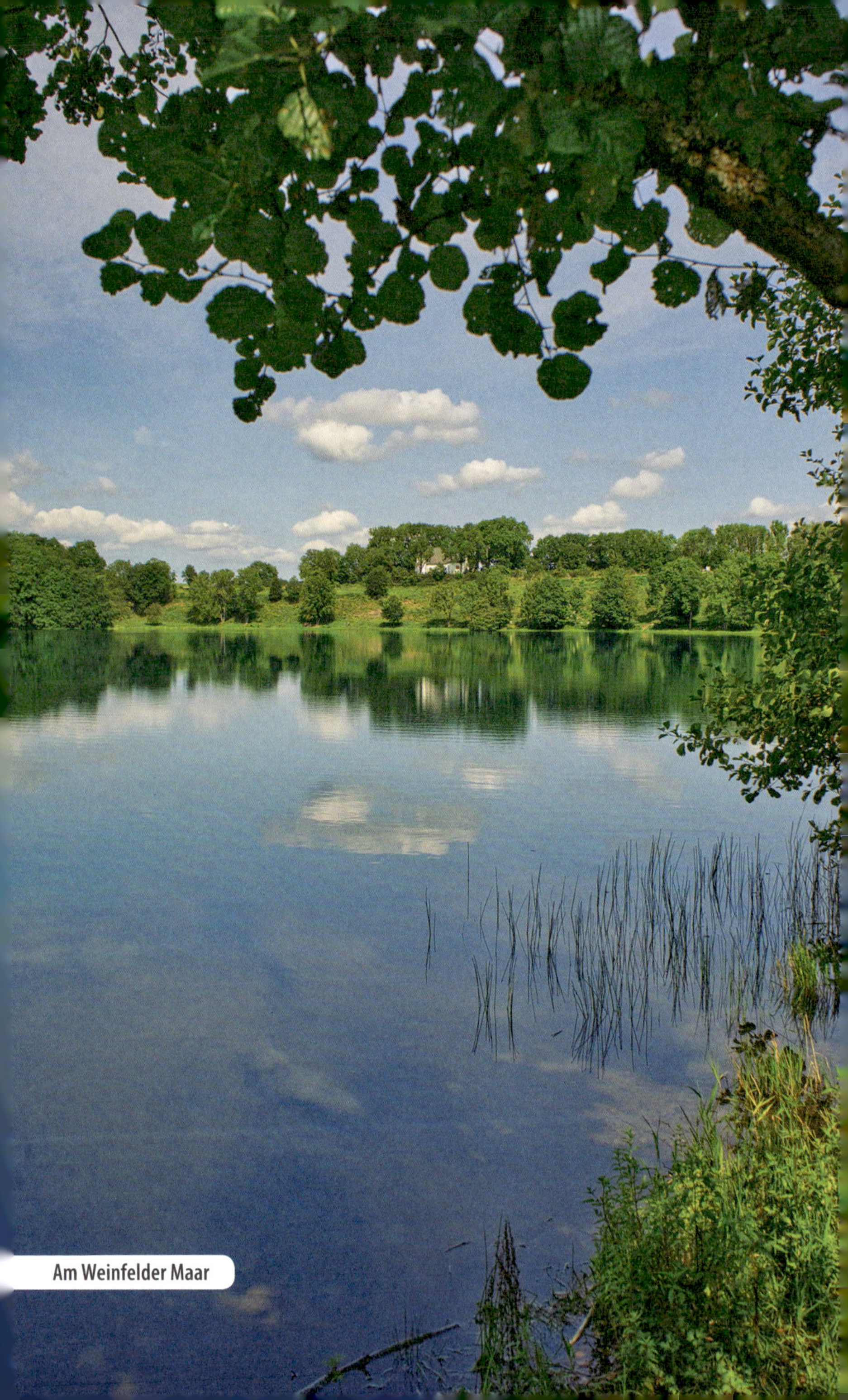

Am Weinfelder Maar

überschreiten werden. Dabei sind wir nicht müßig oder müde, sondern empfänglich für die Schönheiten der Natur, die sich nicht in Eile einsammeln lassen, sondern geschaut, geschnuppert, gelauscht werden wollen. Deshalb gönnen wir uns die Zeit, und die verwenden wir hier auf dem **5 Mäuseberg.** Auf dem Plateau wird uns die Entscheidung nicht leicht gemacht – zahlreiche Rastbänke und -plätze sowie Waldsofas bieten sich uns an. Wir nehmen Platz, wie es uns gefällt, und schicken nicht unsere Füße, sondern die Augen auf Wanderschaft.

Das können wir gleich danach noch toppen. Den **6 Dronketurm** nur wenige Schritte weiter haben wir natürlich längst entdeckt. Gut 10 Meter hoch ist das Bauwerk, 43 Stufen sollen es sein, bis wir ganz oben sind. Seit er 1902 vollendet wurde, genossen unzählige Menschen von hier aus das Panorama über die Maare und die Weiten der Vulkaneifel. Womöglich verwöhnt uns das Wetter und spendiert uns die Sicht bis in den Hunsrück.

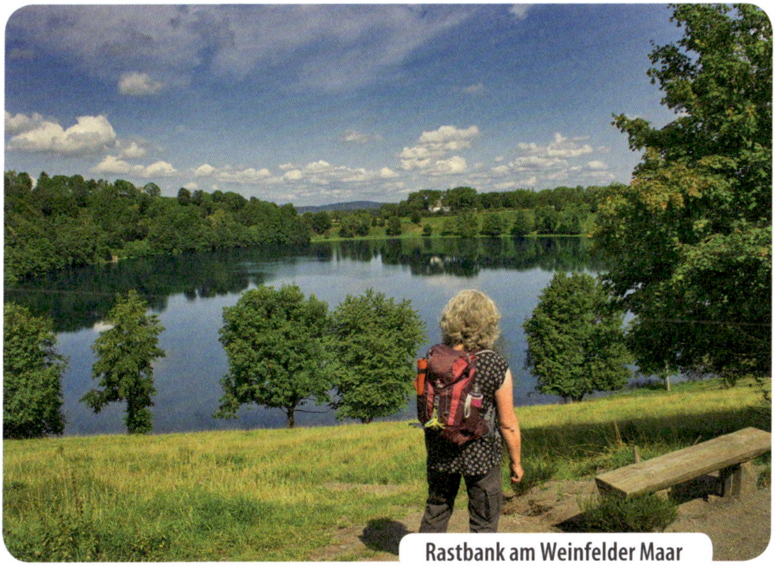

Rastbank am Weinfelder Maar

Als ob das alles nicht genug wäre, wartet zu Füßen des Dronketurms noch eine Hollywoodschaukel mit Ausblick. Wanderherz, was begehrst du mehr? Vielleicht ein wenig Pfad? Denn gleich hinter dem Aussichtsturm windet sich der Weg schmal hinab zum dritten Maar auf unserer Wanderung, dem 7 **Gemündener Maar.** Bei Nässe oder Eisglätte sollten wir beim Abstieg gut achtgeben. Falls der Laubwald es zulässt, erhaschen wir erste Blicke auf das Maar. Unten angekommen, folgen wir dem quer verlaufenden Weg nach links bis ins Tal der Lieser. Wenn wir das Maar näher betrachten wollen, passieren wir rechts ein Café; der Uferweg führt dann entlang des Maars.

Wir aber entscheiden uns anders und stapfen ohne Umschweife ins Tal. Mischwald umfängt uns, die Lieser fließt einige Meter von unserem Weg entfernt. Das Flüsschen windet sich auf fast 75 Kilometern aus der Vulkaneifel und mündet nahe der gleichnamigen Gemeinde Lieser in die Mosel. Die Landstraße ist gut frequentiert, doch verlieren wir sie nach etwa 1 Kilometer aus den Augen. Wenig später verklingen auch die Motorengeräusche in der Ferne. Wir verlassen das geschäftige Tal und begrüßen die Stille in dem ruhigen Waldstück.

Entlang des **Winkelbachs** zieht es uns, und fast scheint es ein gewöhnlicher Waldweg zu sein, was ungewöhnlich wäre nach all den Höhepunkten, die hinter uns liegen. Als wolle diese HeimatSpur uns beweisen, dass sie immer eine kleine Überraschung im Rucksack hat, weist uns plötzlich ein Wegweiser nach rechts. Der in Vergessenheit geratene 8 **Schalkenmehrener Drees** am Winkelbach wurde von Schalkenmehrener Bürgern 1990 wiederentdeckt und mit einer Quellfassung versehen. Im Sommer 2020 wurde der Drees neu gefasst. Und genau dorthin leitet uns das Schild, ein Angebot für einen Abstecher, zu dem wir nicht Nein sagen. Ein paar rustikale Baumstümpfe laden sogar zum Sitzen und Verweilen ein.

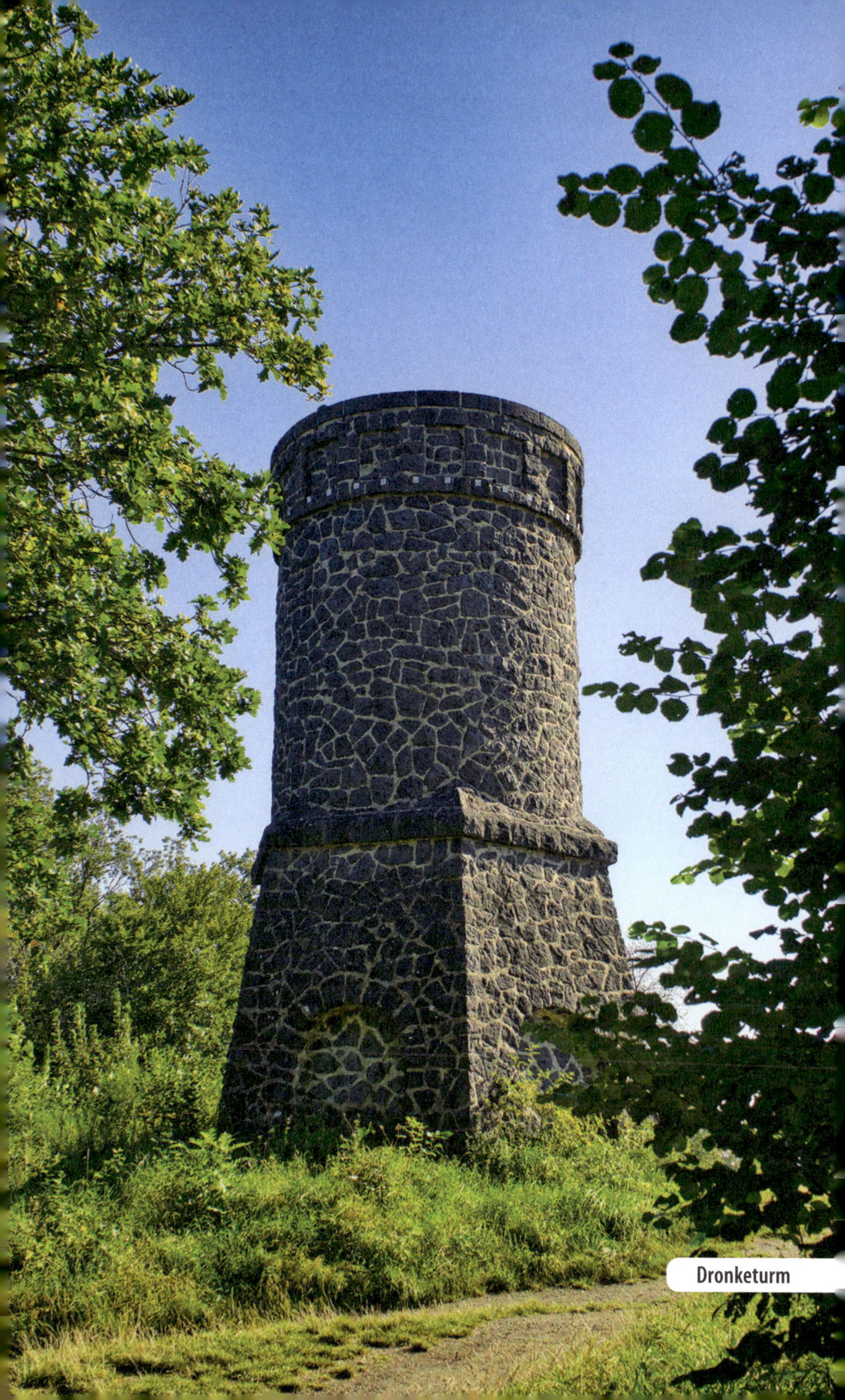

Dronketurm

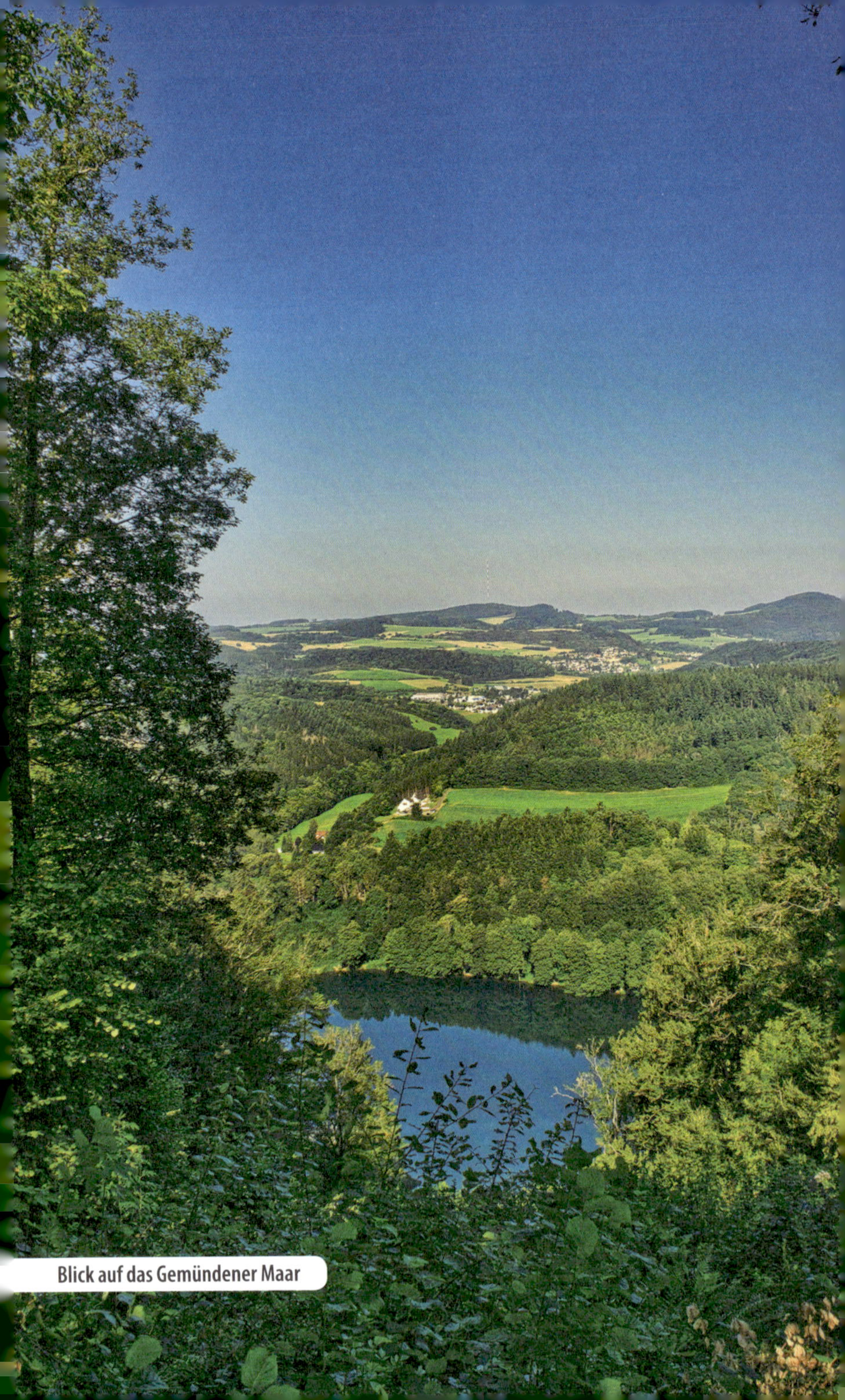

Blick auf das Gemündener Maar

Hinter den Fischteichen steigt unser Weg behutsam an, die Landschaft öffnet sich mit Feldern und Wiesen und gewährt uns Blicke ins Tal. Wir passieren einen Reiterhof und wechseln auf einen asphaltierten Zuweg. Im Anstieg sehen wir auch linker Hand auf der Anhöhe den Dronketurm, bald danach erreichen wir die Landstraße, die letzten Höhenmeter liegen nun hinter uns. Wir halten uns rechts und schlendern über einen weichen Grasweg entlang einer Wiese. Bei einem Schotterweg wenden wir uns nach links, überqueren umsichtig die Straße und entdecken auf der gegenüberliegenden Seite einen 9 **Bildstock** mit dem Sandsteinrelief Flucht aus Ägypten aus dem 18./19. Jahrhundert. Mit Blick auf Schalkenmehren folgen wir einem Grasweg. Der Ort fächert sich vor uns auf. An der nächsten Weggabelung bei einer Rastbank halten wir uns rechts, dann wandern wir durch eine Strauchallee in Hanglage weiter. Ab und an erwischen wir Aussichten hinunter aufs Schalkenmehrener Maar und hinüber zu den Eifelhöhen.

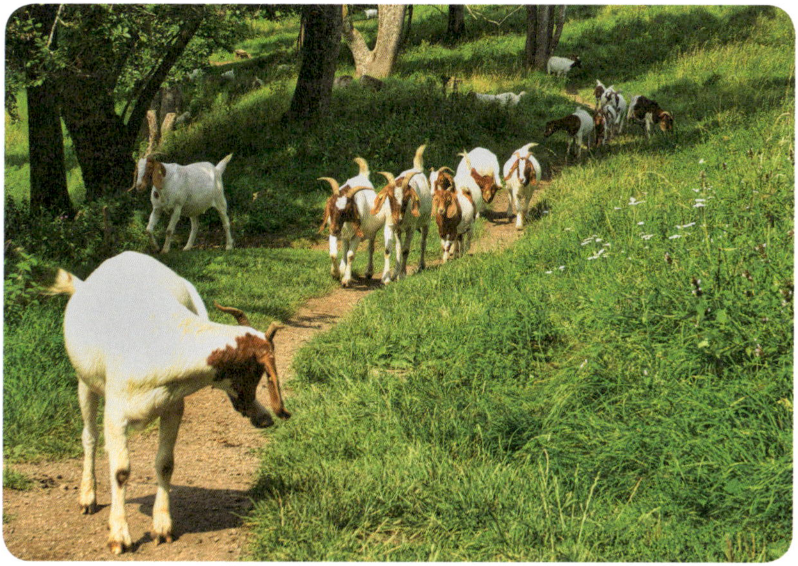

Mit ein wenig Wehmut machen wir uns auf, die letzten Wandermeter zu beschreiten. Schon erreichen wir die ersten Häuser des Orts, gehen nun die Straße **Zur Sternwarte** hinab, folgen der **St.-Martin-Straße** und gelangen zu unserem Zielpunkt.

Zum Abschluss dieses famosen Tages schlendern wir noch ein paar Schritte die **Maarstraße** entlang bis zum ⑩ **Café Maarblick.** Dort setzen wir uns auf die sonnengeflutete Terrasse. Während wir uns dort unlängst bei Hitze durch ein leckeres Eis abkühlten, spendieren wir uns heute ein Stück Käsekuchen. Ein allerletztes Mal schweifen unsere Blicke heute über das Schalkenmehrener Maar. Doch wir sind sicher: Dieser Heimat-Spur sind wir nicht zum letzten Mal gefolgt.

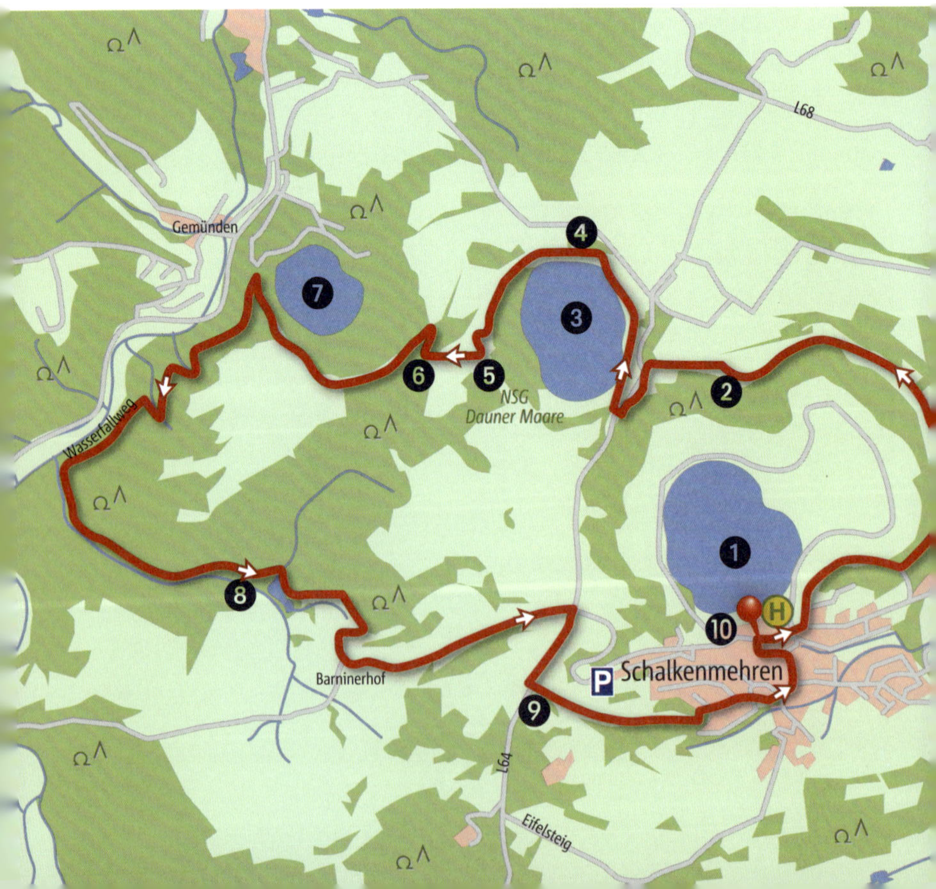

ALLES AUF EINEN BLICK

Entspannung ●●●●○
Abenteuer ●●○○○
Vielfalt ●●●○○

WIE & WANN

Meist wandern wir über gut ausgebaute Wege, ab und an schlendern wir über Pfade; beste Wanderzeit von März bis November.

HIN & WEG

Auto: Am Startpunkt der Tour gibt es eine kleine Auswahl an Parkmöglichkeiten. Im Dorf findet sich gut ausgeschildert der Maarbesucher-Parkplatz.
ÖPNV: Bus 560 von Daun oder Bad Bertrich bis Schalkenmehren

ESSEN & ENTSPANNEN

10 **Café Maarblick**, Maarstraße 16, 54552 Schalkenmehren, Tel. (0 65 92) 9 66 60, www.cafemaarblick-eifel.de

ENTDECKEN & ERLEBEN

1 **Schalkenmehrener Maar**
2 **Maarkreuz**
3 **Weinfelder Maar**
4 **Kapelle Weinfelder Maar**
5 **Mäuseberg**
6 **Dronketurm**
7 **Gemündener Maar**
8 **Schalkenmehrener Drees**
9 **Bildstock**

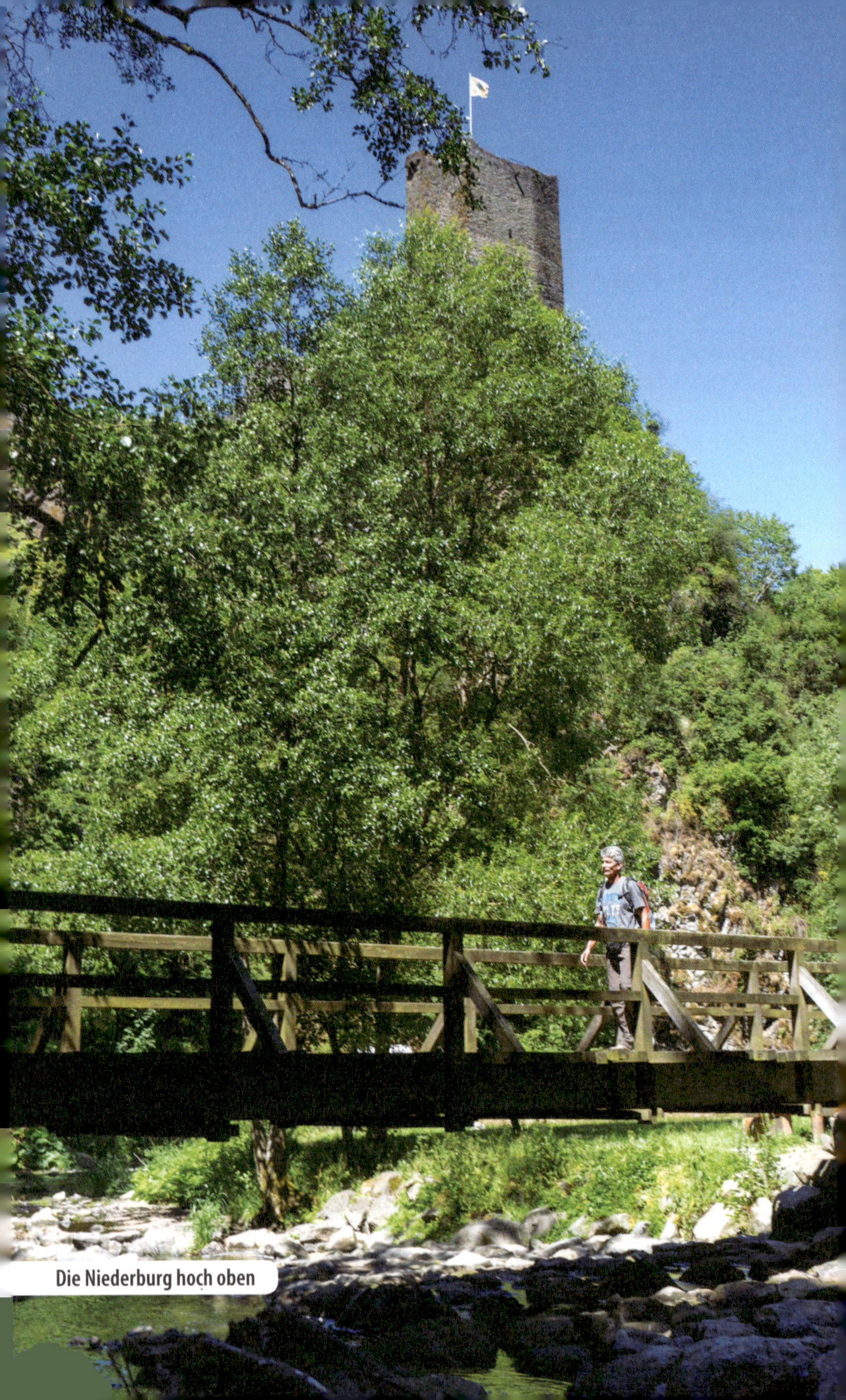

Die Niederburg hoch oben

Berge & Täler

Zu den Burgen bei Manderscheid

Wir starten unsere Wanderung, bei der wir uns am gelben Markierungszeichen mit blauem Maar-Symbol und dem Titel **„Manderscheider Burgenstieg"** orientieren, am Parkplatz nahe bei der Tourist-Information im Kurhaus. Dort gehen wir rechts vorbei und dann auch rechts am kleinen See im **Kurpark** hinauf. Wir stoßen auf einen Weg, gehen links weiter aufwärts bis zur **Kurfürstenstraße.**

Jeden Dienstag um 11 Uhr werden geführte ***Werkstattbesichtigungen*** *angeboten. Dabei wird uns erläutert, wie in Handarbeit aus schwarzer Lavaasche und dem goldgelben Honig eines Imkermeisters die Original Eifeler Lavakerze entsteht.*

Dort wenden wir uns links, weil wir einen Abstecher zur **1 Wachsmanufaktur Moll** einbinden.

Michael Moll fesselt mit seinen Erläuterungen zum Kerzenlicht und warum der Mensch sich dessen uralter Faszination selbst in einer hoch technisierten Welt nicht entziehen kann. Aber auch wenn wir nicht das Glück haben, unsere Tour auf einen Dienstag legen zu können, wenn die Führung stattfindet, ist dieser besondere Betrieb immer einen Besuch wert.

Anschließend gehen wir die **Kurfürstenstraße** abwärts. Zur Linken sehen wir das **2 Rathaus,** eine ehemalige kurfürstliche Kellerei; es stammt im Kern vermutlich aus dem 16. Jahrhundert. Davor drängt sich der vom Bildhauer Johann Baptist Lenz geschaffene **Jahrtausendbrunnen** mit Lebensweisheiten wie „Glück ist Selbstgenügsamkeit" von Aristoteles in den Blick, auf dem junge Menschen bis zur Matura hinaufsteigen.

Kilometer: 5,4
Höhenmeter: 213
Stunden: 2
RUNDWEG

Manderscheid wurde bereits 973 erwähnt, seit 1332 besitzt es Stadtrechte. Die Herren von Manderscheid avancierten im Lauf der Zeit zu einer mächtigen Familie im weiten

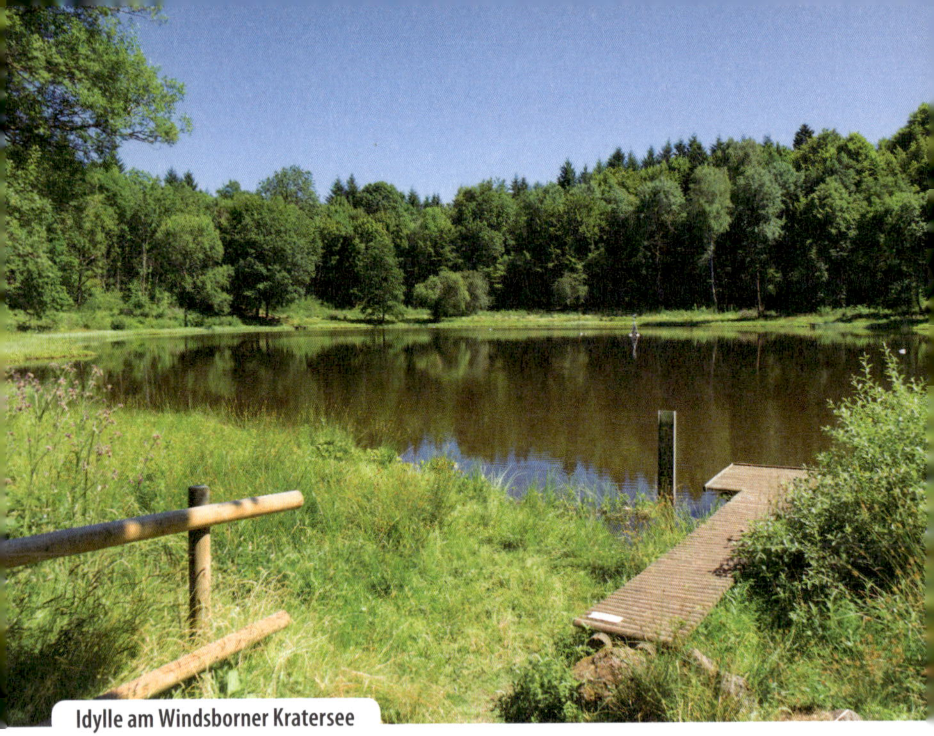

Idylle am Windsborner Kratersee

Umland, 1460 wurden sie vom Kaiser in den Reichsgrafenstand erhoben.

Wir wenden uns nach dem Rathaus links in die **Klosterstraße** und folgen ihr talwärts bis zum Ortsausgang. Dort erwartet uns an einer Rastbank ein erster Burgenblick. Weiter wandern wir nun auf einem schmalen Pfad an der Hangkante entlang durch malerischen Mischwald, verlieren an Höhe und gelangen nach etwa 400 Metern zum Flüsschen **Lieser,** das wir über eine Holzbrücke queren. Die hoch aufgestützte Brücke zeigt uns, wie viel Wasser die Lieser in regen- und schneereichen Jahreszeiten zu Tal tragen kann.

Gleich danach hangeln wir uns auf einem Pfad bergauf. Die Lieser verlieren wir rasch aus den Augen, stattdessen sprudelt der **Nachtergraben** munter neben uns. Gut 500 Meter nach der Brücke dürfen wir an einer Kreuzung den Abzweig scharf rechts nicht verpassen, auf dem wir nochmals an Höhe gewinnen, bevor wir an der **3 Wolfshütte** zum ersten Mal rasten und durchatmen und die Ausblicke über das unter uns ruhende Tal genießen. Von der Wolfshütte windet sich der Weg dann weiter aufwärts. Wir erreichen den **4 Eifelblick Belvedere.**

Nach dem Aufstieg haben wir uns eine Rast verdient, zu der uns zwei Holzbänke einladen. Entspannt setzen wir uns, packen unsere Brotzeit aus und schicken nun unsere Augen allein auf Wanderschaft. Nicht nur tief hinunter ins Liesertal mit den beiden Burgen schweifen unsere Blicke, sondern weiter hinaus über die Höhen der Eifel mit dem Mosenberg. Eine Inschrift auf der römischen Säule aus einer Römervilla am Mosenberg, die auch auf dem kleinen Plateau steht, dokumentiert, dass selbst Kronprinz Friedrich Wilhelm von Preußen 1833 diese Aussicht genoss. Wir verschwenden im guten Sinne noch einmal einige Minuten, um die frische Waldluft tief einzuatmen und den Ausblick zu genießen, dann lösen wir uns doch und setzen unsere Wanderung ausgeruht fort.

Für die Seele

Wir haben beim Eifelblick Belvedere zwei Burgen vor Augen und entdecken eine zauberhafte Natur am Windsborner Kratersee.

Auf verschlungenen Pfaden wandern wir vom Belvedere bis zu einer Wegekreuzung hinab. Hier halten

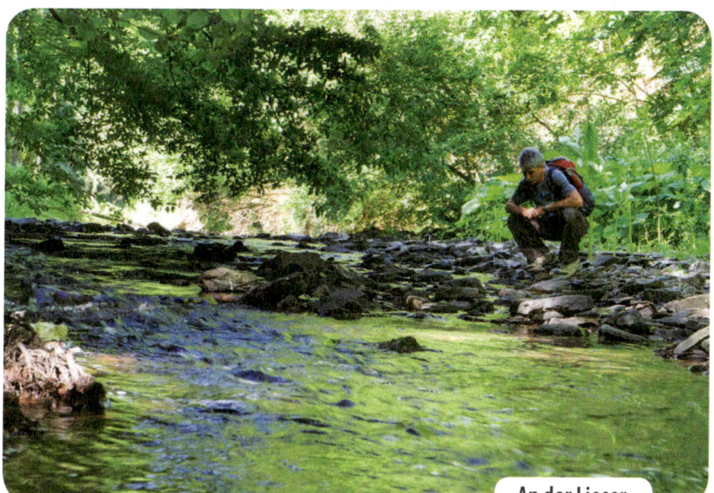

An der Lieser

wir uns links zum 600 Meter entfernten Grafenfels. An schroffen Felsen entlang windet sich der Weg, und manchmal gewährt uns der herbstliche Laubwald Blicke hinab ins Tal. Ein Wegweiser führt uns über einen felsigen Pfad zum **5 Aussichtspunkt Grafenfels,** von dem aus wir die famose Sicht auf die Turnierwiese und die beiden Burgen genießen. Ein kurzes Stück darauf leitet uns der Weg nach rechts. Bald gelangen wir zum Rittersteig, der uns zügig hangabwärts, teilweise mit Seilversicherungen versehen, zur L 16 führt. Von hier sind es nur wenige Schritte nach rechts bis zur **6 Ruine Niederburg.**

Im Jahr 1899 erwarb der Eifelverein die Burg. Gegen einen Kostenbeitrag besichtigen wir sie und lassen es uns nicht nehmen, auch hier den 18 Meter hohen Bergfried zu erklimmen, der zu den ältesten Bauten zählt. Wir spazieren durch die weitläufige Anlage, verlassen sie durch das Außentor und halten uns links. Wir queren die Lieser über eine Holzbrücke und

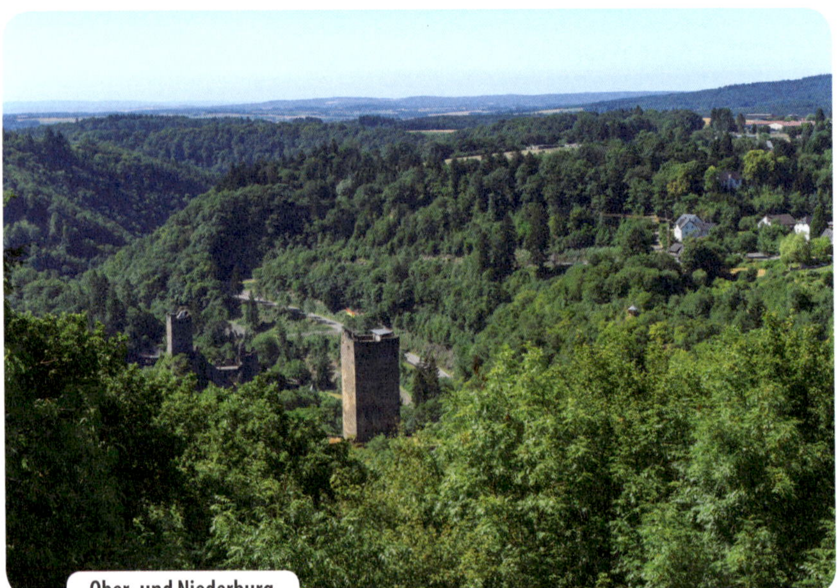

Ober- und Niederburg

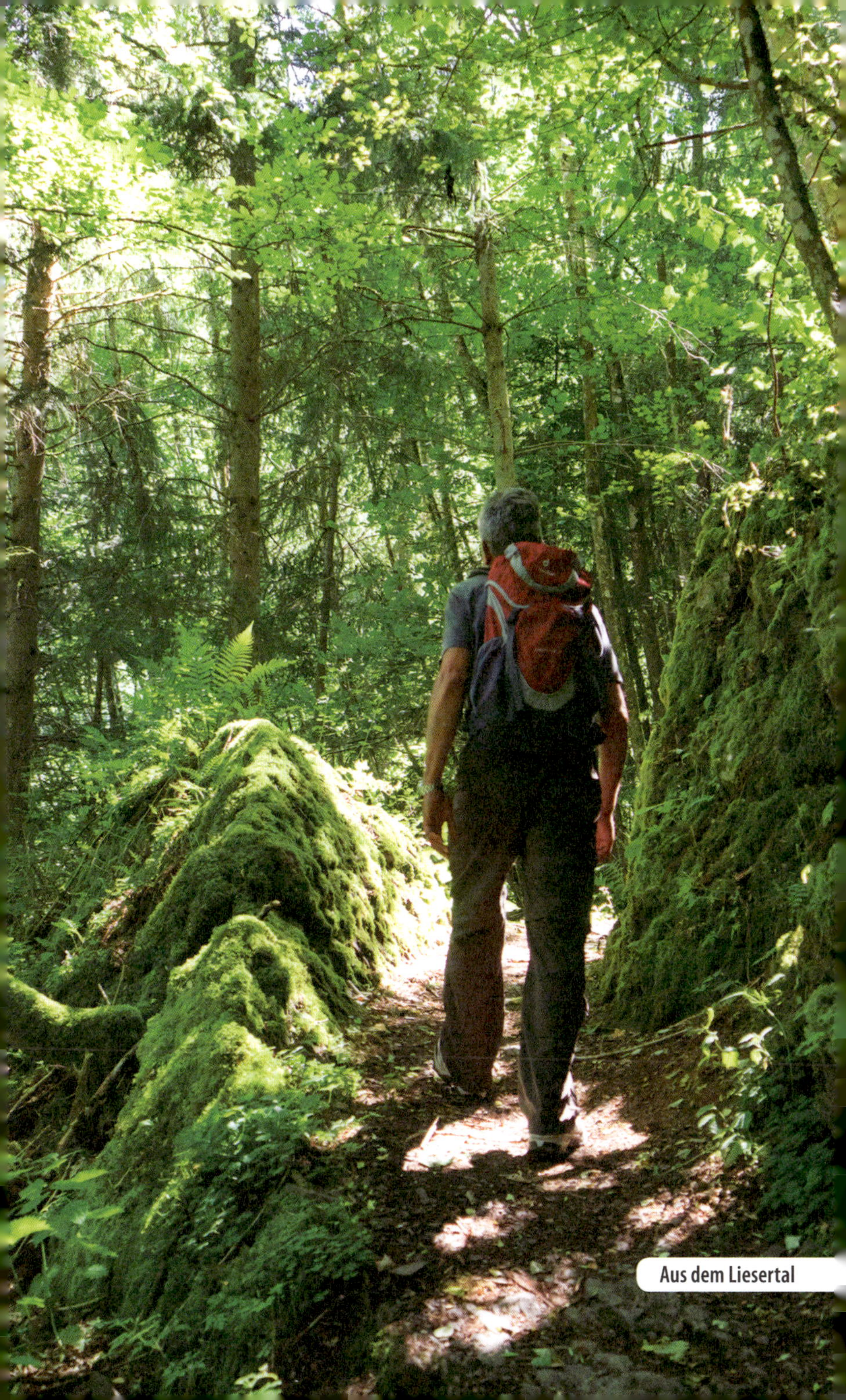

Aus dem Liesertal

Vermutlich ist die ***Oberburg*** *älter als ihr Pendant, die Niederburg – doch ist die Baugeschichte noch nicht ausreichend erkundet; datiert wird sie auf die erste Hälfte des 12. Jahrhunderts. Im Dreißigjährigen Krieg litten beide Burgen, 1673 wurde die Oberburg schließlich von französischen Truppen zerstört.*

Die ***Heidsmühle*** *ist zertifizierter Gastgeber der Regionalmarke Eifel und achtet besonders auf die Verwendung heimischer Zutaten.*

gelangen zur Turnierwiese. Alljährlich im Sommer stolzieren in Manderscheid die Ritter. Auf der Turnierwiese lebt das Lagerleben beim Historischen Burgenfest am letzten Augustwochenende wieder auf, die „Löwenritter" sorgen für Kurzweil beim Turnier, Gaukler und Minnesänger begeistern die Zuschauer.

Vorbei an der Tribüne erklimmen wir durch ein schönes Wäldchen den Hang und gelangen auf einem schroffen Pfad zur auf einem steilen Berggrat etwa 80 Meter über dem Tal aufragenden **7 Ruine Oberburg.** Wir flanieren durch das grasbewachsene Gelände und steigen auf den Bergfried, von dem wir nach einem atemraubenden Aufstieg den Panoramablick genießen.

Nach der Besichtigung stapfen wir über einen kantigen Felsrücken zum **8 Kaisertempelchen.** Einmal mehr lassen wir uns von der Aussicht fesseln und legen vielleicht eine letzte Rast ein, bevor wir die **Grafenstraße** erreichen und dann etwas außer Atem die wenigen Meter hinauf zum Parkplatz bewältigen.

Jetzt aber schieben wir richtig Kohldampf. Wir fahren in die Kurfürstenstraße, biegen im Kreisel Richtung Bettenfeld auf die L 16 ab und folgen kurz darauf links der Mosenbergstraße hinab bis zur **Heidsmühle.** Auf der sonnendurchfluteten Terrasse im Park mit Fischteichen lassen wir uns ein deftiges Essen schmecken.

Noch dazu liegt die seit 1840 bestehende Mühle, in der von 1907 an auch ein Restaurant unterhalten wird, idyllisch im Tal. Wir sind versucht, uns zum Nachtisch ein Stück frische Torte oder Kuchen zu gönnen, die täglich in der eigenen Konditorei zubereitet werden. Doch denken wir daran: Wir haben an diesem Tag noch etwas vor!

Zum Abschluss genehmigen wir uns nämlich eine beschauliche Naturschönheit, den **Windsborner Kratersee.** Wir fahren auf der **L 16** weiter Richtung Bettenfeld und entdecken kurz vor dem Dörfchen den Abzweig nach links zum Parkplatz.

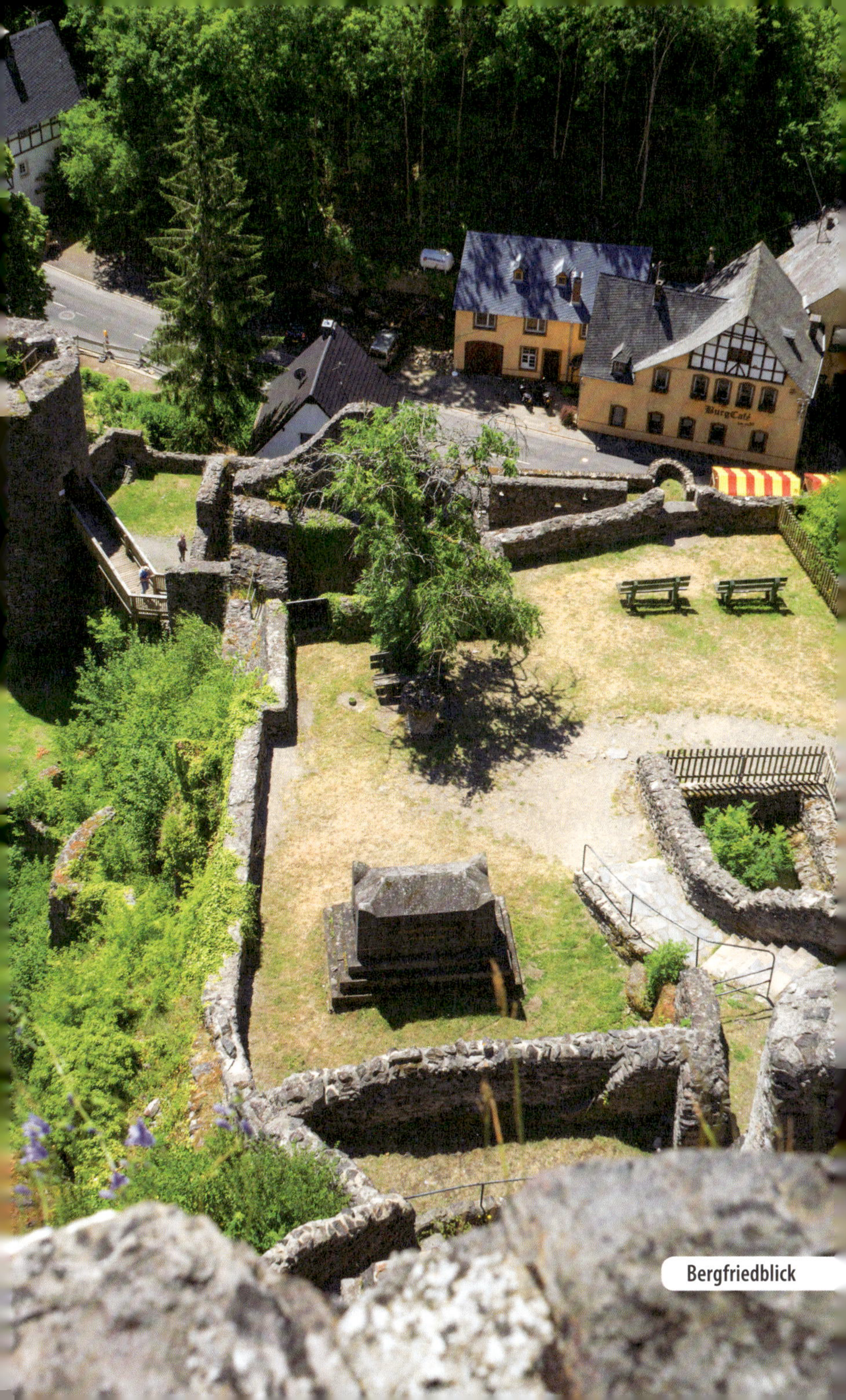

Bergfriedblick

Der Windsborner Kratersee ist eingebettet in einem 20 bis 30 Meter hohen Wall, den wir nach einem kurzen Fußweg erklimmen, um dann hinab ans Ufer zu steigen. Er zählt zu den wenigen Kraterseen nördlich der Alpen und liegt noch dazu malerisch, ja fast versteckt. Holzstege ragen wie schmale Finger auf die glitzernde Wasseroberfläche, eine ausgeschilderte Runde bringt uns um den See herum. Am Ausgangspunkt führt uns ein kurzer Aufstieg am Kraterrand zu einem Gipfelkreuz, von dem aus wir nicht nur einen wunderbaren Blick auf den See gewinnen, sondern auch weit über das Umland.

Nach einer kurzen Rast auf der Bank am Gipfelkreuz wandern wir das Stück zurück zum **Parkplatz.**

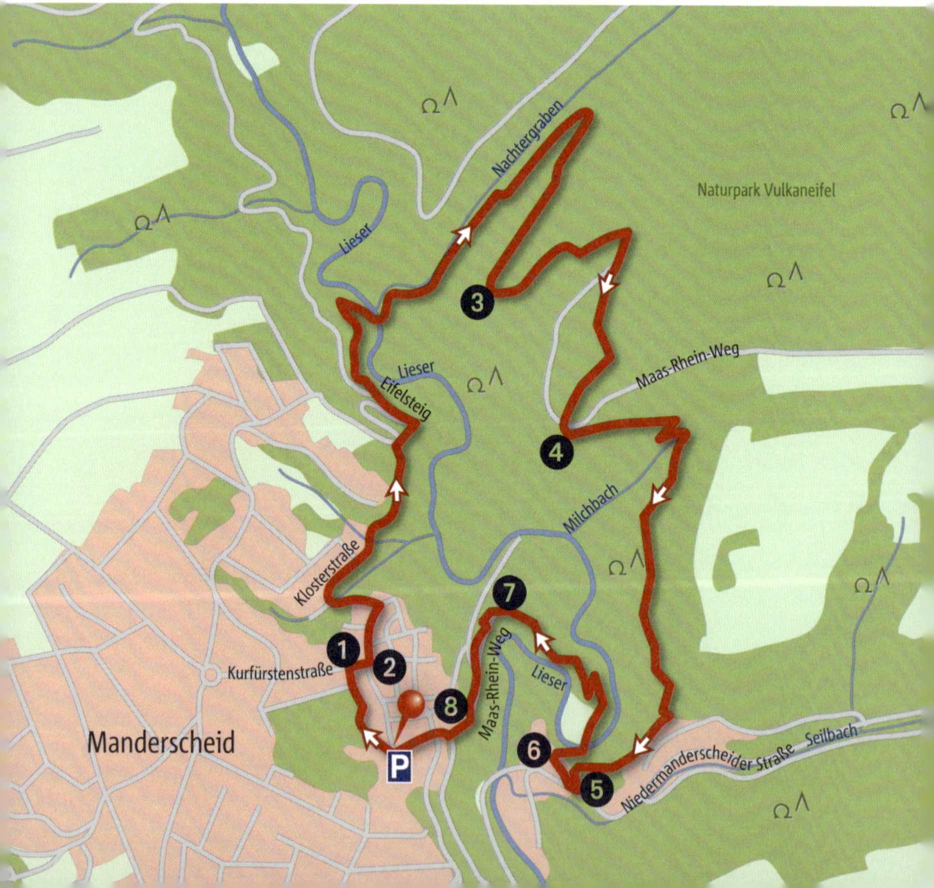

ALLES AUF EINEN BLICK

Entspannung

Abenteuer

Vielfalt

WIE & WANN

Viele schmale Pfade und Waldwege; beste Wanderzeit von April bis Oktober (außer bei Schnee- und Eisglätte)

HIN & WEG

Auto: Parkplatz am Kurhaus Manderscheid, Grafenstraße 23, 54531 Manderscheid
ÖPNV: Bus 300 (RadBus; www.radbusse.de) von Daun oder Bernkastel-Kues oder Bus 351 ab Wittlich bis Manderscheid, Dauner Straße

ESSEN & ENTSPANNEN

Abseits der Route empfehlenswert:
Hotel-Café-Restaurant Heidsmühle, Mosenbergstraße 22, 54531 Manderscheid, Tel. (0 65 72) 7 47, www.heidsmuehle.de

ENTDECKEN & ERLEBEN

1. **Wachsmanufaktur Moll,** Kurfürstenstraße 39, 54531 Manderscheid, Tel. (0 65 72) 21 80, www.kerzenmoll.de
2. **Rathaus und Jahrtausendbrunnen**
3. **Aussichtspunkt Wolfshütte**
4. **Eifelblick Belvedere**
5. **Aussichtspunkt Grafenfels**
6. **Ruine Niederburg,** Niedermanderscheider Straße 1, 54531 Manderscheid, Tel. (0 65 72) 7 37, www.niederburg-manderscheid.de
7. **Ruine Oberburg**
8. **Kaisertempelchen**

Abseits der Route sehenswert:
Windsborner Kratersee

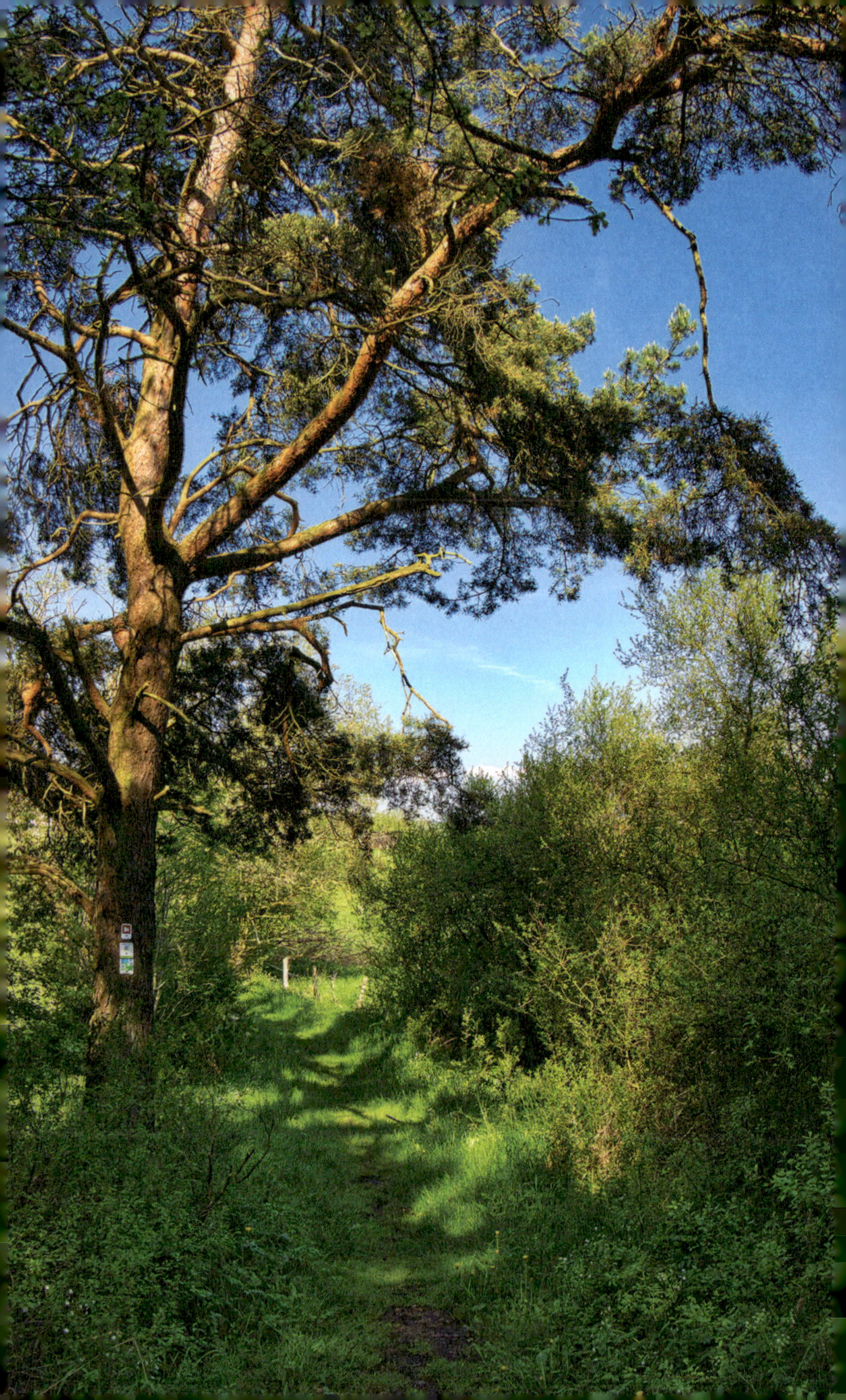

Burgen & Berge

Auf den Spuren der Raubritter

Unsere Wanderrunde startet auf dem Platz vor der **Burg Reifferscheid.** Vor uns sehen wir den ehemaligen Burggraben, über dem sich ursprünglich eine Zugbrücke befand, die im 18. Jahrhundert durch einen steinernen Damm ersetzt wurde. Dieser führt zum noch erhaltenen **Matthiastor.** Den Besuch der mittelalterlichen Ansiedlung und der Burg heben wir uns aber bis zum Schluss auf. Zuerst wollen wir wandern, wenden uns von der Burganlage ab und gehen einen schmalen Stichweg neben der Grundschule hinauf.

Schon bald lassen wir die Häuser hinter uns, eine Herde Ziege meckert uns aufmunternd zu, als wir auf einem grasbewachsenen Feldweg bergauf steigen. Unser Wanderweg ist mit einem markanten Logo ausgeschildert, einem Fußabdruck und der Wegbezeichnung EifelSpuren: Auf den Spuren der Raubritter. Frische Luft strömt uns entgegen, die ersten Meter fallen uns leicht. Bald neigt sich der Weg sanft in eine Senke, doch bevor wir wieder hinaufgehen, lotst uns ein Wegweiser nach rechts in ein kleines Waldstück hinein. Ein Pfad leitet uns hinab zur Straße in den Nachbarort Hönningen. Aufmerksam überqueren wir diese und setzen unseren Weg fort, der nun in einer großen Schleife den Hang hinaufführt.

Wir erreichen die Anhöhe, die Bäume machen einer weiten Wiesenlandschaft Platz. Hier und da grasen Rinder in umzäunten Arealen, kühlender Wind weht uns um die Nase, wir schauen über die Eifelhöhen und entdecken auf einem fernen Hügel eine pitto-

Kilometer: 14,1
Höhenmeter: 390
Stunden: 4,5
RUNDWEG

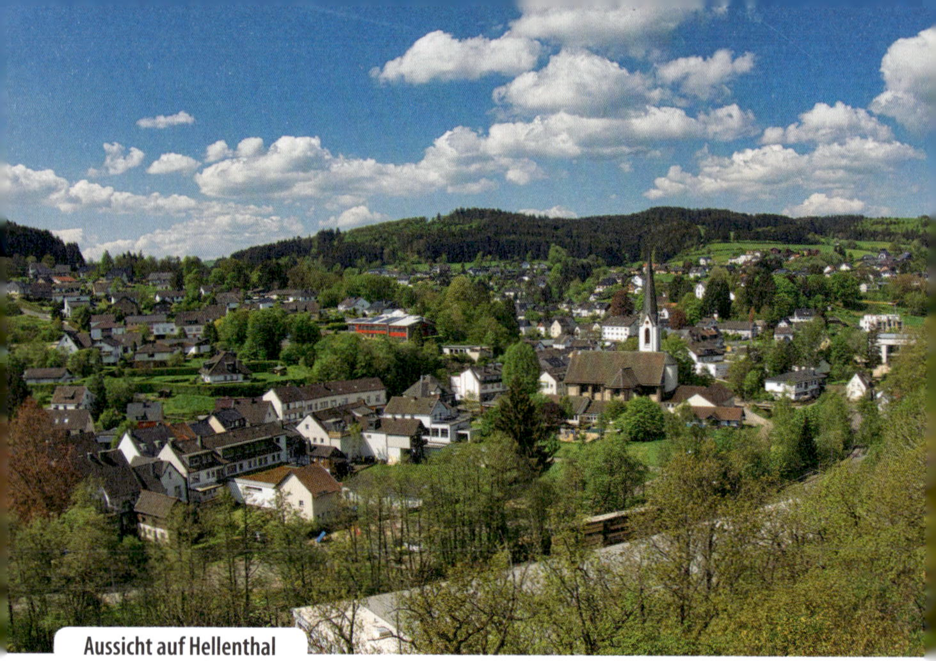

Aussicht auf Hellenthal

reske Kapelle. An einer Weggabelung halten wir uns rechts, stapfen über einen weichen Wiesenweg, gelangen zu einem weiteren Wegweiser, der uns kurz nach rechts, bei zwei **1 Waldliegen** aber nach links leitet. Die Waldliegen stehen so verlockend, dass wir unsere Rucksäcke von den Schultern nehmen und uns hinsetzen. Unser Blick gleitet erneut über die Eifelhöhen, unter uns sehen wir Blumenthal, einen der beiden Orte, durch die unser Weg uns führen wird. Heute scheint die Sonne noch zurückhaltend und heizt uns nicht richtig ein; im Hochsommer würden wir nun sicher schon kräftig schwitzen.

Wir reißen uns los, stoßen bald auf einen ausgebauten Feldweg, lenken unsere Schritte nach links bis zu einer Rastbank und gehen rechts, nach einem kurzen Wegstück bereits mit Blick auf Kirschseiffen, einen Ortsteil von Hellenthal.

Links und rechts des Waldwegs erkennen wir Schäden an den Fichten. Bei aller Entspannung, die wir auf unserer Wanderung suchen, bleibt uns so der wache Blick auf Veränderungen erhalten und das Bewusstsein dafür, was durch unser Handeln geschieht.

Als wir den Ort erreichen, gehen wir die Straße **Hinterseifen** hinab, wenden uns links in die Straße **Kalberbenden,** anschließend rechts in die **Rathausstraße** und verlassen einen Kreisel in die Straße **Am Olefufer.** Dort schlendern wir am **2 Ufer der Olef** entlang. Das Uferareal ist neu gestaltet worden, wir finden zahlreiche Möglichkeiten zum Sitzen und Rasten und können über breite Steinstufen zur Olef stiefeln. Vom Hochwasser 2021 waren auch die Orte Hellenthal, Reifferscheid und Blumenthal, die wir alle durchwandern werden, stark betroffen; Bäche traten weit über die Ufer, zerstörten Brücken und Gebäude, führten zu massiven Schäden, die im Lauf der vergangenen Jahre weitgehend beseitigt werden konnten. Dennoch sehen wir auf unserer Wanderung, wo noch Arbeiten notwendig sind oder wo, beispielsweise an Bächen, Sicherungsarbeiten durchgeführt oder vorbereitet werden. Die Rast lässt uns nachdenklich wieder aufbrechen. Die Olef überqueren wir über eine Brücke, halten uns rechts in die **Hardtstraße** und nehmen bei einem Industriegelände einen schmalen, sich bergauf windenden Pfad. Rasch lassen wir die Ortschaft unter uns verschwinden.

Für die Seele

Hoch oben auf dem Bergfried schnuppern wir Eifelluft und schicken unsere Augen auf Wanderschaft.

Das **3 Sündentempelchen** erwartet uns nicht nur mit einem aus Holz gefertigten Pavillon, sondern mit einem weiteren Rastplatz mitten im Wald. Wer unten nicht pausieren wollte, findet hier eine schöne Gelegenheit. Noch ein paar Schritte weit führt der Wanderweg durch den Wald. Wir treffen auf einen quer laufenden Waldweg und nehmen ihn für einen guten Kilometer. Die nächste Rast-

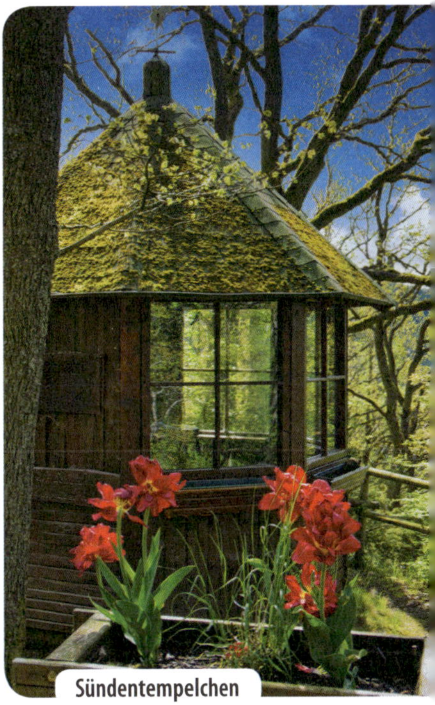

Sündentempelchen

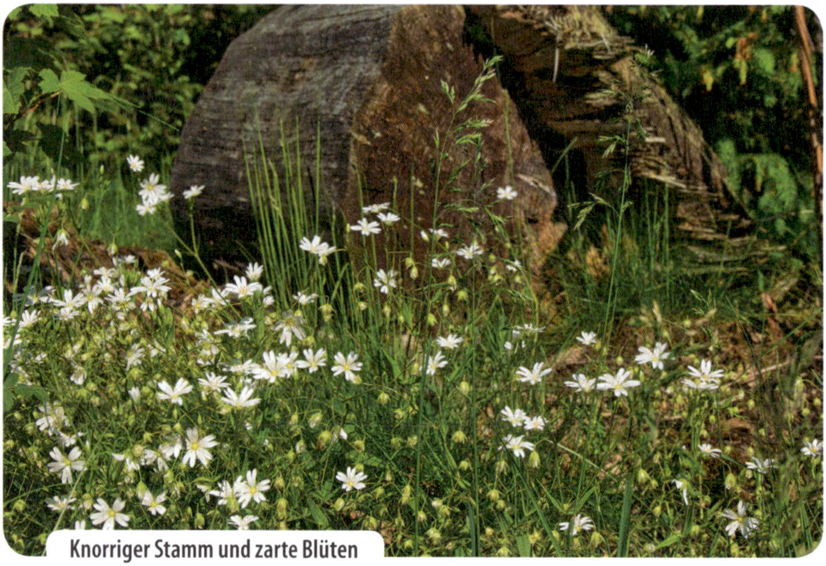

Knorriger Stamm und zarte Blüten

bank erwartet uns an einem Wegweiser, dem wir später nach rechts folgen. Doch wir entscheiden uns zunächst für eine andere Offerte: Rund 50 Meter geradeaus entdecken wir den 4 **Rastpunkt Auf der Hardt** mit zahlreichen Bänken.

Anschließend schlendern wir gesättigt auf der EifelSpur, umrahmt von Jungwald und blühenden Blumen, Sträuchern sowie Hecken. In einem kleinen Waldstück nehmen wir den bergab laufenden Pfad nach links. Auf dem Weg sorgen Ginsterbüsche für eine goldgelbe Augenweide. Im Hang führt uns das nächste Wegstück mit Blick auf Blumenthal weiter, bis wir wieder Asphalt unter unseren Füßen spüren und die ersten Häuser von **Blumenthal** erreichen. Über **Am Hahnenberg** gelangen wir rechts in die **Alte Schulstraße,** dann über die **Bahnhofstraße** in die **Schleidener Straße.** Dort halten wir uns links, überqueren bei einer Fußgängerampel die Straße, gehen weiter nach links und sollten wenige Schritte später den Abzweig in die Gasse **Fuchsloch** nicht verpassen.

In Sichtweite zum Reifferscheider Bach wandern wir durch eine schattige Auenlandschaft, nutzen eine Brücke, um das Gewässer zu überqueren, gehen dann nach links und später rechts in die Straße **Dommersbach.** Die Siedlung verlassen wir auf einem Feldweg. Der folgende Kilometer hat es in sich, es zieht uns stetig und steil bergauf, links und rechts der Strecke wechseln sich dichte Fichtenwäldchen, leer gefegte Waldstücke sowie Sträucher und Hecken ab. Natürlich darf auch der blühende Ginster als Wegbegleiter nicht fehlen. Oben dann, auf der Anhöhe, begrüßen uns freundliche Kühe auf den Weiden. Eine Rastbank verschafft uns Zeit zum Luftholen. Wir schnuppern den frischen Waldduft, in der Ferne tuckert ein Traktor. Nach dem geschäftigen Ort, der jetzt schon weit hinter uns zu liegen scheint, ist dies wieder ein willkommener Platz zum Entspannen. Wie nah Hektik und Ruhe beisammen sind, macht uns diese EifelSpur mehr als einmal bewusst. Umso hungriger saugen wir die feine Eifelluft auf, versuchen, die Bilder aufzunehmen, die

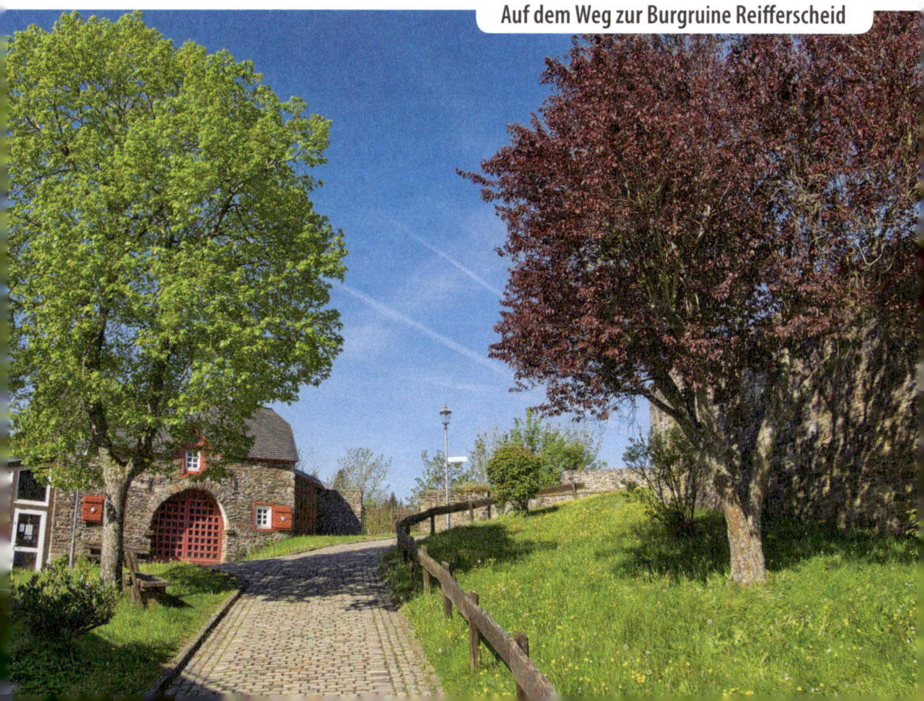

Auf dem Weg zur Burgruine Reifferscheid

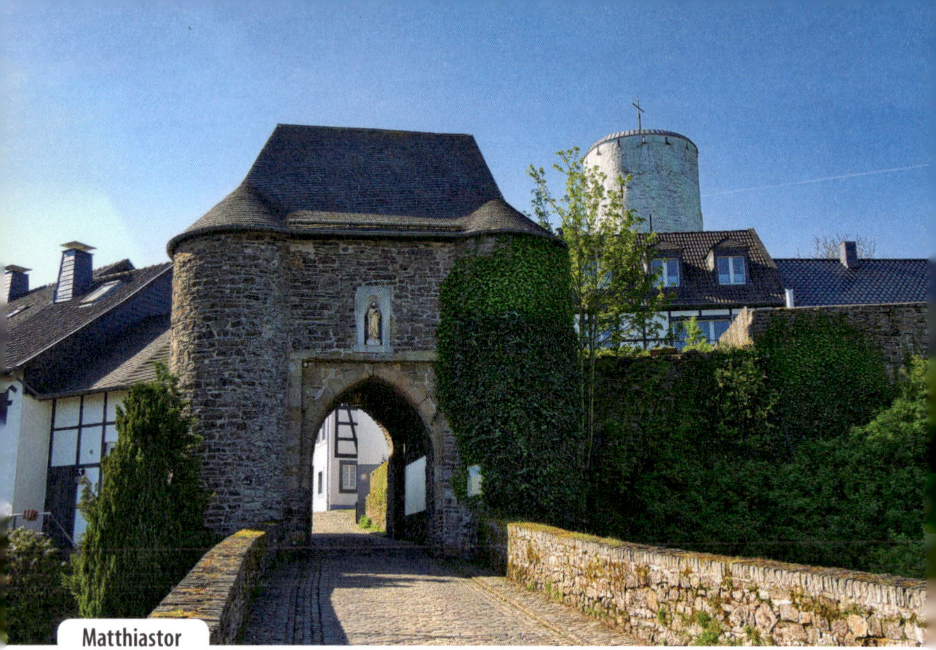

Matthiastor

Die steilen Hänge der **Burgwüstung Wollenberg** bieten auf drei Seiten einen natürlichen Schutz des Bergsporns, die vierte Seite wurde durch einen tiefen Graben abgetrennt. Der Zugang zur Burg ist heute nicht mehr sicher zu bestimmen.

vor unseren Augen liegen, die grüne Landschaft, die friedlich grasenden Tiere, ein paar Vögel, die über den Wiesen ihre Bahnen ziehen, Singvögel im Wäldchen hinter uns, die für muntere Begleitmusik sorgen.

Bevor wir endgültig die Zeit vergessen, machen wir uns auf, denn ein Stück Weg liegt noch vor uns. Wir wandern weiter in der Umgebung vom **5 Kuhberg** und setzen unsere Route auf einem Waldweg fort, der uns zügig abwärtsführt. Bald gesellt sich ein quirliger Bach zu uns. Nun sollten wir auf einen Wegweiser achten, der uns nach links den Berg hinaufleitet. Bald sehen wir linker Hand die Informationstafel zur **6 Burgwüstung Wollenberg.**

Die letzten Meter zur Anhöhe fallen uns leicht, wir flanieren über Feldwege, erfreuen uns an einem schönen Ausblick hinüber nach Reifferscheid mit der Kirche und dem Bergfried, die sich aus dem Tal erheben, und erreichen einen letzten Rastplatz. Wir ruhen uns aber nicht aus, sondern nehmen den Pfad linker Hand, auf dem wir schnell an Höhe verlieren. Ein Kreuzweg gesellt sich mitten im Abstieg zu uns und wir erreichen den Talgrund.

Vom **Kupferhardtweg** gelangen wir zu einer Brücke, schlendern hinüber, orientieren uns nach links die **Blumenthaler Straße** entlang, queren einen Wanderparkplatz und biegen in die Straße **Im Tal** ein. Kurz bevor der Weg ansteigt, wenden wir uns nach links in die Straße **In den Weihern.** Gleich darauf umgeben uns zur rechten Seite die steil ansteigenden Berghänge zur Burg, zur anderen Seite Weiden mit Schafen und Lämmern. Wir kommen zu einem letzten Pfad, der uns zuerst zum **7 Gröttchen** führt, einem christlichen Andachtsort, dann weiter zum Parkplatz, unserem Ausgangsort. Beim Gröttchen handelt sich um eine kleine, liebevoll gepflegte Grotte, die der Gottesmutter Maria gewidmet ist und ein Standbild beherbergt. Dieser Marienbildstock wurde 1955 von einem besorgten Vater gestiftet, dessen Sohn schwer erkrankt war. Der Ort ist mit Blumen geschmückt. Interessanterweise beherbergt das Gröttchen zwei Marienbildnisse, die den Gläubigen Beistand leisten.

Für den krönenden Abschluss unserer abwechslungsreichen Wanderung haben wir uns den Besuch

Auf den Ruinen der im 11. Jahrhundert erbauten, mehrmals abgebrannten ***Burg Reifferscheid*** *wurde ein repräsentatives Barockschloss errichtet. Heute sind noch Reste der Umfassungsmauern, ein Torbau mit zwei flankierenden Rundtürmen sowie der runde Bergfried erhalten.*

Blick vom Bergfried auf Reifferscheid

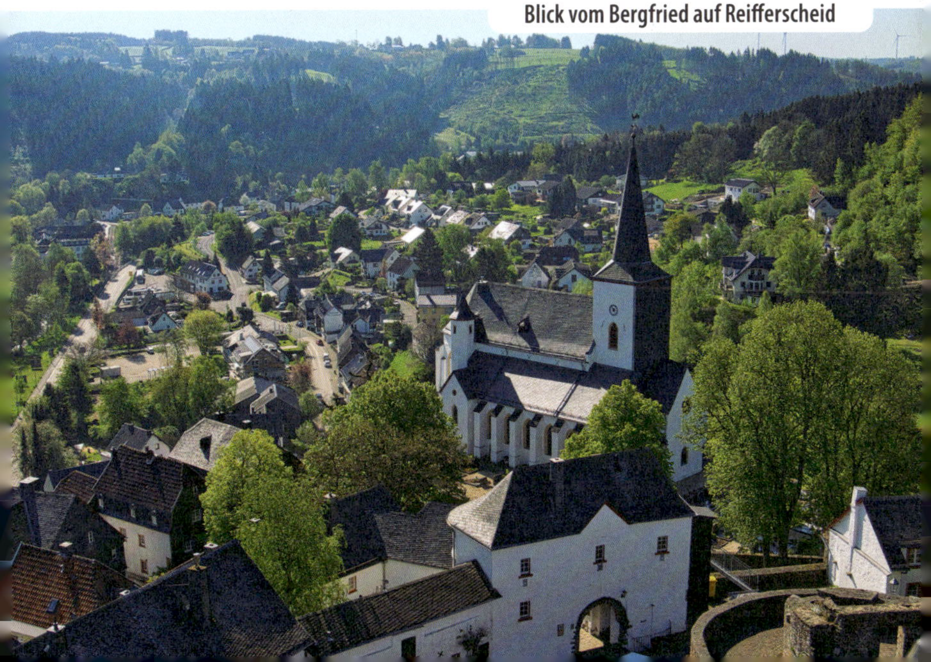

*Das **historische Reifferscheid** umfasst die Burganlage mit der Vorburg und dem Burgbering sowie die Talsiedlung zu ihren Füßen. Den Bergfried als Aussichtsturm können wir besteigen und uns von der Plattform am sogenannten Eifelblick Bergfried erfreuen.*

von 8 **Burg Reifferscheid** und der **Burgsiedlung** zu ihren Füßen vorgenommen. Dazu spazieren wir durch das Matthiastor über den **Zehntweg** zur Burg, betrachten die noch erhaltenen Mauerreste, steigen hinauf auf den mächtigen Bergfried und lassen unseren Blick von oben nicht nur weit über die Eifelhöhen schweifen, sondern erkennen auch einige Passagen wieder, die wir erwandert haben. Nach dem Abstieg wenden wir uns der **Burgsiedlung** zu, die uns mit ihrem 600 Jahre alten Stadtgrundriss imponiert. **Marktgäßchen** und **In der Freiheit** heißen die Gassen, durch die wir flanieren, bis wir durch das Matthiastor Burg und Burgsiedlung hinter uns lassen und die geschichtsträchtige Eifel-Spur abschließen.

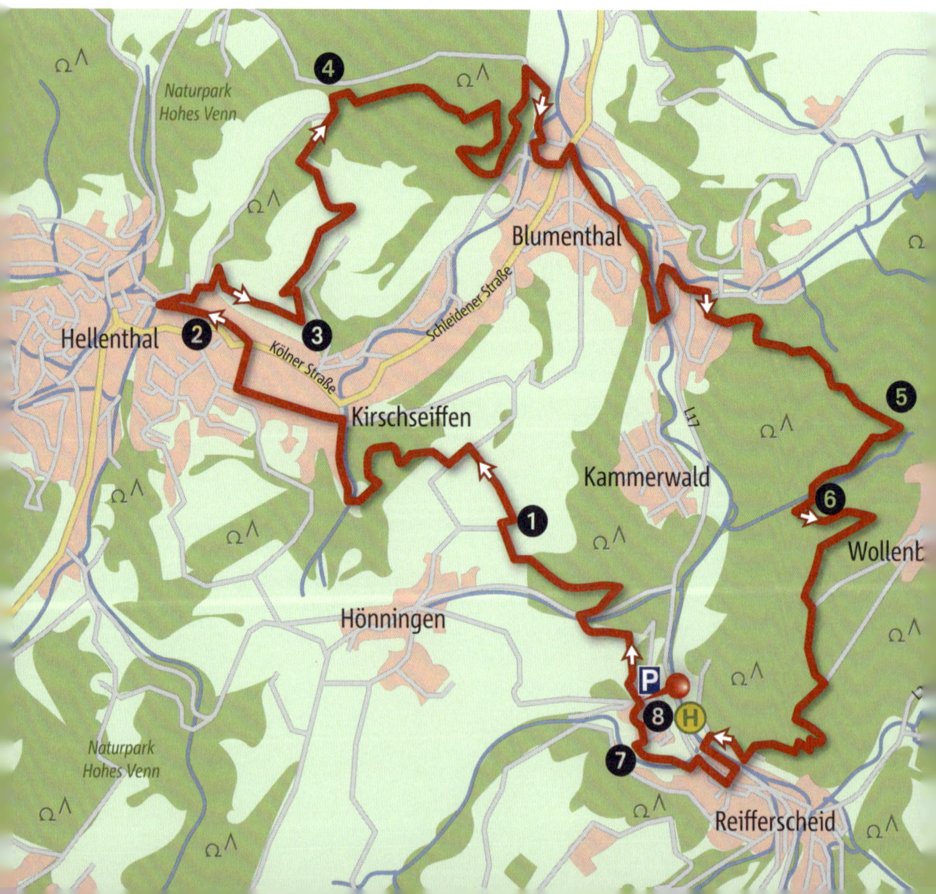

ALLES AUF EINEN BLICK

Entspannung 2/5
Abenteuer 3/5
Vielfalt 4/5

WIE & WANN

Meist wandern wir über gut ausgebaute Wanderwege, ab und an schlendern wir über Pfade; beste Wanderzeit von März bis November.

HIN & WEG

Auto: Parkplatz Burg Reifferscheid, Zehntweg/Burgstraße 18, 53940 Hellenthal
ÖPNV: Bus 829 ab Kall Bf bis Schleiden, weiter mit Bus 766 bis Reifferscheid. Bis zum Startpunkt der Rundstrecke sind es etwa 10 Minuten zu Fuß.

ESSEN & ENTSPANNEN

An Rucksackverpflegung denken

ENTDECKEN & ERLEBEN

1. **Waldliegen**
2. **Ufer der Olef**
3. **Sündentempelchen**
4. **Rastpunkt Auf der Hardt**
5. **Kuhberg**
6. **Burgwüstung Wollenberg**
7. **Gröttchen**
8. **Burg Reifferscheid und Burgsiedlung**

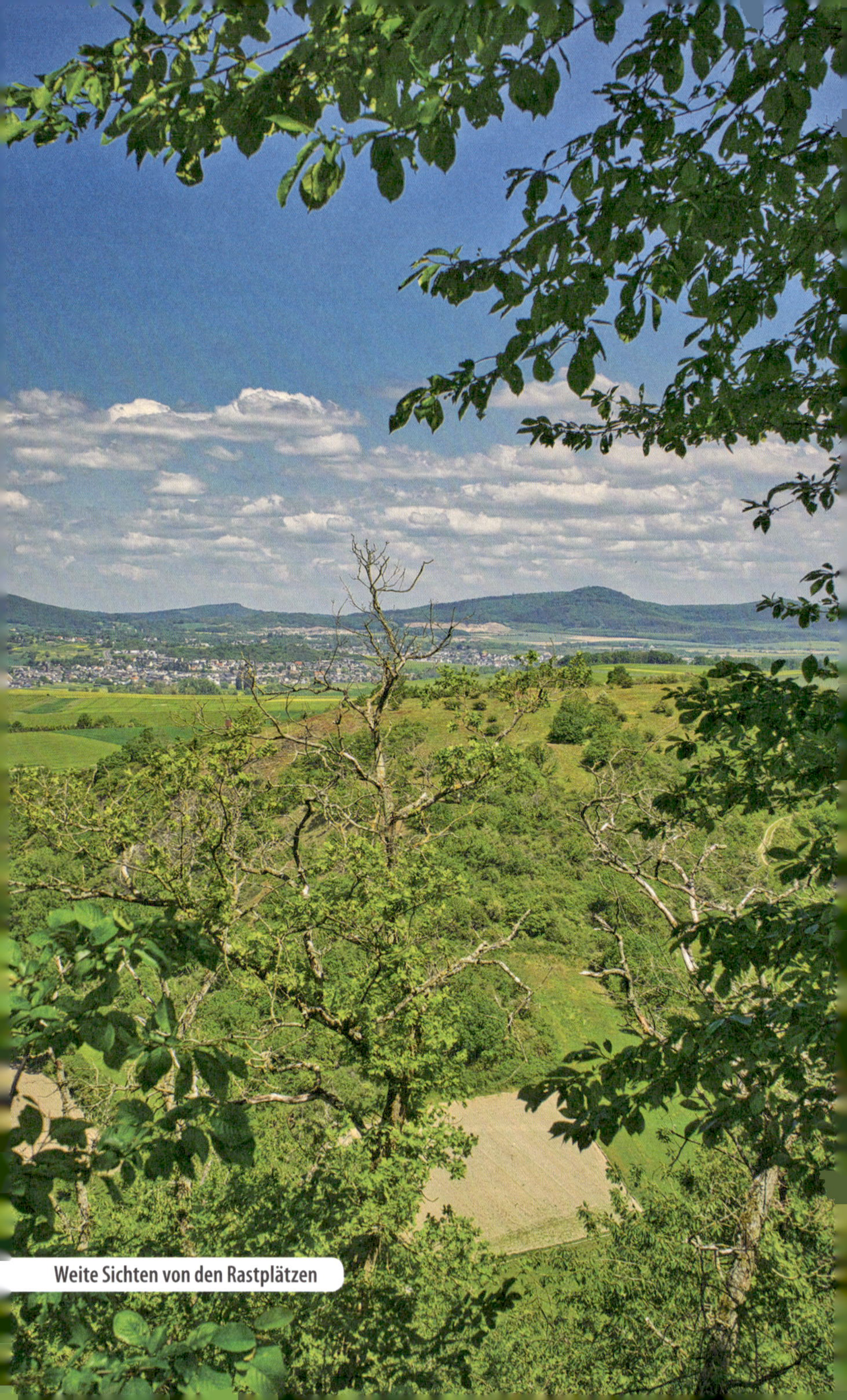

Weite Sichten von den Rastplätzen

Schiefer & Hopfen

Auf dem Nette-Schiefer-Pfad

Vom **Dorfplatz** aus unterqueren wir die Brücke der Landstraße und verlassen **Trimbs** über die Straße **Auf dem Reusch,** die bald in einen gemütlichen Feldweg übergeht und geradewegs in Sichtweite entlang der Nette führt. Die Nette ist ein knapp 60 Kilometer langer Nebenfluss des Rheins, entspringt in Hohenleimbach in der Eifel und mündet bei Weißenthurm in den Rhein.

Etwa 500 Meter nach den letzten Häusern schwenkt der **Traumpfad Nette-Schieferpfad** links in den Hang. Er ist durchgängig mit dem Traumpfade-Logo – einem weißen Pfad auf orangefarbenem Grund – gekennzeichnet. Auf einem grasbewachsenen Weg gewinnen wir entspannt an Höhe. In mehreren Schleifen nähern wir uns vorbei an Ginsterbüschen, Krüppeleichen und Hecken den ersten Aussichtspunkten in die **Trimbser Schweiz.** Wir steigen über felsigen Erdboden noch ein Stück weiter aufwärts und machen, als wir die Höhe fast erreicht haben, einen 50 Meter langen Abstecher nach links zum **1 Mühlenberg.** Von der breiten Felsklippe schauen wir tief hinab ins Tal. Rund um den Mühlenberg entdecken wir an den kahlen Felsgraten eine mannigfaltige Mischung an Blumen, auch Felsenbirnen, Mispeln und Schierling wachsen hier, die Küchenschelle hat sich häuslich niedergelassen, und ab Mai oder Juni sind die Berghänge gesprenkelt mit goldgelb leuchtendem Besenginster.

Bald passieren wir eine markante Stelle, an der eine elf Stufen lange Treppe die Fan-

*Die **Pellenz** ist eine Region, die aus der Asche der Vergangenheit geboren wurde. Sie liegt nahe am Laacher See, der vor etwa 13.000 Jahren durch gewaltige Vulkanausbrüche entstand. Die Landschaft ist geprägt von Basalt, Bims und Lava.*

Kilometer: 9,3
Höhenmeter: 181
Stunden: 3
RUNDWEG

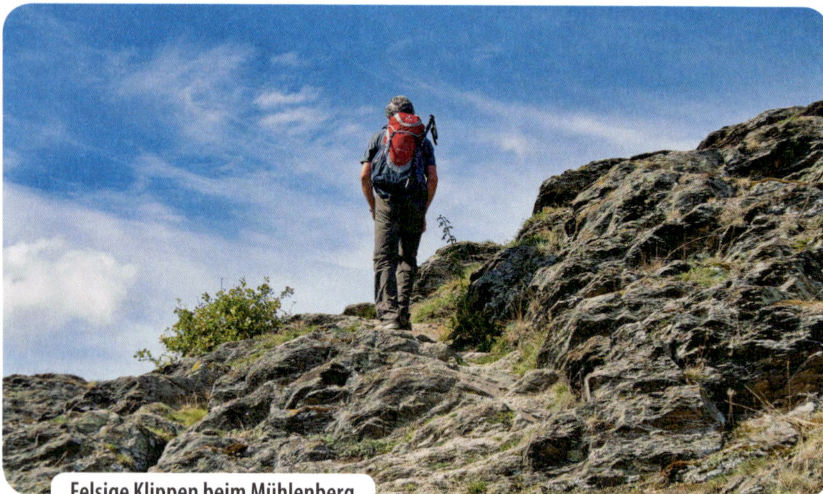

Felsige Klippen beim Mühlenberg

*Rund um Trimbs gab es früher 37 **Schiefergruben**. In den letzten zwei Jahrhunderten haben die Gewinnung und Verarbeitung von Schiefer das Leben der Trimbser stark beeinflusst. Stollen, Schächte und Schutthalden sind stumme Zeugen dieser vergangenen Zeit.*

tasie anregt. Es wird vermutet, dass sie eventuell keltischen oder römischen Ursprungs ist. Danach verläuft der Pfad wieder leicht abwärts. Sobald uns eine beschilderte Spur zur **2 Schiefergrube Fuchsloch** lotst, folgen wir ihr gern und werfen einen Blick in die finstere Grube, hüten uns aber zu Recht, durch das enge Loch einzusteigen. Stattdessen setzen wir unsere Route zum nächsten Aussichtspunkt auf einer Felsnase fort. Womöglich verleitet uns die Bank zur Rast – oder wir steigen doch direkt die weiteren Meter über den felsigen Boden aufwärts, um bald, umrahmt von Kornfeldern und Magerwiesen, weiterzuziehen.

Während unser Weg einen scharfen Linksknick beschreibt, wandern wir über die Höhe und wechseln gleich danach wieder auf einen ansteigenden felsigen Pfad. Von oben genießen wir die Ausblicke nach Welling und über das Maifeld, ehe wir nahe an der 1974 geschlossenen Schiefergrube Wilbert, die auch Fritze Kaul genannt wird, vorbeiwandern. Ein paar wenige Meter geht's bergab, dann erreichen wir die Landstraße, queren diese und setzen unseren Weg nach mehreren Treppenstufen zwischen Äckern fort.

Vom 3 **Burberg** aus genießen wir die fabelhaften Aussichten zu den sogenannten **Sieben Vulkanbergen** wie dem Hochsimmer bei Mayen oder zum Sendeturm auf dem Kühkopf bei Koblenz. Bald schlendern wir auf dem **Nachtigallenweg** an Hecken und Sträuchern vorbei, und mit ein wenig Glück hören wir den Gesang dieser Vögel. Unser Abstieg wird durch den Aussichtspunkt 4 **Kretzers Ley** mit Waldsofa und Rastplatz unterbrochen. Durch solche Pausen, die sich auf diesem Traumpfad an so vielen Orten anbieten, verlängert sich unsere Wanderzeit natürlich, aber das nehmen wir gern in Kauf. Eine Besonderheit dieses Pfads sind die zahlreichen Hinweistafeln, die vom Wegepaten angebracht wurden und die uns an vielen Stellen über erwähnenswerte Merkmale informieren,

Für die Seele

Wir erklimmen Felsen, stromern über grasige Pfade und lauschen einem Fluss, der munter über Steine springt.

Blick auf Welling

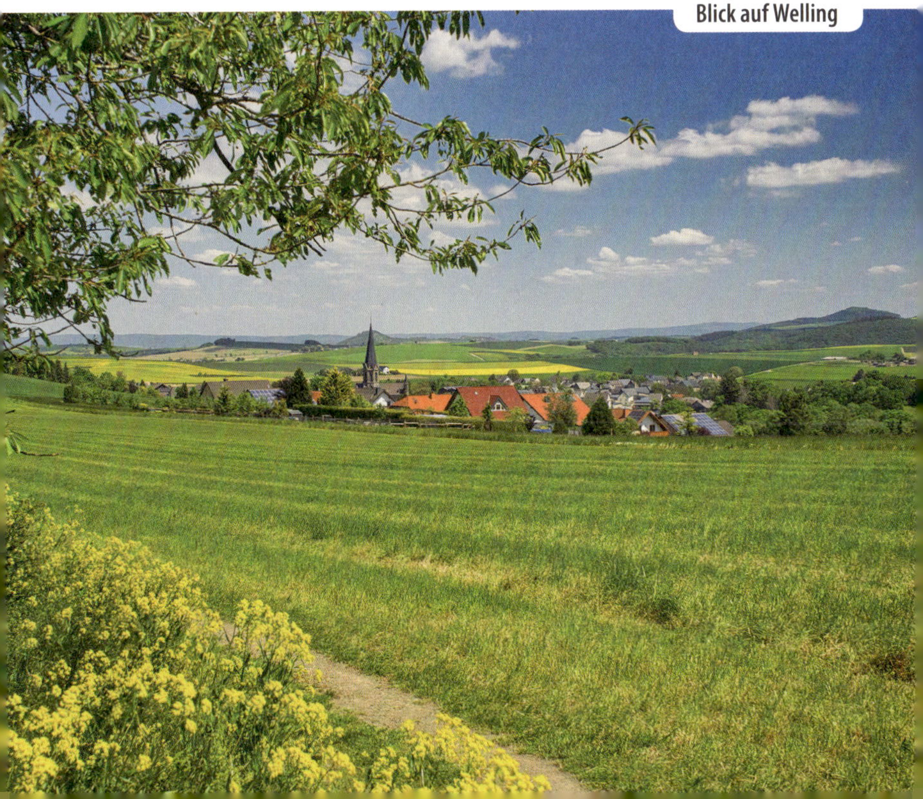

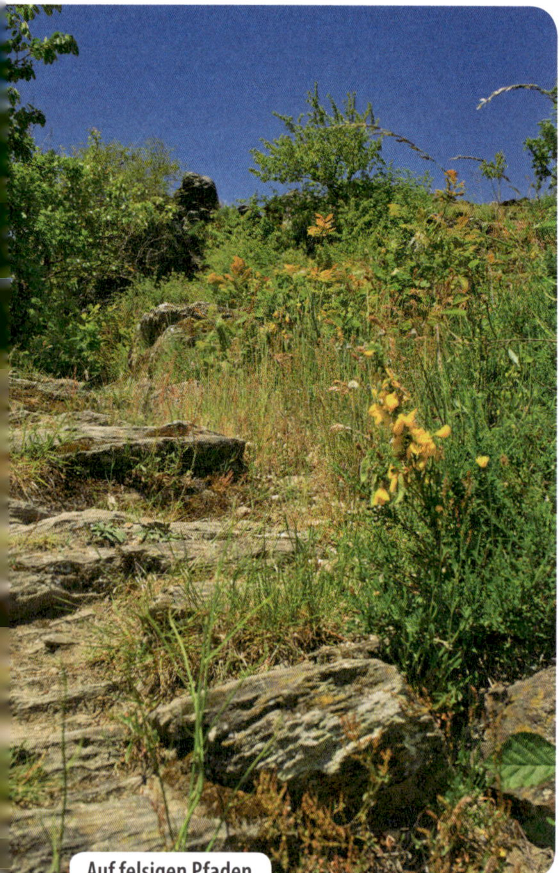

Auf felsigen Pfaden

sodass wir oft zwischen Lesen und Schauen hin- und herwechseln.

An der Hangflanke nähern wir uns kurz danach der **5 Trimbser Obermark** und erkennen den früheren Weinberg an der Trockenmauer, die uns etwa 200 Meter weit begleitet. Bis 1963 wurde Riesling in Lagen wie Untermark oder Obermark angebaut; zuletzt waren noch eine Straußwirtschaft und eine Weinstube in Trimbs heimisch. An einer Traumstation – einem stabilen Tisch mit umlaufenden Sitzbänken – lassen wir das Gelesene auf uns wirken.

Anschließend wandern wir weiter an der Hangflanke entlang. Hecken säumen unseren Weg, bis sich dieser verengt und über felsigen Untergrund weiterläuft. An einer sehr exponierten Stelle kraxeln wir vorsichtig weiter, gleich danach weisen uns Schilder auf weitere Schiefergruben hin, in deren schwarze Schlunde wir waghalsig einen Blick werfen können.

Bald erreichen wir eine asphaltierte Straße, die wir nach links bis kurz vor den Nettehof wandern. An der Weggabelung wenden wir uns nach rechts, wandern um eine malerisch gelegene Teichanlage herum und sehen mit etwas Glück zu unserer Rechten urige Highland Cattles auf einer saftig grünen Weide grasen. Gleich nach den Teichen bringt uns ein Holzsteg über den Fluss. Ein sandiger Pfad führt uns links um eine schmale Halbinsel herum. Bald schon hören wir das Tosen des kleinen 6 **Wasserfalls** der Nette. Erfreulicherweise lädt uns wieder eine Bank zum Verweilen ein, und wir nehmen das Angebot gern an, um dem munter über die Felsen springenden Gewässer zu lauschen. Das Rauschen überspielt die Stille und wir sind glücklich, im Einklang mit der Natur zu sein.

Danach geht es weiter über eine Stahlbrücke, nach der wir gleich rechts auf einen urigen Pfad durch die stille Auenlandschaft der Nette wandern.

Nach knapp 500 Metern entfernt sich der Weg von dem lebhaften Flüsschen. Unser Weg steigt nun langsam an, Eichen stehen Spalier, bis wir den 7 **Aussichtspunkt Nette-Viadukt** erreichen. Dieses 114 Meter messende Bauwerk wurde in der Zeit von 1902 bis 1904 als Teil der Eisenbahnstrecke Koblenz–Mayen–Gerolstein erbaut. Nach einigen weiteren Wandermetern sehen wir einen Eisenbahntunnel von innen, denn wir müssen durch den 252 Meter langen beleuchteten

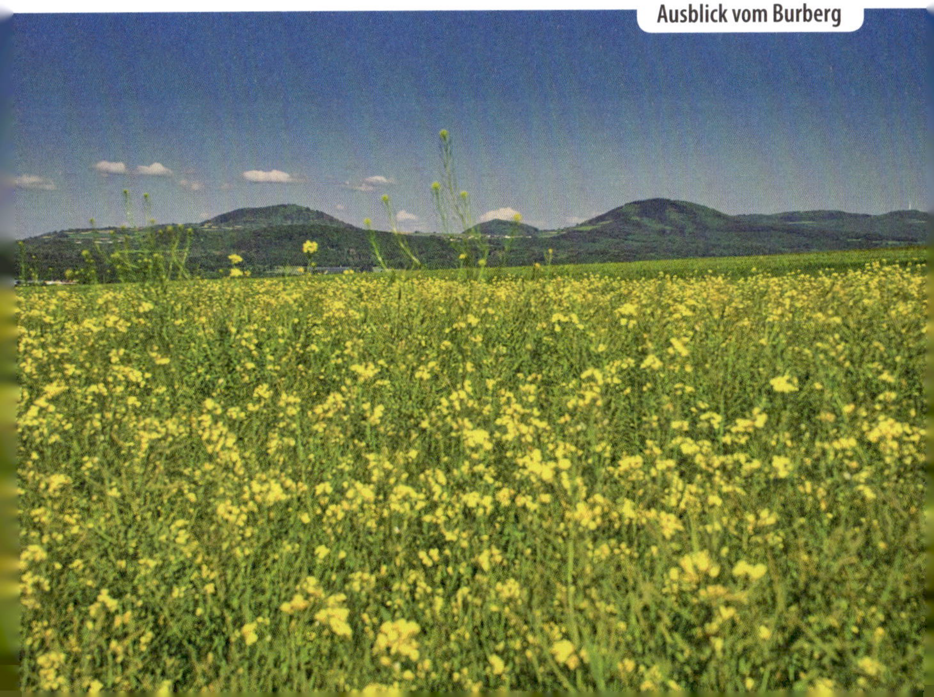

Ausblick vom Burberg

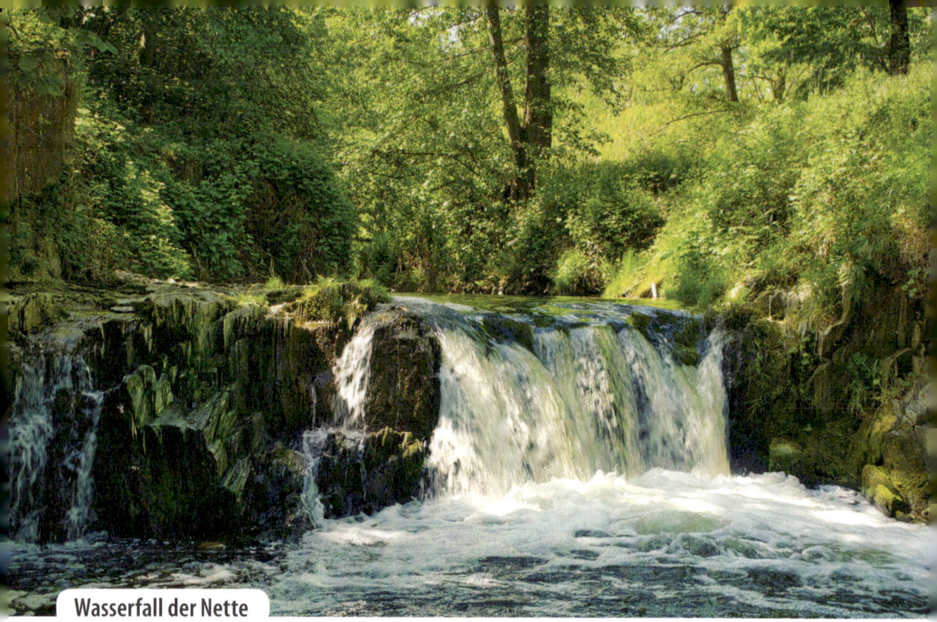

Wasserfall der Nette

⑧ Tunnel Hausen II. Die Bahntrasse Mayen–Polch wurde 1904 eröffnet, gleichzeitig wurden die beiden Tunnel und das Verbindungsviadukt errichtet. Die Eisenbahnlinie wurde 1983 endgültig stillgelegt. Seit 1992 dient die Strecke als Mosel-Schiefer-Radwanderweg. Anschließend überqueren wir auf der stillgelegten Eisenbahntrasse sogar das gut 80 Meter lange **⑨ Lehnen-Viadukt,** erfreuen uns einmal mehr an der Aussicht und wenden uns kurz vor dem nächsten Tunnel auf einen schmalen Weg links den Hang hinauf.

Wir wandern auf dem Hangpfad mit Blick ins Nettetal und nach wenigen Hundert Metern steigt der Pfad wieder bergan. Beinahe auf der Höhe, binden wir einen Abstecher auf den **⑩ Burgkopf** ein. Vom Rastplatz dort erfreuen wir uns an den schönen Aussichten auf das Viadukt und die Eifelkuppen. Zurück auf dem Hauptweg, folgen wir dem Traumpfad, der sich nun bergab neigt. Wir verlassen die Waldung und wandern zwischen Hecken, Feldern und Wiesen.

Doch bevor wir uns wieder Trimbs nähern, erwarten uns noch weitere Aussichtspunkte. Natürlich locken diese mit Rastbänken, aber nicht an jedem Ort lassen wir uns nieder. Stattdessen nehmen wir einen verwurzelten Pfad nach links, der uns flott talwärts führt. Im Talgrund orientieren wir uns nach rechts und werfen bald einen Blick in den im Jahr 1925 von den sogenannten Kaulemännern in den Berg getriebenen ⑪ **Wasserstollen** des Mosel-Schieferbergwerks Margareta, aus dem uns eisige Luft entgegenbläst. Über Treppenstufen steigen wir dann noch einige Meter aufwärts bis an die Landstraße, wandern diese ein kurzes Stück entlang und erreichen schon gleich darauf über die 1881 erbaute Steinbrücke den **Dorfplatz** in Trimbs.

Nach dem Wandern ist vor der Einkehr, und das, obwohl wir uns sicher an der Natur sattgesehen haben. Doch ein kühles Bier mag nicht schaden, besonders wenn es aus der nahe gelegenen **Vulkan Brauerei** stammt. Dazu nehmen wir die **L 113** in Richtung Mayen, fahren in Thür nach rechts auf die **B 256,** an der kommenden Ampelkreuzung nach links in Richtung Mendig. Wir folgen der **Bahnstraße,** biegen mitten im Ort rechts auf die **Heidenstockstraße** und kurz darauf

In den Tiefen der vulkanischen Landschaft von Mendig verbirgt sich ein ***Netzwerk von Bierkellern,*** *das tief unter der Stadt liegt. Hier lagerten vor 200 Jahren 29 verschiedene Brauereien ihr Bier. Bei einer Führung geht es dort 153 Stufen hinunter.*

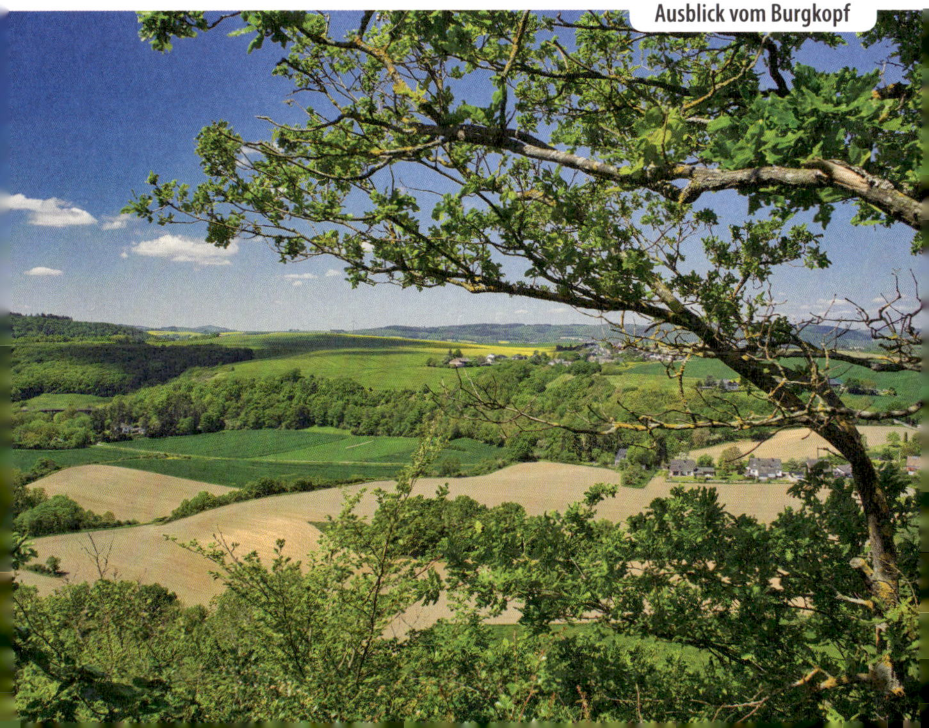

Ausblick vom Burgkopf

links in die **Laacher-See-Straße.** Die Brauerei auf der rechten Seite können wir nun nicht mehr übersehen.

Im rustikal, aber geschmackvoll eingerichteten Brauhaus wählen wir aus der gut bestückten Karte heute den Pulled-Pork-Teller aus dem Smoker mit Ofenkartoffel und Krautsalat, dazu trinken wir ein süffiges alkoholfreies Weizenbier oder ein Vulkan Bio Dunkel; 90 Prozent der Rohstoffe bezieht die Brauerei aus der Eifel. Abrunden können wir Wanderung und Einkehr mit einer Brauerei- oder Kellerführung (an den Wochenenden und an Feiertagen) durch den tiefsten Bierkeller der Welt. Sowohl Restaurant als auch Führungen wollen wir im Voraus buchen, denn die Brauerei ist mit ihren Angeboten allseits beliebt.

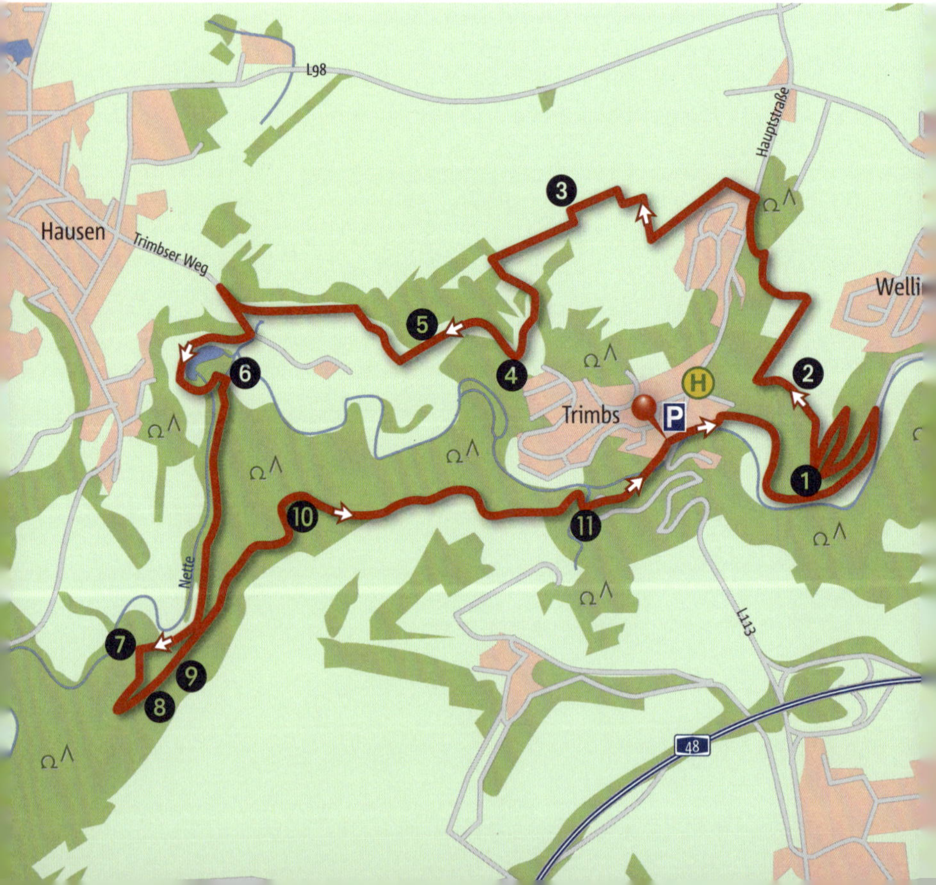

ALLES AUF EINEN BLICK

Entspannung ●●●●○
Abenteuer ●●●●○
Vielfalt ●●●●●

WIE & WANN

Felsige Pfade wechseln sich mit Wiesen- und Waldwegen ab, wenige asphaltierte Wegstücke; beste Wanderzeit von April bis Oktober. Bei Nässe oder Eis- und Schneeglätte ist besondere Vorsicht geboten.

HIN & WEG

Auto: Von der A48 Richtung Trimbs, in die Umgasse und weiter zum Parkplatz Auf dem Reusch (Dorfplatz)
ÖPNV: RegioBus 360 von Münstermaifeld oder Mayen, Haltestelle Trimbs, Nettebrücke

ESSEN & ENTSPANNEN

Abseits der Route empfehlenswert:
Vulkan Brauerei, Laacher-See-Straße 2, 56743 Mendig, Tel. (0 26 52) 52 03 30, www.vulkan-brauerei.de

ENTDECKEN & ERLEBEN

1. **Mühlenberg**
2. **Schiefergrube Fuchsloch**
3. **Burberg**
4. **Kretzers Ley**
5. **Trimbser Obermark**
6. **Wasserfall**
7. **Aussichtspunkt Nette-Viadukt**
8. **Tunnel Hausen II.**
9. **Lehnen-Viadukt**
10. **Burgkopf**
11. **Wasserstollen**

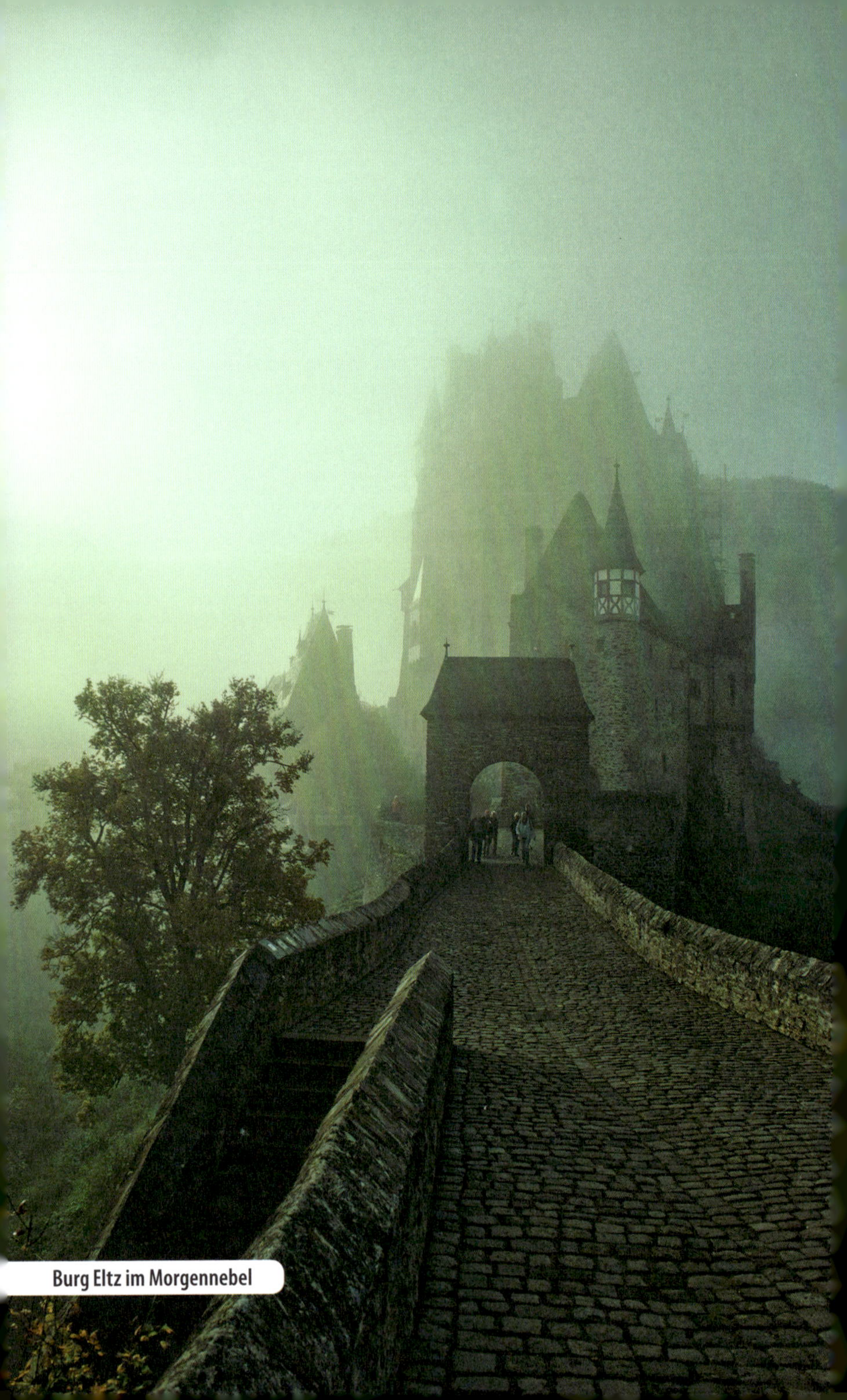

Burg Eltz im Morgennebel

Eine Burg zum Verlieben

Auf felsigen Pfaden rund um Burg Eltz

Die Wanderung auf dem Traumpfad Eltzer Burgpanorama beginnen wir am Dorfgemeinschaftshaus in Wierschem. Wir orientieren uns dabei an den Markierungszeichen und Wegweisern mit dem Traumpfade-Logo, einem weißen Pfad auf orangefarbenem Grund. Von der Straße **In den Wiesen** wenden wir uns nach gut 100 Metern nach rechts auf einen Grasweg, der uns erst am Wierschemer Bach, danach an Feldern entlangführt. Auf der ersten Anhöhe erfreuen wir uns an den schönen Ausblicken über das Maifeld und zur ein wenig versteckt im Tal des Elzbachs liegenden Burg Pyrmont. Dem Moselplateau kehren wir den Rücken und schwenken nach links auf einen nun schmal zulaufenden Pfad, der uns geradewegs ins Elzbachtal führen wird. Doch zuvor flanieren wir noch für einige Meter durch die weite Felderlandschaft und dann vorbei an einem kleinen Waldareal, bevor wir dem Pfad nach links talwärts folgen.

An der Hangkante gelangen wir gemächlich auf dem engen Bergpfad durch Eichen- und Buchenwald abwärts. Im Tal halten wir uns auf einem Forstweg nahe des Elzbachs rechts und wandern rund 1 Kilometer die munter fließende Elz entlang. Dann gehen wir nach links auf einem schmalen Stichweg an einem **1 Rastplatz** vorbei zum Fluss hinunter. Nahe dem sanft plätschernden Elzbach, umgeben von üppigem Grün, finden wir einen Ort der Ruhe. Tische und Bänke aus robustem Holz laden uns ein, für einen Augenblick auszuruhen. Auf einer Brücke überqueren wir die Elz,

Kilometer: 12,7
Höhenmeter: 331
Stunden: 4
RUNDWEG

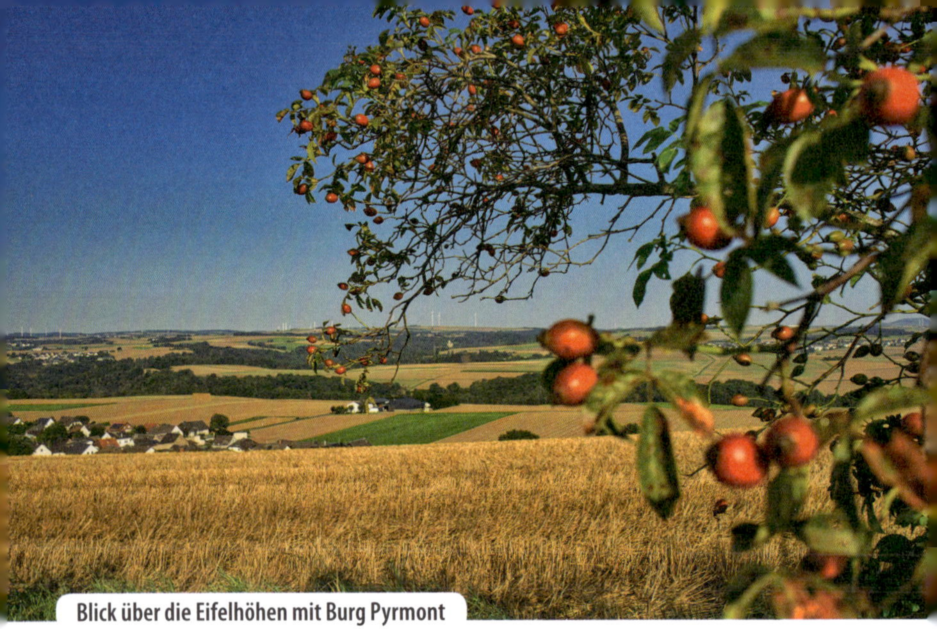

Blick über die Eifelhöhen mit Burg Pyrmont

halten uns bald links und wandern zügig den Hang hinauf. Der Elzbach oder die Elz ist fast 60 Kilometer lang, entspringt in der Hohen Eifel und mündet bei Moselkern in die Mosel. Dabei streift der munter fließende Bach nicht nur Burg Eltz, sondern zuvor den romantischen Eifelort Monreal und die im Kernbereich sanierte Burg Pyrmont, an der ebenfalls ein Traumpfad entlangführt.

Wir wandern ohne Eile leicht bergauf, legen beim ❷ **Petersköpfchen** eine kurze Atempause ein und lassen den Blick ins Tal schweifen. Das Petersköpfchen ist ein malerischer Aussichtspunkt. Von ihm aus genießen wir einen beeindruckenden Blick auf die umliegende Landschaft. Die dichte Belaubung kann die Sicht jedoch mitunter ein wenig einschränken.

An der folgenden Weggabelung halten wir uns links und erreichen entlang eines quirligen Zuflusses zum Elzbach wieder den verträumten Bach. Nach einer hübschen Steinbrücke setzen wir unsere Route erst an Auwiesen, dann eng am Hang entlang fort. Als wir auf den Weg zum Parkplatz der Burg Eltz treffen, legen wir nur noch wenige Meter zurück, bis wir ins offene Elzbachtal hinabschauen können.

__Burg Eltz__ setzt sich aus mehreren bis zu 40 Meter hohen Wohntürmen zusammen. Seit dem frühen 14. Jahrhundert gilt sie als Ganerbenburg, also eine von mehreren Familien gleichzeitig bewohnte Burg, der in drei Hauptlinien getrennten Familie von Eltz.

Als wir einen ❸ **Felssporn** umrunden, sehen wir zum ersten Mal die imposante ❹ **Burg Eltz** vor uns aufragen. Wie für uns gemacht, steht hier eine Rastbank. Mit ein wenig Glück ist sie frei, denn wir wollen uns ein paar stille Minuten gönnen und das Panorama der imposanten Burg in uns aufnehmen, verbunden mit Gedanken an eine vergangene Zeit und den Fragen, wie es den Menschen damals erging. Wollen wir mehr über das mittelalterliche Leben erfahren, kehren wir nach den ruhigen Augenblicken dazu am besten in den passenden Ort ein: die Burg Eltz. Die nun folgenden Meter an der Hangkante entlang lassen wir das gut bewahrte mittelalterliche Bauwerk nicht aus den Augen. Vor dem imposanten Burgtor entscheiden wir uns, ob wir die Burg Eltz besichtigen oder vielleicht in einer der Schänken einkehren möchten.

Für die Seele

Von luftigen Höhen steigen wir hinab, stehen staunend vor einer Burg und genießen die Fernsicht von einem Felsen.

Von der ❺ **Trutzeltz** wiederum, deren wenige Umrisse wir linker Hand auf einem Bergsporn entdecken, wollen wir einen Blick hinunter auf die Burg und ins Tal werfen. Dazu wandern wir den steilen Fahrweg hinauf, folgen einer Linkskehre und finden linker Hand

*1331 bis 1336 wurde in der Eltzer Fehde auf Geheiß des Trierer Erzbischofs die Belagerungsburg **Trutzeltz** errichtet, 1336 ergaben sich die Herren zu Eltz. In den darauffolgenden Jahrhunderten wurde Burg Eltz nicht mehr in Kriegshandlungen verwickelt.*

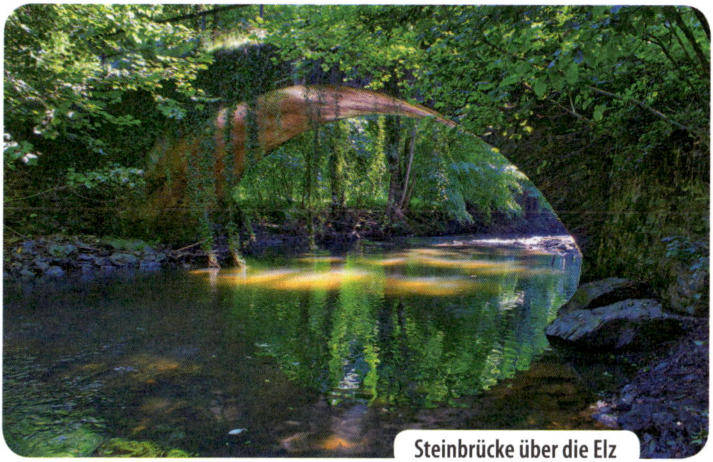

Steinbrücke über die Elz

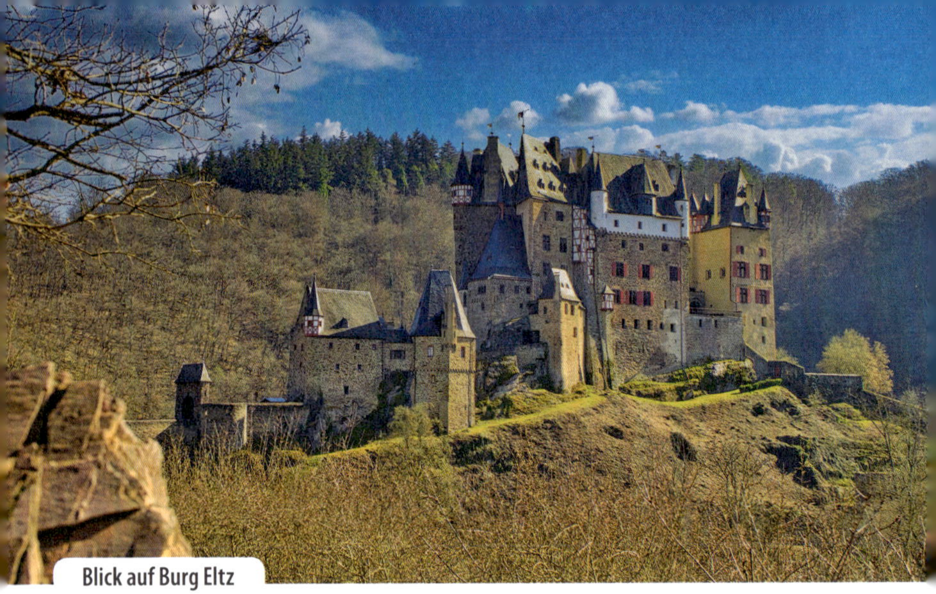

Blick auf Burg Eltz

den Zugang zur Plattform, neben der sich die Überreste der Belagerungsburg befinden.

Nach der Besichtigung der Burg steigen wir die steilen Stufen hinab ins Elzbachtal, queren die Elz über einen Steg und wandern links dicht am Hang entlang weiter, dabei immer in Sichtweite zum Bach auf dem teils verwurzelten, teils felsigen Pfad. Nach etwa 3 Kilometern erreichen wir das 6 **Landhotel Ringelsteiner Mühle,** eine weitere Möglichkeit zur Einkehr.

Wenige Meter hinter der Mühle überwinden wir auf einem weiteren Steg ein letztes Mal die Elz. Nun schöpfen wir kräftig Atem, denn ein heftiger Aufstieg steht uns bevor. In vielen Schleifen schraubt sich unser Pfad bergan, der Untergrund ist nicht immer griffig, sondern stellenweise ausgewaschen, und auch die spitzen Felsen erschweren unseren Weg aus dem Tal himmelwärts. Nach dem Anstieg sind wir daher dankbar für die oben harrende Bank. Natürlich schöpfen wir erst einmal Atem, legen dann aber einen kurzen Abstecher nach rechts auf eine 7 **Felsnase** ein. Dort setzen wir uns auf die Felsen, trinken einen großen Schluck und wischen uns den Schweiß von der Stirn. Unter uns spannen die Bäume ihr grünes Blätterdach über das Tal und den steilen Weg, den wir vorhin

Münstermaifeld, *das pulsierende Herz des Maifelds, ist eine historische Stadt, die bereits im Jahr 965 das Marktrecht erhielt. Der Name „Maifeld" könnte seinen Ursprung in den Versammlungen der Franken haben, die in dieser Region abgehalten wurden.*

erklommen haben, doch unsere Augen gleiten noch weiter über die Eifelhöhen, und wir genießen die Ruhe an diesem beinahe einsamen Ort.

Hinter der Rastbank wandern wir zwischen kleinen Waldgebieten und Kornfeldern entlang und wechseln später auf einen asphaltierten Weg. Dieser beschreibt nun auf der Höhe einige Abzweige nach links und rechts, bis wir hinter einer Heckenwand die nächste Rastbank ausmachen. Für uns ist sie das Zeichen, rechts auf einen Feldweg abzubiegen, der uns nach wenigen Metern nicht nur sanft abwärts, sondern nahe beim Tholeisterhof auch in den schattigen Wald am Kerner Bach führt.

Nach etwa 300 Metern verlassen wir den Forst, wenden uns erst rechts auf einen weichen Wiesen- und später links auf einen leicht ansteigenden Feldweg. Auf der Anhöhe entdecken wir einen **8 Rastplatz mit Schutzhütte.** Hier schwelgen wir in den schönen Aussichten über die Höhen des Maifelds, um anschließend durch dämmrigen Laubwald hinabzuwandern. Die folgende durch Gras weich unterlegte Strecke zwischen Feldern und Waldgebiet legen wir zurück und stoßen auf eine befestigte Straße.

*Das **Maifeld** besticht durch seine sanften Hügel und fruchtbaren Äcker. Im Frühling erstrahlt es im leuchtenden Gelb der Rapsfelder und im Herbst in einem goldenen Weizenton. Die rund 25.000 Menschen hier bezeichnen sich stolz als Maifelder.*

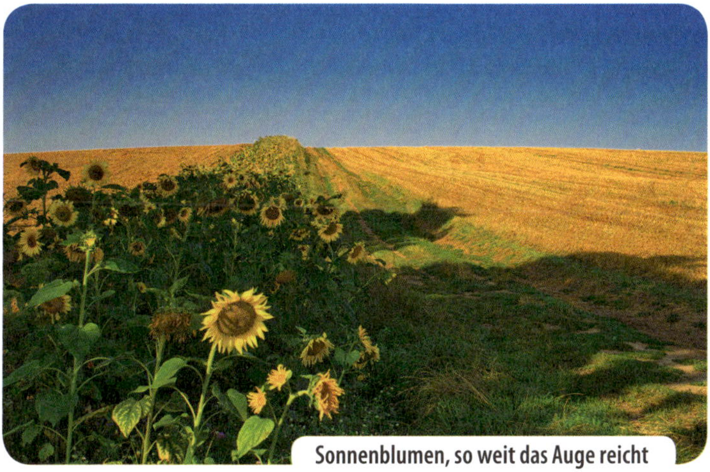

Sonnenblumen, so weit das Auge reicht

Wir folgen ihr rechts hinunter nach Wierschem und sehen gleich an der ersten Weggabelung das **9 Landhaus vor Burg Eltz.** Weil wir an diesem Tag spät aufgebrochen sind, hat das Restaurant geöffnet und wir kehren ein. Heute ist uns nach Flammkuchen, wir wählen eine vegetarische Variante mit Lauch, Tomaten und Käse und eine mit geräucherter Forelle. Dazu genießt die Mitfahrerin einen Riesling aus Bruttig an der Mosel, während wir auf der Terrasse sitzen und die prickelnden Sonnenstrahlen auf unserer Haut spüren.

Nach der Einkehr wandern wir weiter durch die **Burg-Eltz-Straße** bis zur Straße **In den Wiesen.** Kurz darauf erreichen wir den Start- und Zielpunkt dieser idyllischen Wanderrunde.

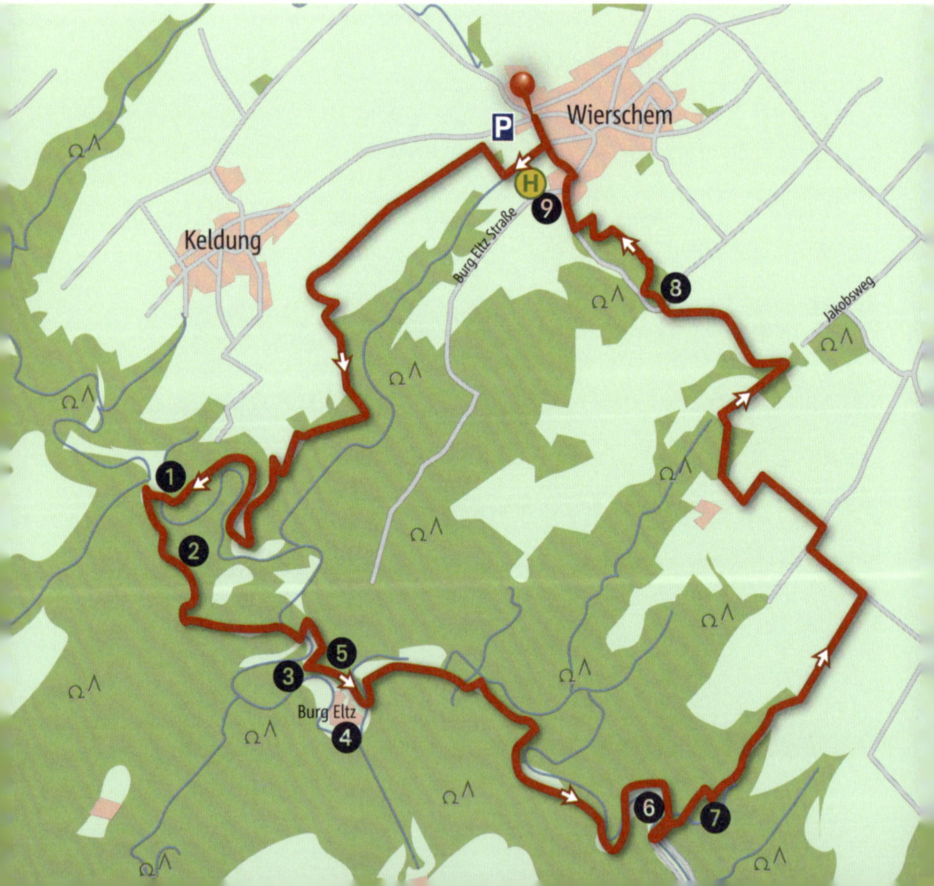

ALLES AUF EINEN BLICK

Entspannung
Abenteuer
Vielfalt

WIE & WANN

Felsige Pfade wechseln sich mit Wiesen- und Waldwegen ab, wenige asphaltierte Wegstücke; beste Wanderzeit von April bis Oktober. Bei Nässe oder Eis- und Schneeglätte ist besondere Vorsicht geboten. Wegen der Beliebtheit der Burg Eltz empfehlen wir die Wanderung nicht an Wochenenden oder Feiertagen.

HIN & WEG

Auto: A48 Abfahrt Polch, L 113 Richtung Münstermaifeld, über K 37 nach 56294 Wierschem, Parkplatz Dorfgemeinschaftshaus (gebührenpflichtig)
ÖPNV: RegioBus 365 ab Hatzenport bis Burg Eltz

ESSEN & ENTSPANNEN

6 **Landhotel Ringelsteiner Mühle,** Elztal 94, 56254 Moselkern, Tel. (0 26 72) 91 02 00, www.ringelsteiner-muehle.de
9 **Landhaus vor Burg Eltz,** Burg Eltz Straße 23, 56294 Wierschem, Tel. (0 26 05) 5 65, www.landhaus-vor-burg-eltz.de

ENTDECKEN & ERLEBEN

1 **Rastplatz**
2 **Petersköpfchen**
3 **Felssporn**
4 **Burg Eltz,** Gräflich Eltz'sche Kastellanei Burg Eltz, Burg Eltz 1, 56294 Wierschem, Tel. (0 26 72) 9 50 50-0, www.burg-eltz.de
5 **Trutzeltz**
7 **Felsnase**
8 **Rastplatz mit Schutzhütte**

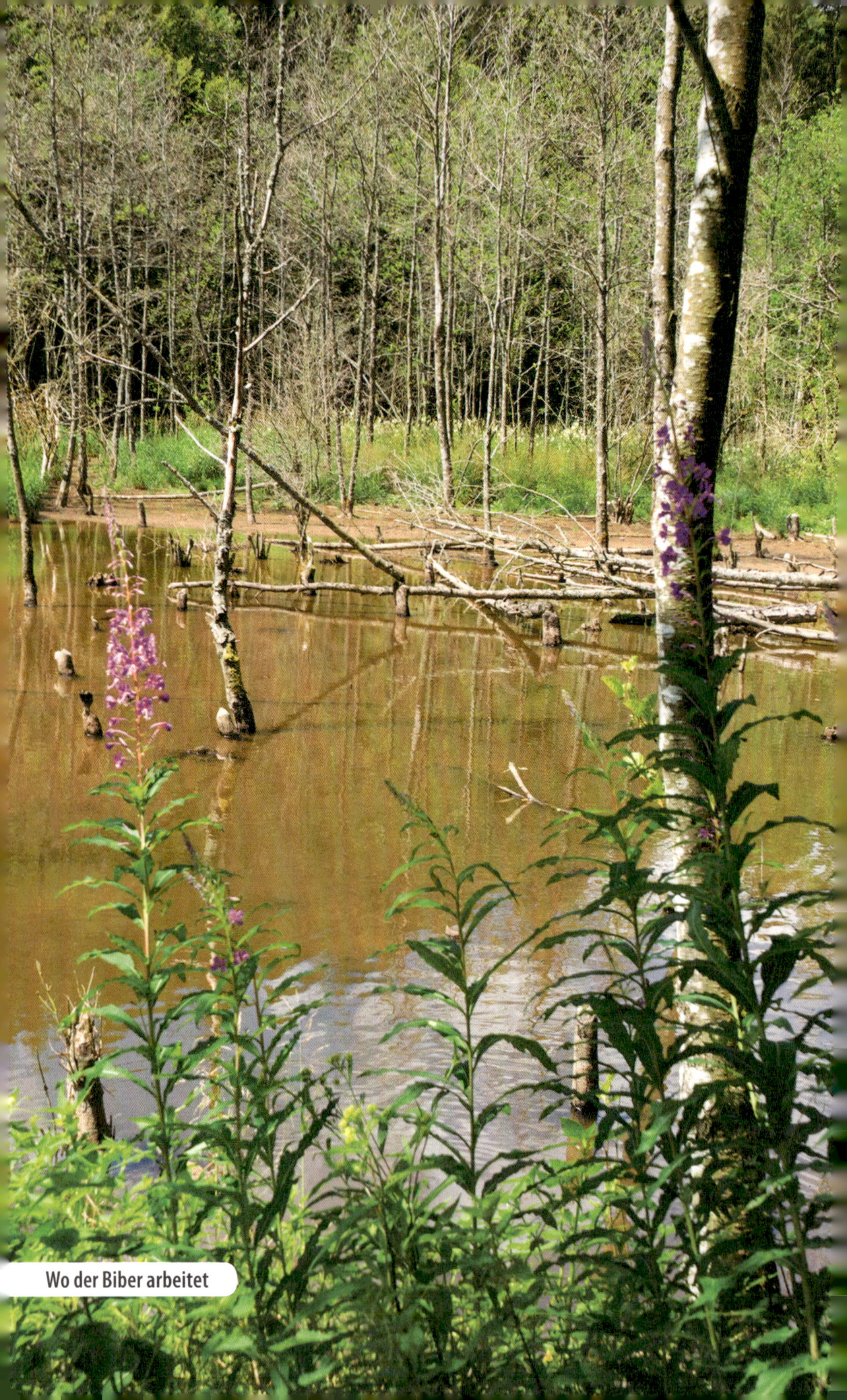
Wo der Biber arbeitet

Im Auenland

Auf dem Irsenpfad

Auf dem Wanderparkplatz direkt gegenüber dem **Gasthaus Waldesruh** beginnen wir unsere Tour auf dem mit einem stilisierten **Baum** und dem Titel „NaturWanderPark delux“ markierten **„Irsenpfad“.** Gut 3 Stunden Natur pur stehen uns bevor.

Vom Gasthaus gehen wir in Richtung Wald, streifen durch ein kleines Waldstück und halten uns an einer Weggabelung rechts. Unsere Runde wird uns am Ende auf dem abzweigenden Weg wieder hierherführen.

Wir ziehen durch den friedvollen Wald, lassen die Stille in uns eindringen, sodass wir ruhig werden und unsere Gedanken in die Ferne schweifen. Wir bemerken fast nicht, wie der Weg sanft abwärts verläuft, dabei an Wiesen entlangführt und zwischendurch der Untergrund des angenehmen Waldwegs sich kurzzeitig in harten Asphaltbelag verwandelt, während wir nach links weitergehen. Ab der nächsten Wegkreuzung, an der wir uns rechts halten, wandern wir an der Hangflanke der bis zu 500 Meter hoch aufragenden Berge vorwärts. Ginsterbüsche wachsen links und rechts, nur selten schwitzen wir auf einer der wenigen Freiflächen inmitten des Fichtenwalds in der prallen Sonne. Wir bleiben immer auf dem deutlich sichtbaren Hauptweg, halten uns also erst an einer Weggabelung links, an der nächsten dann rechts, wobei wir bis zu einer Kreuzung deutlich an Höhe gewinnen.

Von nun an geht es bergab. Bei einigen Kurven gelangen wir rasch tiefer, erreichen

Kilometer: 12,1
Höhenmeter: 327
Stunden: 3,5
RUNDWEG

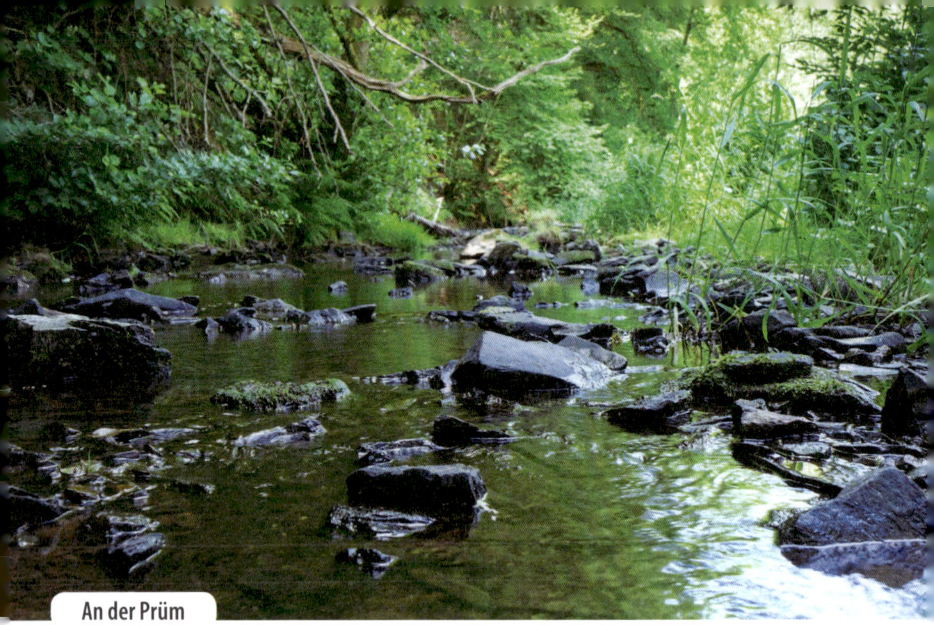

An der Prüm

den Talgrund und gehen nahe beim Bach **Irsen** rechts weiter.

Bald öffnet sich der Wald zum weiten Auental. Vorbei an grasenden Pferden erblicken wir einen Fischteich, gehen dort rechts den Hang hinauf bis zu einem malerisch in das kleine Tal gebetteten Teich. Es wimmelt nur so von Libellen, die sich ein Stelldichein über dem schattigen Wasser geben. Stünde hier eine Rastbank, würden wir die erste Pause einlegen, so aber beobachten wir die Libellen einige Minuten lang vom Steg aus bei ihrem Spiel, gehen dann linker Hand am Teich weiter und nun ein kurzes Stück den Berg hinauf.

Wir stoßen auf einen Feldweg mit Aussicht über die weite Wiesenlandschaft, erblicken nicht weit von uns einen **Bauernhof,** gehen einige Schritte nach links auf ihn zu, übersehen dann nicht den Pfad, der links zwischen Hecken abzweigt. An einer Wiese vorbei zieht es uns nun richtig hinab zum eifrig fließenden Bach, der im Schatten eines Auenwaldes liegt. An Felsen entlang gelangen wir zu einer Brücke, queren diese und setzen unseren Weg auf weichem Wiesenboden fort. Nun orientieren wir uns nach links und wandern noch enger an der Irsen. Zwischenzeitlich rasten wir auf einer

Bank, atmen tief die frische Luft ein, während für einen langen Augenblick nichts die Stille stört.

Die in tausend Grüntöne getauchte ❶ **Auenlandschaft** zieht unsere Blicke magisch an, wir gleiten mit den Augen die sanften Hänge hinauf und wieder hinab, verfolgen die Spur der Irsen, die mäandernd durch ihr Tal fließt – manchmal am Fuß des gegenüberliegenden Bergs, manchmal vollständig versunken in einem Meer von grünen und bunten Pflanzen. Am liebsten nähmen wir uns gleich nochmals eine Auszeit auf einer der Rastbänke und ließen die Zeit an uns vorbeifließen. Doch stattdessen bummeln wir an einer geeigneten Stelle zum Bach und tauchen die Arme tief ins kühle Nass.

Für die Seele

Im Schatten des Auenwaldes wandern wir im verschwiegenen Irsental und bewundern die Kirche St. Luzia.

Wir lassen eine **Schutzhütte** links liegen und queren eine Straße. Unser gut ausgebauter Weg verleitet uns immer wieder, auf eine der Wiesen zu treten. Manchmal stapfen wir nahe ans Ufer und verlieren die Libellen und Schmetterlinge bei ihren Tänzen über dem Wasser nicht aus den Augen. Natürlich achten

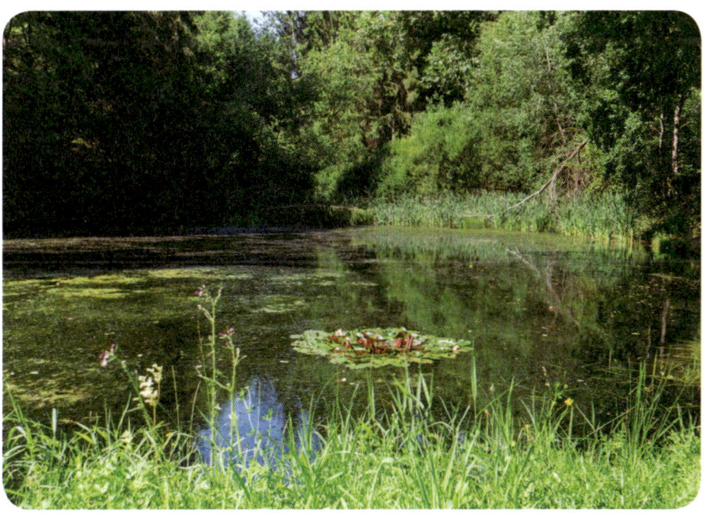

wir darauf, uns keine nassen Füße zu holen, denn der Uferbereich ist vielfach schlammig und rutschig.

Kurz vor der Seveniger Mühle erwartet uns ein besonderes Schauspiel. Zwischen den Bäumen hindurch erblicken wir einen ❷ **Biber-Staudamm.** Die bis zu 1,30 Meter großen Tiere haben hier, irgendwo im See, ihre Bleibe aufgeschlagen und viel Holz dorthin transportiert. Das Glück, die scheuen Nagetiere zu Gesicht zu bekommen, hat allerdings bei Weitem nicht jeder.

Wenn wir uns fragen, woher die Biberfamilie ihr Holz bezieht, dann bekommen wir ein wenig weiter die Antwort. Abgenagte Baumstümpfe ragen im ❸ **Biberwald** traurig aus dem trüben Wasser, noch nicht abgefertigte Stämme liegen kreuz und quer. Die Tiere leisten ganze Arbeit.

Die neugotische ***Kirche St. Luzia*** *wurde in den Jahren 1869 bis 1870 erbaut. Der Malerpastor Christoph März gestaltete von 1906 bis 1921 die farbenprächtigen Wandmalereien. Über 1000 Figuren besiedeln die Gemälde, dramatische Szenen wechseln sich ab mit besinnlichen. Sie sind einzigartig in der Eifel, und besonders das Hauptbild, die „Eschfelder Sintflut" über dem Eingangsportal, fesselt unsere Blicke.*

Bei einem Windwurfgebiet entdecken wir einen Abzweig hinunter zur **Irsen.** Wir folgen der Wegweisung bis zu einigen Trittsteinen. Vorsichtig queren wir die Irsen über die Trittsteine und steigen am anderen Ufer über eine Leiter auf. Auf einem Feldweg gehen wir wenige Schritte links, dürfen dann eine Abbiegung nochmals nach links nicht verpassen und wandern anschließend gemütlich dicht an einem Zaun entlang über Wiesen. Wir gelangen zu einem Waldstück, halten uns rechts davon und legen noch weitere Meter stramm den Hügel hinauf zurück. Dann erreichen wir eine Weggabelung. Dort gehen wir links in den Wald hinein. Ein letztes Mal umfängt uns die Ruhe zwischen den Laub- und Nadelbäumen, während wir ebenerdig gut 500 Meter bewältigen, den Wald verlassen, wieder Wiesen um uns sehen und einen letzten Blick ins Irsental zum Bibersee werfen. Nur ein kurzes Stück wandern wir noch bergauf, dann erreichen wir die Weggabelung, an der sich unser Weg zu Beginn teilte. Gemächlich legen wir das uns nun bekannte Wegstück zum Zielpunkt zurück.

Auf der rustikalen Außenanlage vom ❹ **Gasthaus Waldesruh** können wir uns noch ein kühles Getränk

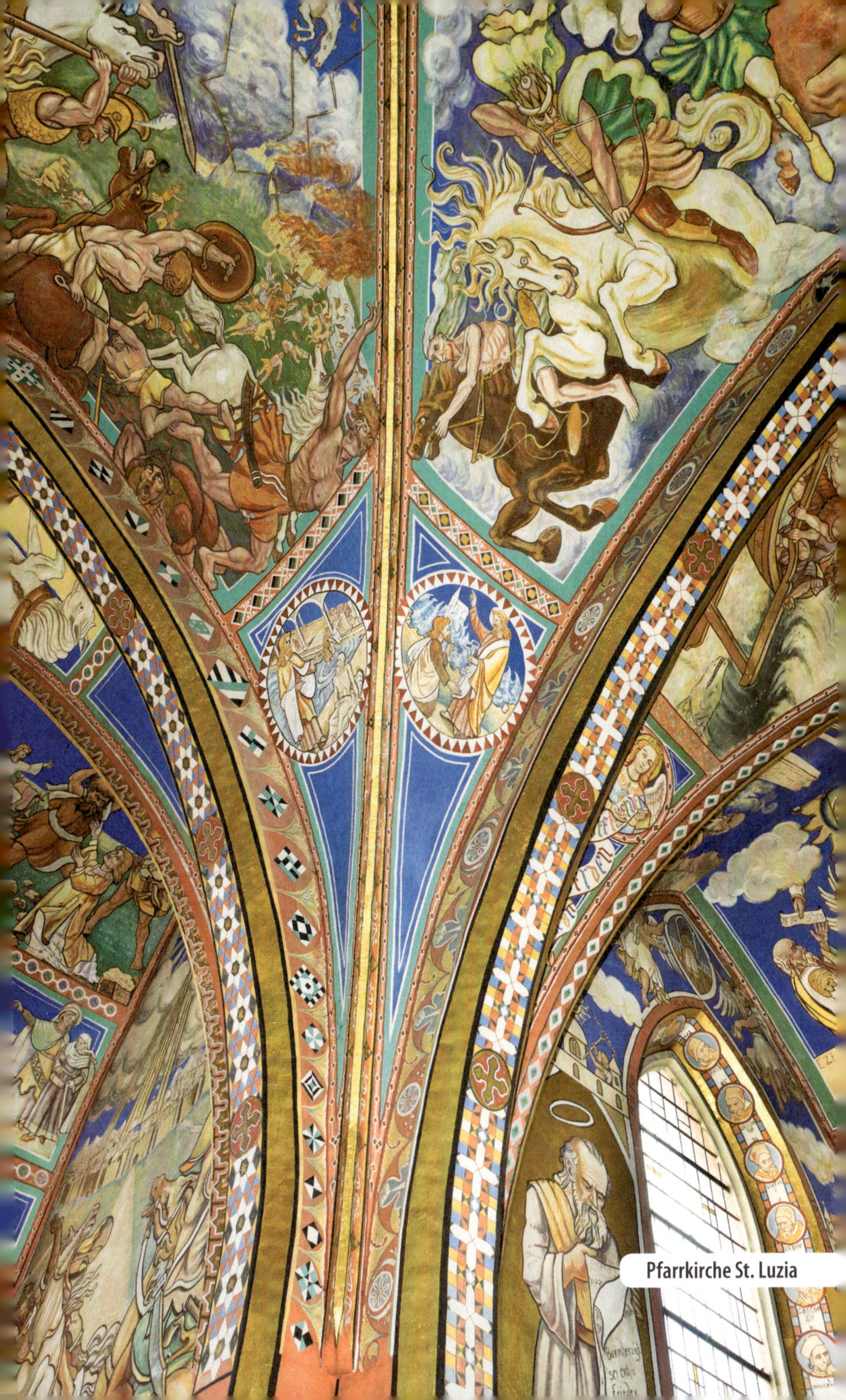

Pfarrkirche St. Luzia

Für freudiges Erstaunen könnte später der Rhabarberwein aus der ***Obstweinkellerei*** *sorgen. Er entwickelt gerade bei sommerlichen Temperaturen gekühlt eine angenehme Frische. Der leckere Apfel-Quitten-Saft stellt eine wunderbare alkoholfreie Alternative dar.*

gönnen, bevor wir uns zur **katholischen Kirche St. Luzia** in Eschfeld aufmachen. Dazu fahren wir die **L 1** bis Sevenig, dort weiter auf der **K 152** nach Roscheid, dann nach Eschfeld. Wir folgen der **Hauptstraße** und finden auf Höhe der Kirche linker Hand einen Parkplatz. Vom Parkplatz aus gelangen wir am Friedhof vorbei zur Kirche.

Der letzte Abstecher bringt uns zur **Obstweinkellerei Am Wässerchen.** Wir fahren die Hauptstraße weiter und erreichen nach rund 500 Metern den im Tal liegenden Betrieb. Er hat zwar nicht jeden Tag geöffnet, aber eine telefonische Absprache ist möglich. Wir können uns im Laden nicht nur umschauen, sondern auch einige besondere „Wässerchen“ mitnehmen.

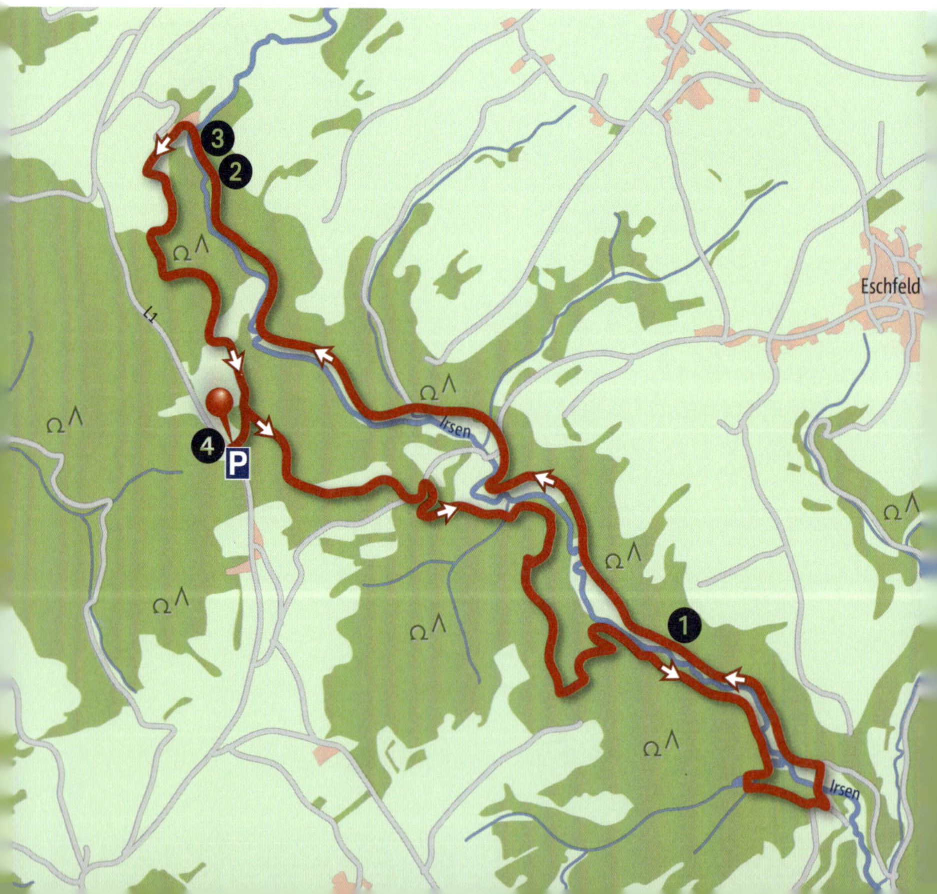

ALLES AUF EINEN BLICK

Entspannung
Abenteuer
Vielfalt

WIE & WANN

Wald- und Wiesenwege, einige Pfade; beste Wanderzeit von April bis Oktober

HIN & WEG

Auto: Wanderparkplatz gegenüber von Gasthaus Waldesruh, Wehrbüsch 19, 54689 Dahnen
ÖPNV: Keine direkte Anbindung an die Strecke

ESSEN & ENTSPANNEN

4 **Gasthaus Waldesruh,** Fiedler-Kyll, Wehrbüsch 19, 54689 Dahnen, Tel. (0 65 50) 6 77

ENTDECKEN & ERLEBEN

1 **Auenlandschaft im Irsental**
2 **Biber-Staudamm**
3 **Biberwald**

Abseits der Route sehenswert:
Neugotische Kirche St. Luzia Eschfeld, Kirchweg 8, 54619 Eschfeld, Führungen auf Anfrage: Tel. (0 65 59) 8 58
Obstweinkellerei Am Wässerchen, Wässerchen 7, 54619 Eschfeld, Tel. (0 65 59) 8 57, www.obstweinkellerei-waesserchen.de

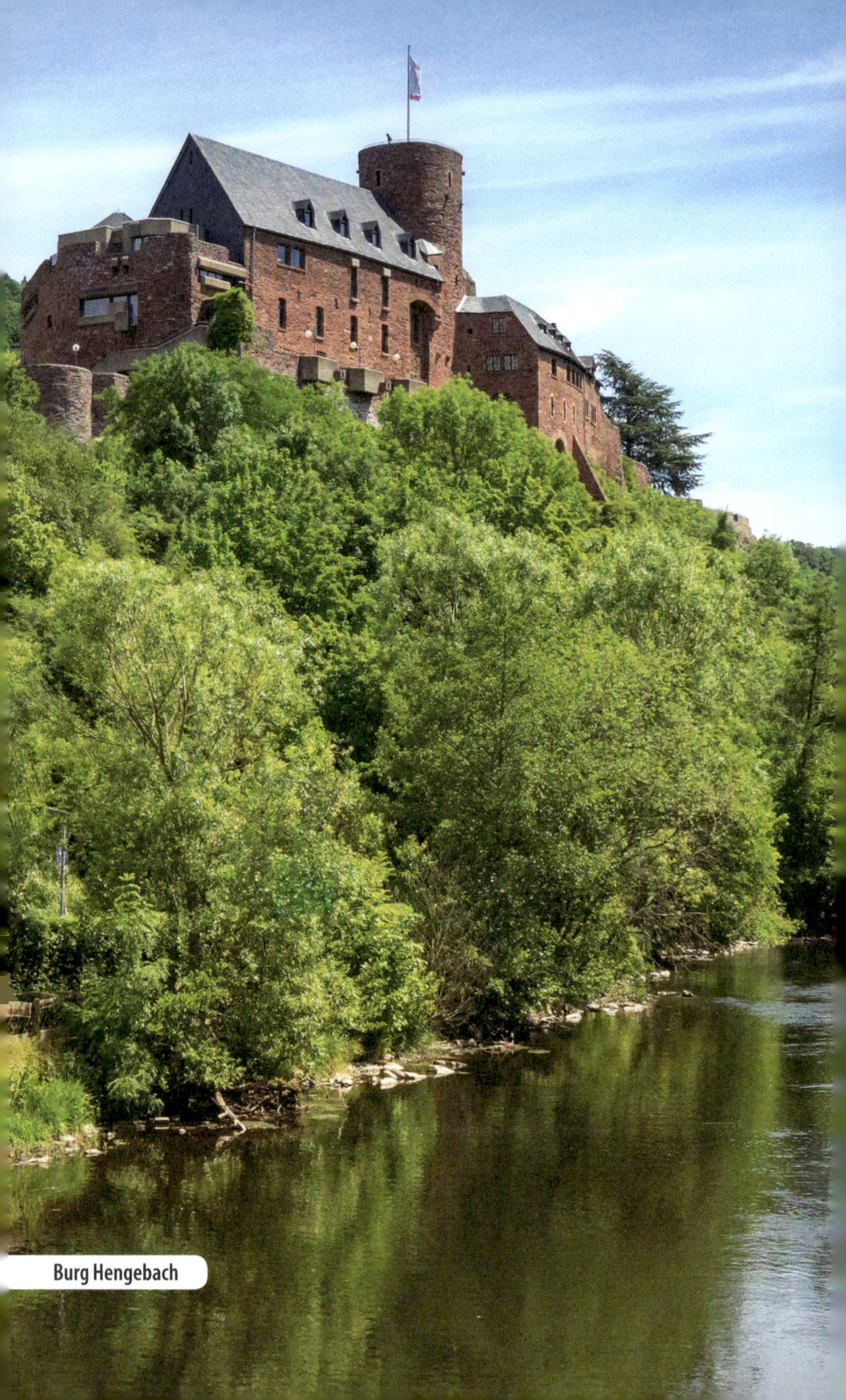

Burg Hengebach

Einfach mal Ruhe

Vorbei an der Abtei Mariawald

Wir beginnen unsere Rundwanderung an der Abtei ❶ **Mariawald,** einem Kloster der Trappisten, ganz korrekt auch als Zisterzienser der Strengen Observanz bezeichnet. Unsere Thementour **„Orte der Kraft"** ist mit dem Logo **T 5** gekennzeichnet. Wir gehen an das vom Kloster abgewandte Ende des Parkplatzes, dort dann auf einem Pfad in den Wald hinein. 50 Meter weiter wechseln wir rechts auf einen befestigten Weg, der uns rasch zur **Kriegsgräberstätte Heimbach** bringt. Wir gönnen uns erste Ausblicke zum Kloster und über die Eifelhöhen, bevor wir auf einem wiederum schmalen Pfad durch Eichen- und Buchenwald wandern. An einer Weggabelung folgen wir **T 5** und wandern im Kerbtal des Herbstbachs, queren das Gerinne und gehen um ein großes Windwurfgebiet herum. Stille umfängt uns, nur putzmuntere Vögel zwitschern, ab und zu lockern kleine Wiesenflächen das Waldgebiet auf. Wir queren einen Waldweg und setzen unseren Weg abwärts bis zu einem weiteren quer laufenden Waldweg fort. Hier halten wir uns links.

*An der Kreuzung könnten wir den Themenweg **abkürzen,** wenn wir die knapp 2,5 Kilometer lange Variante direkt nach Heimbach wählen.*

Nun wandern wir ein Stück ohne beschwerliches Auf und Ab, bis wir eine Kreuzung erreichen. Gleich anschließend erwartet uns das nächste malerische Kerbtal, in das der Steinbach sein tiefes Bett gegraben hat. Sträucher und Büsche wechseln sich mit Laub- und Nadelwald ab, saftig grün leuchten die Wiesen in der Sonne, bis wir eine Kreuzung mit einer großen Wanderkarte erreichen.

Kilometer: 11,8
Höhenmeter: 393
Stunden: 4
RUNDWEG

Unser Weg führt uns nun rund 1,5 Kilometer weiter in der Hangflanke durch das

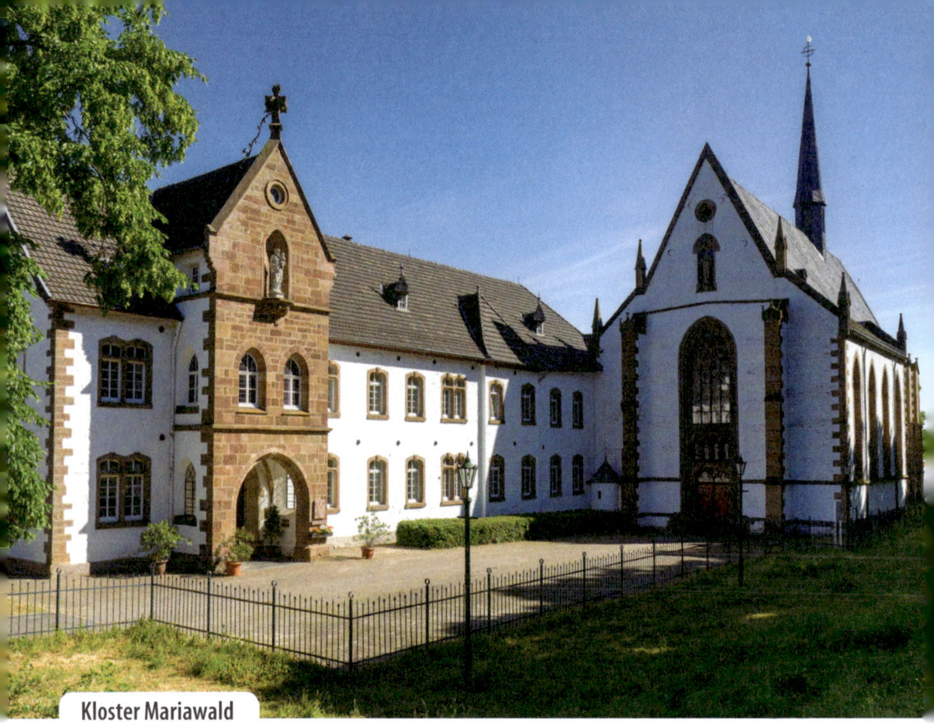

Kloster Mariawald

2 Naturschutzgebiet Kermeter, das Herzstück des Nationalparks Eifel. Die heiße Luft flirrt um uns herum, sobald sich der dichte Fichten- oder Laubwald für wenige Schritte zurückzieht, und manchmal gelingen uns Blicke, vielleicht von einer Rastbank, hinunter zur Staustufe und zur anderen Talseite nach Hasenfeld.

Der Weg senkt sich bergab, und wir gelangen zur **L 15.** Am Straßenrand wandern wir ein kurzes Wegstück bis zu einem Abzweig, der uns rechts am **Ferienpark Landal** entlangführt. Wer möchte, kann am Abzweig rund 500 Meter schnurstracks weitergehen und dann den Staudamm Schwammenauel mit schönem Blick über die Talsperre erkunden.

Am Ferienpark vorbei gelangen wir auf einem asphaltierten Weg hinunter zur **3 Stauanlage Heimbach.** Schon bald sehen wir zwischen den Uferbäumen das **4 Jugendstil-Wasserkraftwerk** auftauchen. Führungen sind zwar nur nach Voranmeldung möglich, doch auch von außen sieht das 1904 erbaute und 1974 renovierte Kraftwerk beeindruckend aus. Über einen

2700 Meter langen Stollen mit einem Gefälle von 110 Metern wird es von der Urfttalsperre gespeist.

Am Kraftwerk verlassen wir den T 5, halten uns links, gehen über die **Staustufe,** dann die Kleestraße hinauf und am Campingplatz vorbei zu einer Kreuzung. Dort wählen wir den rechten Weg **Im Sangert.**

Für die Seele

Ein malerischer Dschungelpfad führt uns am Seeufer nach Heimbach, bevor es wieder hinauf zur Abtei geht.

Von Im Sangert gelangen wir zu einer schönen Passage mit vielen Holzstegen und von Wurzeln durchzogenen Pfaden. Ganz nah beim Wasser wandern wir auf dem Dschungelpfad. Rustikale Brückchen drängen sich dicht ans Wasser. Wir legen unsere Arme auf das Geländer und lassen unsere Augen losgelöst von den Strapazen des Alltags über die sanft im Wind gekräuselten Wellen des Sees gleiten. Hinter uns rascheln die Blätter der nahen Büsche und Sträucher im sanften Lufthauch. Das ist ein Platz zum Verweilen und zum Träumen, und nur widerwillig lösen wir uns von ihm und wandern weiter. Viel zu früh endet der Dschungelpfad auf der Höhe eines Freizeitgeländes. Wir wandern weiter auf dem ufernahen Weg und passieren einen Steg, der rechts zu einem Spielplatz auf der anderen Uferseite führt. Bald queren

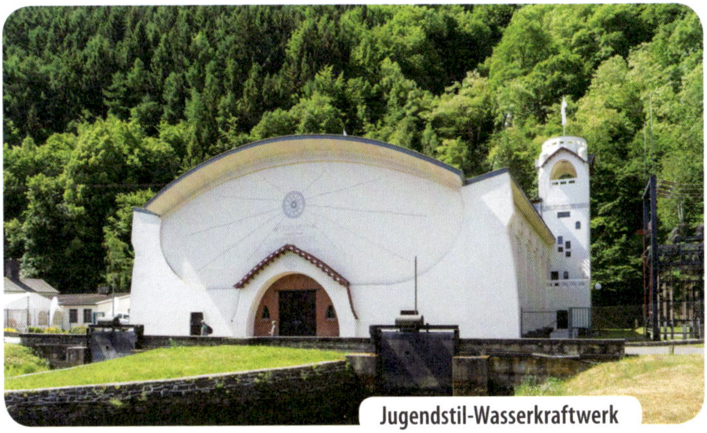

Jugendstil-Wasserkraftwerk

*Die **Kirche St. Clemens** wurde 1725 errichtet. Das Altarbild des Hochaltars ist eine Kopie der „Kreuzabnahme" von Peter Paul Rubens. Durch einen Gang gelangen wir in die 1981 erbaute **Kirche St. Salvator.** Auffällig ist das Heimbacher Gnadenbild, ein volkstümliches Vesperbild in einem prächtigen Schnitzaltar.*

__Burg Hengebach__ wurde Anfang des 11. Jahrhunderts bereits erwähnt, Bergfried und Palas entstanden großteils um 1200. Ein Brand 1686 zerstörte weite Teile der Anlage, die Ruine wurde ab 1804 als Steinbruch genutzt.

wir die Rur über eine **Steinbrücke** und gehen in **Heimbach** die **Hengebachstraße** hinauf. An dieser Stelle steigen Wanderer, die mit der Rurtalbahn angereist sind, in die Tour ein. Wir sehen die beiden **5 Kirchen St. Salvator und St. Clemens** und wandern eine Stichstraße empor zum Eingangsportal.

Von den Kirchen wenden wir uns links in die **Teichstraße** mit bemerkenswerten **6 Fachwerkhäusern** und einer Madonnennische aus dem 18. oder 19. Jahrhundert über Teichstraße 14.

Wir überqueren die **Hengebachstraße** und gelangen auf der anderen Straßenseite durch den Torbogen bei der Internationalen Kunstakademie Heimbach in den Innenhof der **7 Burg Hengebach.** Mit einem gläsernen Aufzug fahren wir hinauf in die Burganlage. Vom Aufzug leiten uns Wegweiser beispielsweise zum Burggarten oder weiter hinauf zum Bergfried.

Nach dem Aufstieg zum Bergfried und der Besichtigung der Burganlage wandern wir durch das Zugangstor die Rampe abwärts zur **Mariawalder Straße,** dort aber gleich einige Stufen hinunter in den **Stadtpark.** Wir flanieren durch den schön angelegten Park und verlassen ihn stadtauswärts auf dem **Seerandweg.**

Rund 50 Meter vor der Staustufe gehen wir links zügig in den Hang hinein, nun auch wieder mit **T 5.** Am gluckernden Welmsbach entlang gewinnen wir rasend schnell an Höhe und sind außer Atem, wenn wir die **L 249** überqueren – aber noch haben wir nicht unseren Ausgangs- und Zielpunkt, das Kloster Mariawald, erreicht. Durch das **Ruppental** mit einem Kreuzweg und seinen 14 Kapellchen, von denen sieben in die Klostermauern eingelassen sind, arbeiten wir uns Meter um Meter bergan, queren ein zweites Mal die Landstraße und umrunden endlich das Klostergelände nahe bei den Klostermauern, bis wir nach einer letzten Kurve die **8 Klostergaststätte** vor uns erblicken.

Wir schließen unseren ereignisreichen Tag mit einem Blick in die 1539 geweihte Klosterkirche ab.

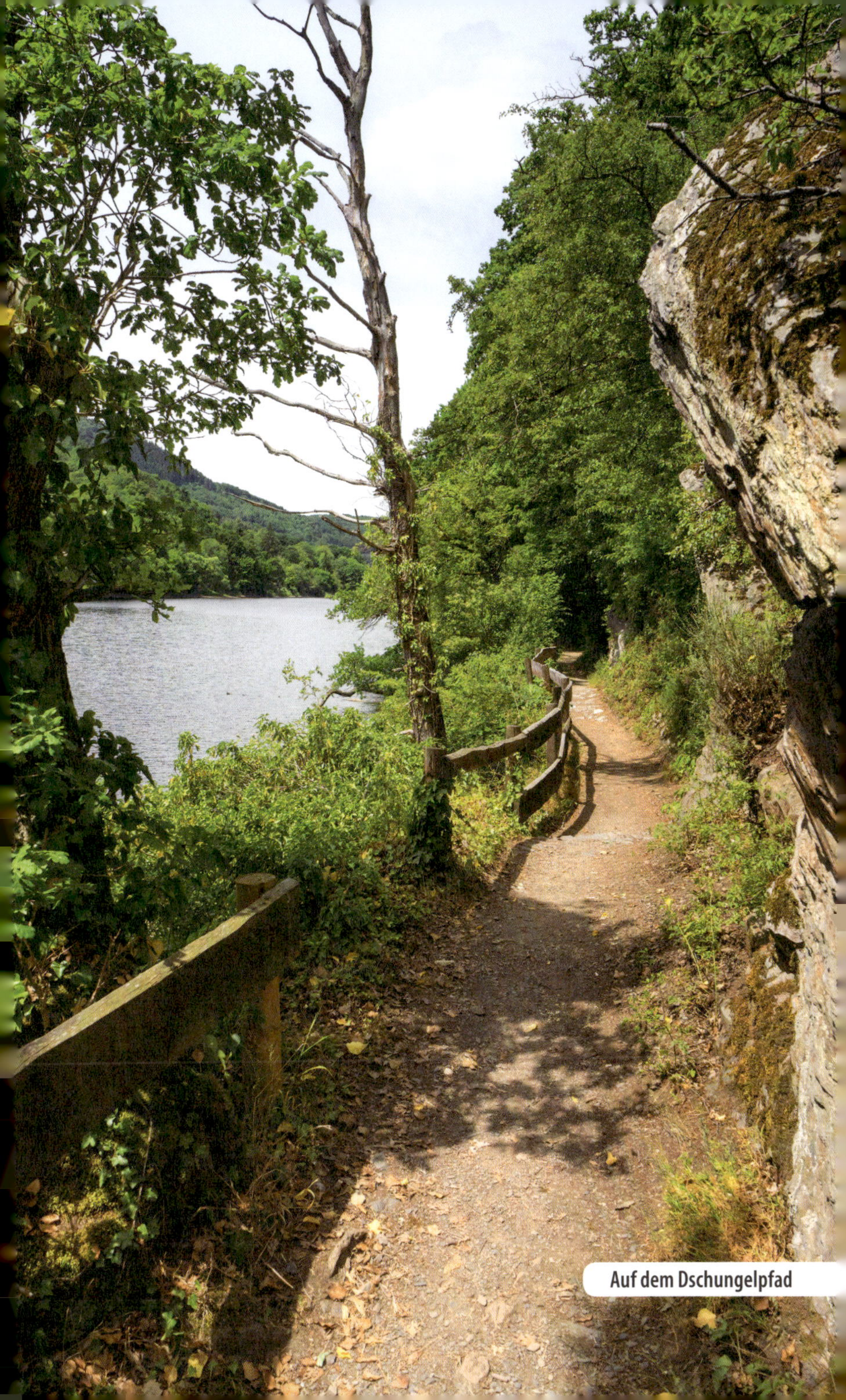

Auf dem Dschungelpfad

Besonders lecker ist in der ***Klostergaststätte*** *die bekannte Erbsensuppe, dazu ein Fluitter Tripel, ein Starkbier nach klostereigener Rezeptur. Im Klosterladen gegenüber können wir uns nicht nur mit Suppe und Bier für daheim eindecken, sondern auch die gut sortierte Buchhandlung durchstöbern.*

1795 wurde das Kloster aufgelöst und das Klostergut verkauft. 1824 begann der Abbruch der Kirche, um beispielsweise das Holz der Altäre zu verkaufen. Von 1874 bis 1891 erfolgte der Wiederaufbau auf den alten Fundamenten. Das Kloster Mariawald führt seine Geschichte auf den Heimbacher Strohdachdecker Heinrich Fluitter zurück, der ein Gnadenbild zur Verehrung in einer Hütte auf dem Kermeter platzierte. Es wurde bald zur Pilgerstätte. 1486 zogen dann die ersten Mönche in das nahebei errichtete Kloster.

Das Kloster selbst ist nicht zu besichtigen, der Konvent wurde 2018 erneut aufgelöst.

Von der Klosterkirche sind es nun nur noch wenige Meter bis zum **Parkplatz.**

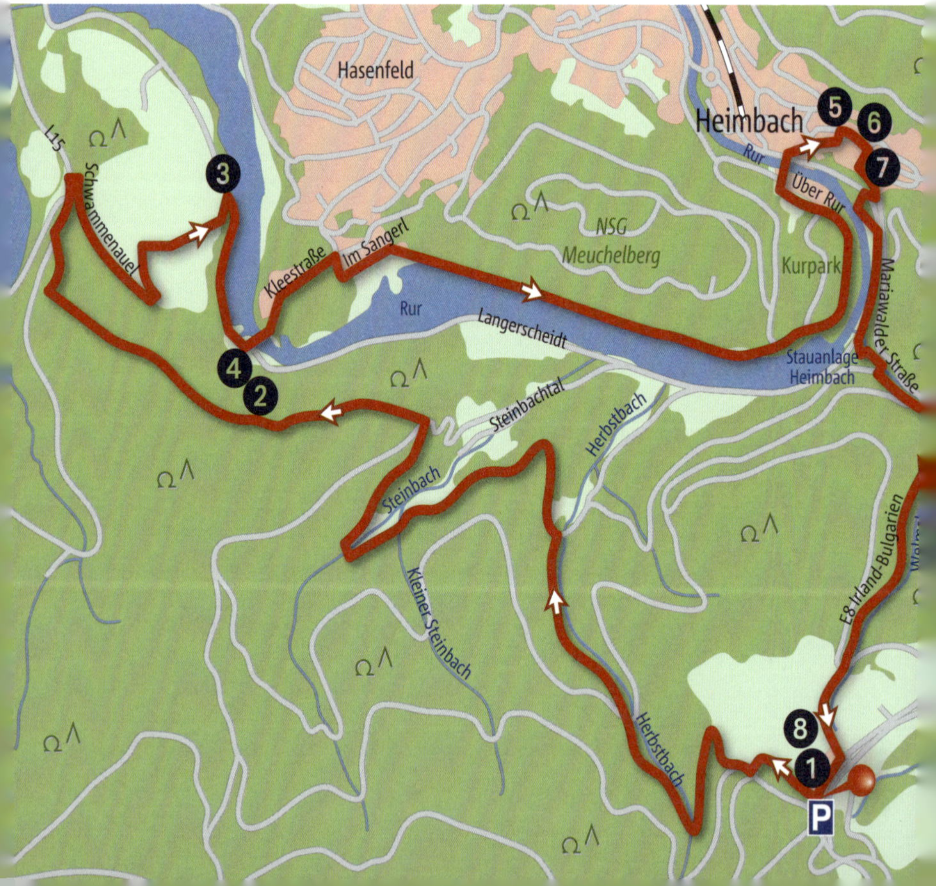

ALLES AUF EINEN BLICK

Entspannung 5/5
Abenteuer 3/5
Vielfalt 3/5

WIE & WANN

Waldwege, Pfade und asphaltierte Wege; beste Wanderzeit von April bis Oktober

HIN & WEG

Auto: Parkplatz an der Abtei Mariawald, 52396 Heimbach
ÖPNV: RB21 von Düren Bf nach Heimbach Bf, Zuweg vom Bahnhof über die Hengebachstraße (Einstieg in die Tour in der Hengebachstraße)

ESSEN & ENTSPANNEN

8 **Klostergaststätte Abtei Mariawald,** Abtei Mariawald, 52396 Heimbach, Tel. (0 24 46) 95 06-16, www.kloster-mariawald.de

ENTDECKEN & ERLEBEN

1 **Trappistenkloster Abtei Mariawald**
2 **Naturschutzgebiet Kermeter**
3 **Stauanlage Heimbach**
4 **Jugendstil-Wasserkraftwerk Heimbach**
5 **Katholische Pfarr- und Wallfahrtskirchen St. Clemens und St. Salvator in Heimbach**
6 **Fachwerkhäuser in Heimbach**
7 **Burg Hengebach**

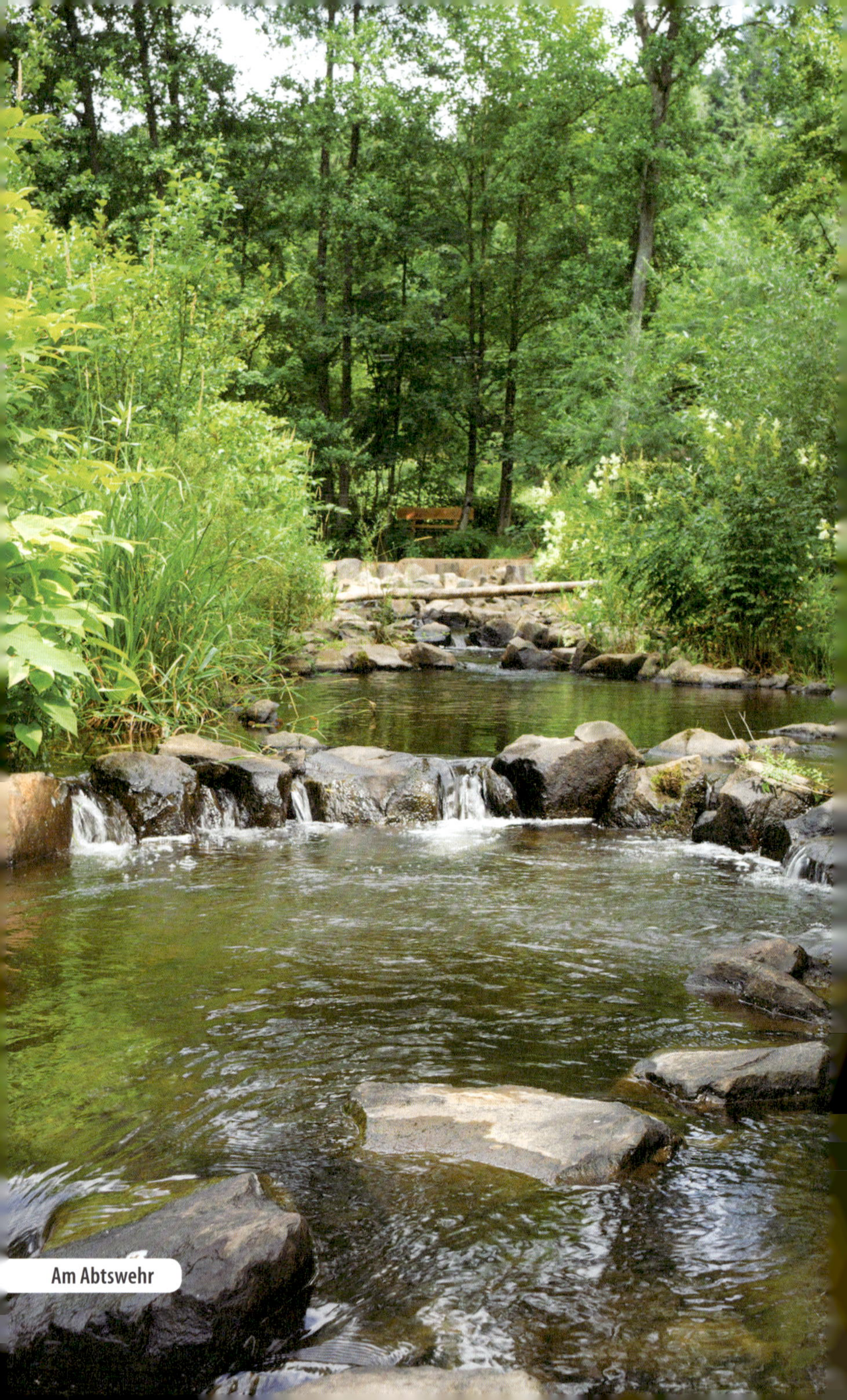

Am Abtswehr

Schöpfung bewahren

Rund um die Abtei Himmerod

Ein ungewöhnlicher Rundwanderweg liegt vor uns. Er führt uns zweimal in der Nähe der ❶ **Weidenkirche** bei der Abtei Himmerod vorbei. Zur Weidenkirche gehen wir rechts den breiten Weg zur **Salm** hinunter, linker Hand entdecken wir die einem Fisch nachgebildete Kirche aus Weidenzweigen. Zuerst wandern wir über den **Themenweg „Schöpfung bewahren"**, markiert mit fünf blaufarbigen **Mönchen** auf weißem Grund.

Wir begegnen auf dem Themenweg elf ❷ **Schöpfungstafeln,** Sandsteinstelen mit abgeschrägter Pultoberseite. Ein Foto mit Bezügen zur Klosterlandschaft wie „Aue" oder „Fels" und ein Vers – beispielsweise Psalmen aus der Bibel oder Zitate berühmter Personen – regen uns zum Meditieren und Nachdenken an. Ergänzt werden sie durch neun große ❸ **Informationstafeln,** auf denen die ökologischen Verhältnisse des Salmtals mit seinen Feuchtwiesen, den Streuobstbeständen und Wäldern erläutert werden. Nahrung für Geist und Seele – ein Angebot, das wir gerne annehmen.

Neben einem Liegesofa an der Weidenkirche begegnen wir der ersten kleinen Thementafel. Eine Brücke bringt uns sicher über die **Salm,** an einem Rastplatz halten wir uns rechts und sehen uns linker Hand von hangaufwärts strebendem Wald begleitet, während sich rechts üppige grüne Weideflächen ausdehnen. Vielleicht gewahren wir schon hier die schottischen Hochlandrinder, wie sie im Schatten der Bäume nahe bei der Salm dösen.

Rund 100 Meter nachdem wir in den Wald eingetaucht sind, teilt sich unser Themenweg.

Kilometer: 8,7
Höhenmeter: 166
Stunden: 2,5
RUNDWEG

Von 1701 bis 1860 diente die ***Mühle*** *zuerst der Eisenindustrie, danach als Getreidemühle, bis 1917 die ersten Übernachtungsgäste aufgenommen wurden. Heute wird ein Hotel mit Ferienappartements, Fischteichen und einem Weingut an der Mosel betrieben; gerade im Sommer lädt eine Sonnenterrasse zur Einkehr.*

Wir gehen im Uhrzeigersinn, also erst links, werden aber später auf dem dicht an der Salm verlaufenden rechten Pfad an diese Stelle zurückkehren.

Sanft steigt nun unser Weg an. Der kräftig duftende Wald spendet uns willkommenen Schatten, regelmäßig regen uns die Thementafeln zum Nachdenken über die Einzigartigkeit und Schönheit der Natur an. Ab und zu schickt uns die Salm von weit unten ein Glitzern herauf, später erkennen wir durchs Geäst das Hotel Molitors Mühle – jetzt heißt es aufpassen, um den schmalen Pfad, der rechts hinabläuft, nicht zu übersehen.

Wir folgen ihm bis zu einer weiteren Gabelung, halten uns scharf rechts und wandern über Stock und Stein in Richtung Abtei zurück – manchmal so nahe an der Salm, dass wir unsere Hände zum Abkühlen ins perlende Nass tauchen können. Vorbei an schroffen Felsgraten durch urwüchsigen Wald passieren wir die Stelle, an der die Salm einen Schwenk hinüber zum Abtswehr einschiebt – dazu erfahren wir in Kürze noch mehr (siehe Seite 125). Rund 200 Meter weiter gelangen wir an die Gabelung, an der sich vorhin unser Themenweg teilte. Nun wandern wir auf dem uns bekannten Weg zurück zur **Weidenkirche.**

Von dort beginnen wir nach einer kurzen Rast den zweiten Abschnitt unserer Wanderung, die uns erneut von der Weidenkirche über die Brücke führt. Dort halten wir uns jetzt auf dem markierten Wanderweg 7 halb links und steigen stetig durch alten Baumbestand mit Fichten, Buchen und Eichen den Klosterberg hinauf. Doch das Landschaftsbild hat sich im Lauf der Jahrhunderte immer wieder gewandelt, denn die Zisterzienserabtei war ein wichtiges Zentrum der Eifel. Landwirtschaft und Eisengewinnung stellten die Schwerpunkte dar, es gab Säge-, Getreide- und Ölmühlen, Fischteiche sowie Kohlenmeiler für die frühen Hochöfen im Salmtal um den Ort Eisenschmitt. Zwischendurch erhaschen wir einen Blick hinunter zur Abtei, später gehen wir an einer Weggabelung rechts, während der Weg links nach Altenhof führt. An einer Rastbank neben dem massiven Felsbrocken mit kaum entzifferbaren Wegzeichen halten wir inne. Unser Wegzeichen – die schwarze **7** auf weißem Grund – weist uns rechts den Hühnerkopf wieder hinab. Wir halten uns an den Hauptweg, bis wir eine Wiese erreichen; dort wandern wir rechts weiter. Zeitweilig lichtet sich der Wald und öffnet den Blick ins Salmtal, dann tauchen wir erneut in ihn ein, bis wir einen **Wanderparkplatz** erreichen. Kurz vor der Straße folgen wir einer scharfen Rechtskurve, müssen nun aber achtgeben, den schmalen, zugewachsenen Pfad, der dort links hangabwärts führt, nicht zu verpassen.

Für die Seele

Auf dem Wanderweg „Schöpfung bewahren" erlangen wir Entspannung, in der Abtei verschaffen wir uns Ruhe.

Äste und Zweige von Büschen und Sträuchern drängen sich uns in den Weg. Unten aber, am Ufer der Salm, weitet sich der Pfad. Wir überqueren eine Holzbrücke und betreten sogleich das Gelände vom **4 Hotel Restaurant Spa Molitors Mühle.** Nun trennen wir uns auch vom Wanderweg 7.

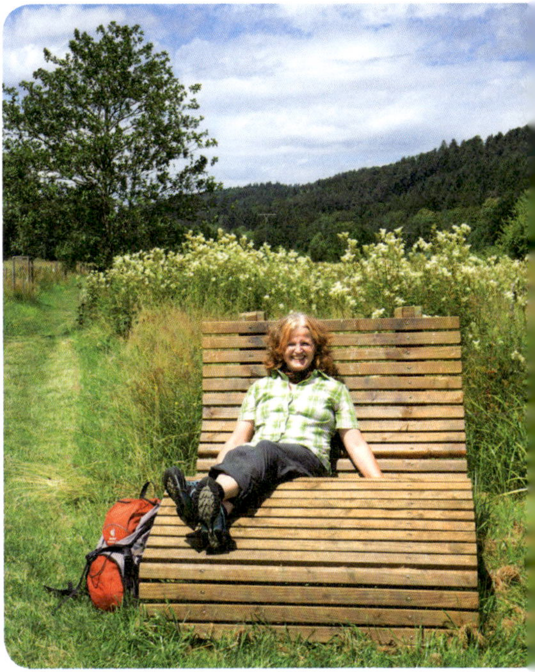

Wir gehen um einen Brunnen herum und die Einfahrt hinauf, queren den Mühlgraben und wandern vor dem **Mühlenteich** rechts auf weichem Wiesenboden. Der Weg mäandert auf Tuchfühlung zum Mühlgraben, bis wir das **5 Abtswehr** erreichen. Mit seiner Hilfe wurde seit dem Mittelalter über einen Kanal Wasser zur Abtei mit ihren Konventsgebäuden, der Brauerei und dem Küchen-

*Vorgelagert ist eine Klosterbäckerei, im einladend großen Innenbereich vor der Abteikirche finden wir rechter Hand den **Klosterladen.** Dort haben wir die Möglichkeit, uns mit Klosterbier, Honig und selbst gebranntem Klosterlikör einzudecken.*

*Das **Zisterzienserkloster,** gestiftet im Jahr 1138, gewann im Mittelalter auch wirtschaftlich eine große Bedeutung. Die Klosterbibliothek soll 1453 rund 2000 Bände umfasst haben, die aber durch die Klosteraufhebung 1802 großteils verloren gingen. Erst 1916 begann ein behutsamer Wiederaufbau.*

teich geleitet. Eine Rastbank lädt uns ein, dem wirbelnden Spiel des Wassers über die großen und kleinen Steine beizuwohnen. Dann reißen wir uns los, gehen aber nicht über die Brücke ans jenseitige Ufer, sondern balancieren über ins Wasser eingelassene Trittsteine, die wir einige Schritte weiter, nach einer weiteren Informationstafel, entdecken.

Gleich darauf sehen wir rund 500 Meter entfernt die Mauern der Abtei aufragen. Wir aber entledigen uns der Wanderschuhe und Socken und wandeln auf dem 6 **Barfußpfad** das letzte Stück über weichen Wiesenuntergrund und durch vier Weidentore.

Doch noch endet unser Tag nicht. Erst treten wir ein in die **Weidenkirche,** die als Andachtsraum gedacht ist. In einem kleinen Refugium sehen wir eine Madonna als Symbol für den inneren Zusammenhang zwischen Maria und der „Bewahrung der Schöpfung".

Von der Weidenkirche wandern wir die wenigen Schritte hinauf zur 7 **Abtei Himmerod.** Die Abtei hat eine lange, bewegte Geschichte. Nach einer Legende soll der heilige Bernhard von Clairvaux den Bau des Klosters in Altenhof geplant haben. Doch des Nachts fiel ein feuriger Kranz vom Himmel, und als Bernhard die Stelle am Morgen erkundete, nahm er dies als Zeichen und ließ das Kloster im Tal errichten. Anfänglich hieß der Ort Himmelrot nach dem nächtlichen Zeichen, später dann Himmelrod wegen der für den Bau gerodeten Hecken.

Auch die schon früher bestehende Wallfahrtstradition lebt wieder auf. Heute können Gäste in einem Flügel des Konvents übernachten, und im ältesten erhaltenen Gebäude am Ort, dem Museum „Alte Mühle" nur wenige Schritte von der Kirche entfernt, steigen wir ein in die Geschichte der Mühlen im Salmtal und werfen einen Blick auf Zeugnisse der klösterlichen Vergangenheit.

Überhaupt zeigt sich die Abtei für Besucher sehr zugänglich, in der Abteikirche finden regelmäßig

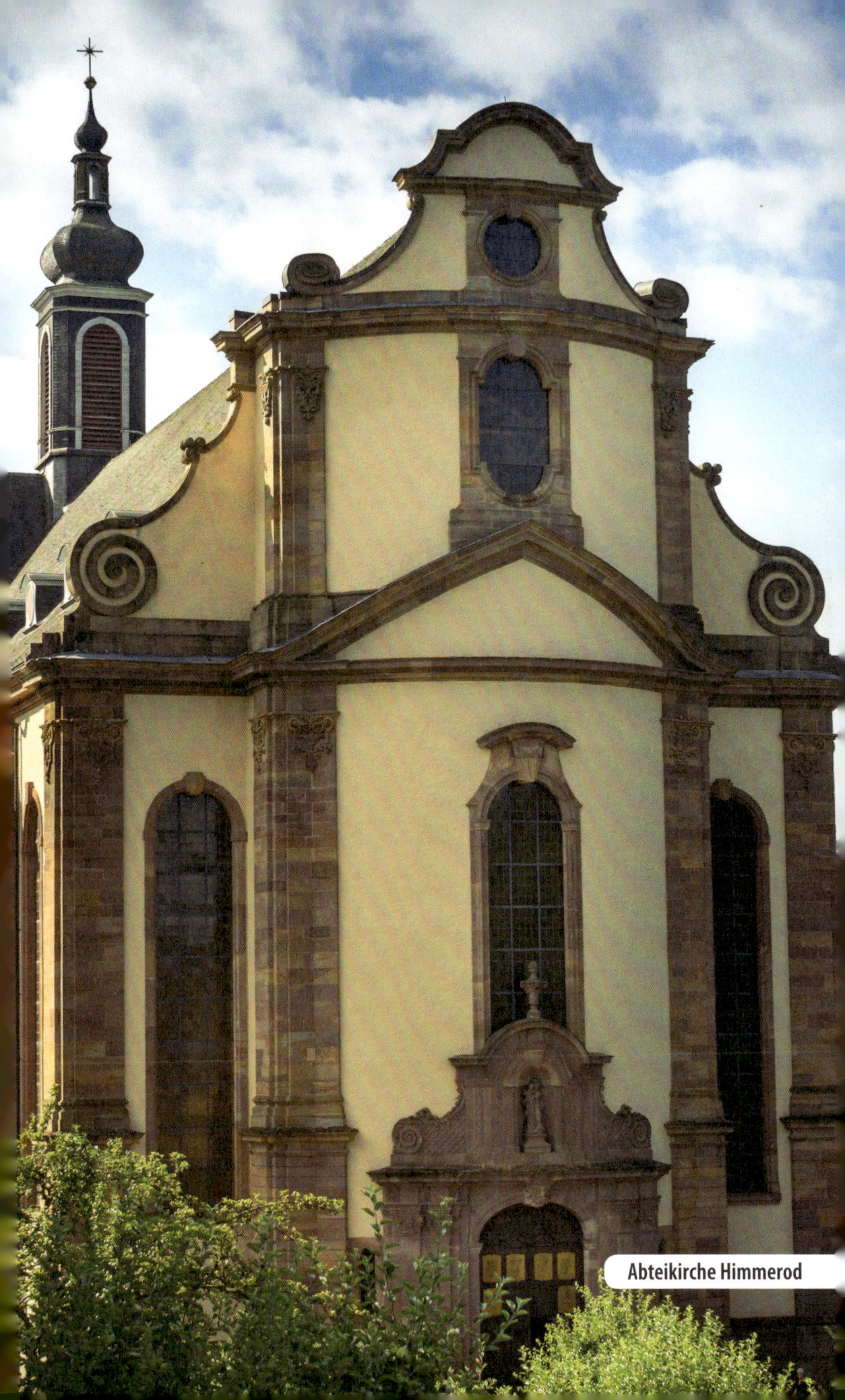

Abteikirche Himmerod

Konzerte statt, wir können uns zu Exerzitien oder Meditationen anmelden oder einfach durch die Klosteranlage spazieren, in die Gärtnerei schauen und zu den Fischteichen gehen. Der Klosterladen bietet auch regionale Produkte an.

Den Abschluss findet unser Wandertag in der **Klostergaststätte,** prächtig gelegen bei der Apfelbaumwiese. Wir könnten uns dort beispielsweise eine köstliche Himmeroder Forelle schmecken lassen. Der Geheimtipp in der Klostergaststätte sind die Himmeroder Klöße.

Aber bevor wir allzu sehr an der Qual der Wahl leiden, sollten wir einfach den Entschluss fassen, wiederzukommen!

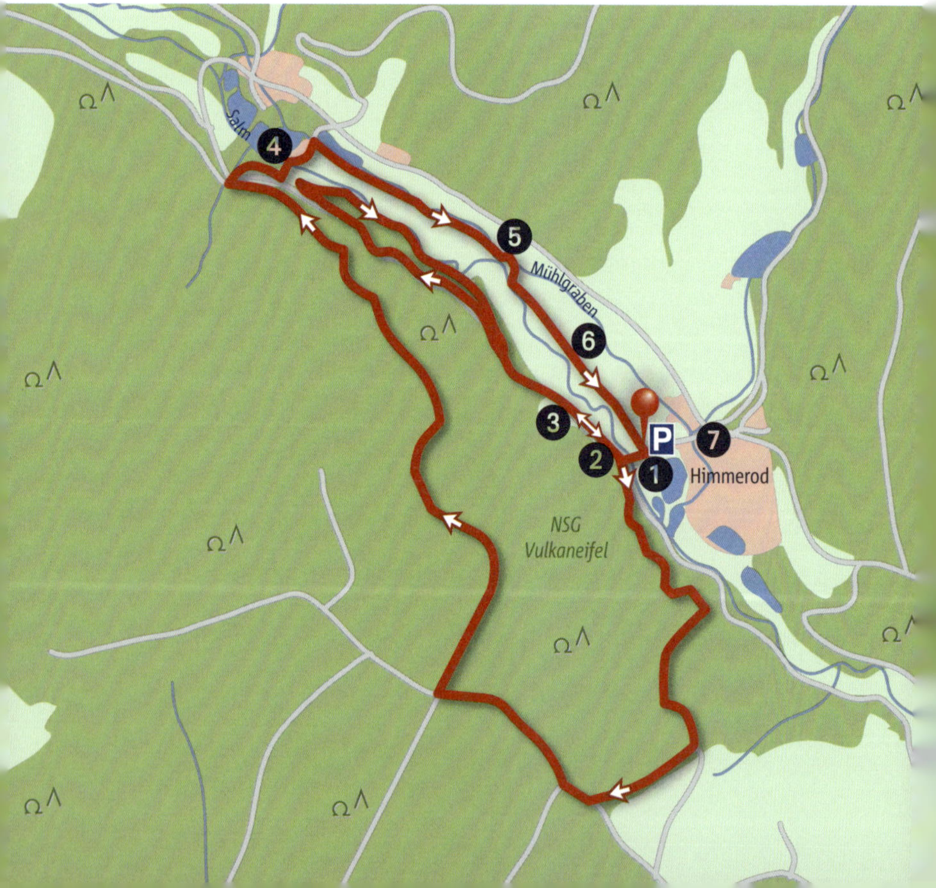

ALLES AUF EINEN BLICK

Entspannung 5/5
Abenteuer 3/5
Vielfalt 4/5

WIE & WANN

Wald- und Wiesenwege, einige Pfade; beste Wanderzeit von April bis Oktober

HIN & WEG

Auto: Parkplatz an der Abtei Himmerod, Himmerod 3, 54534 Großlittgen
ÖPNV: Bus 300 von Bernkastel-Kues Forum bzw. Wittlich Hbf nach Zehntscheune, Großlittgen, weiter mit Bus 303 nach Abtei Himmerod

ESSEN & ENTSPANNEN

4 **Hotel Restaurant Spa Molitors Mühle,** Eichelhütte 15, 54533 Eisenschmitt, Tel. (0 65 67) 9 66-0, www.molitors-muehle.de
7 **Klostergaststätte Himmerod** (Adresse siehe „Entdecken & Erleben“)

ENTDECKEN & ERLEBEN

1 **Weidenkirche**
2 **Schöpfungstafeln**
3 **Informationstafeln**
5 **Abtswehr**
6 **Barfußpfad**
7 **Abtei Himmerod,** Himmerod 3, 54534 Großlittgen, Tel. (0 65 75) 95 13-80, www.abteihimmerod.de

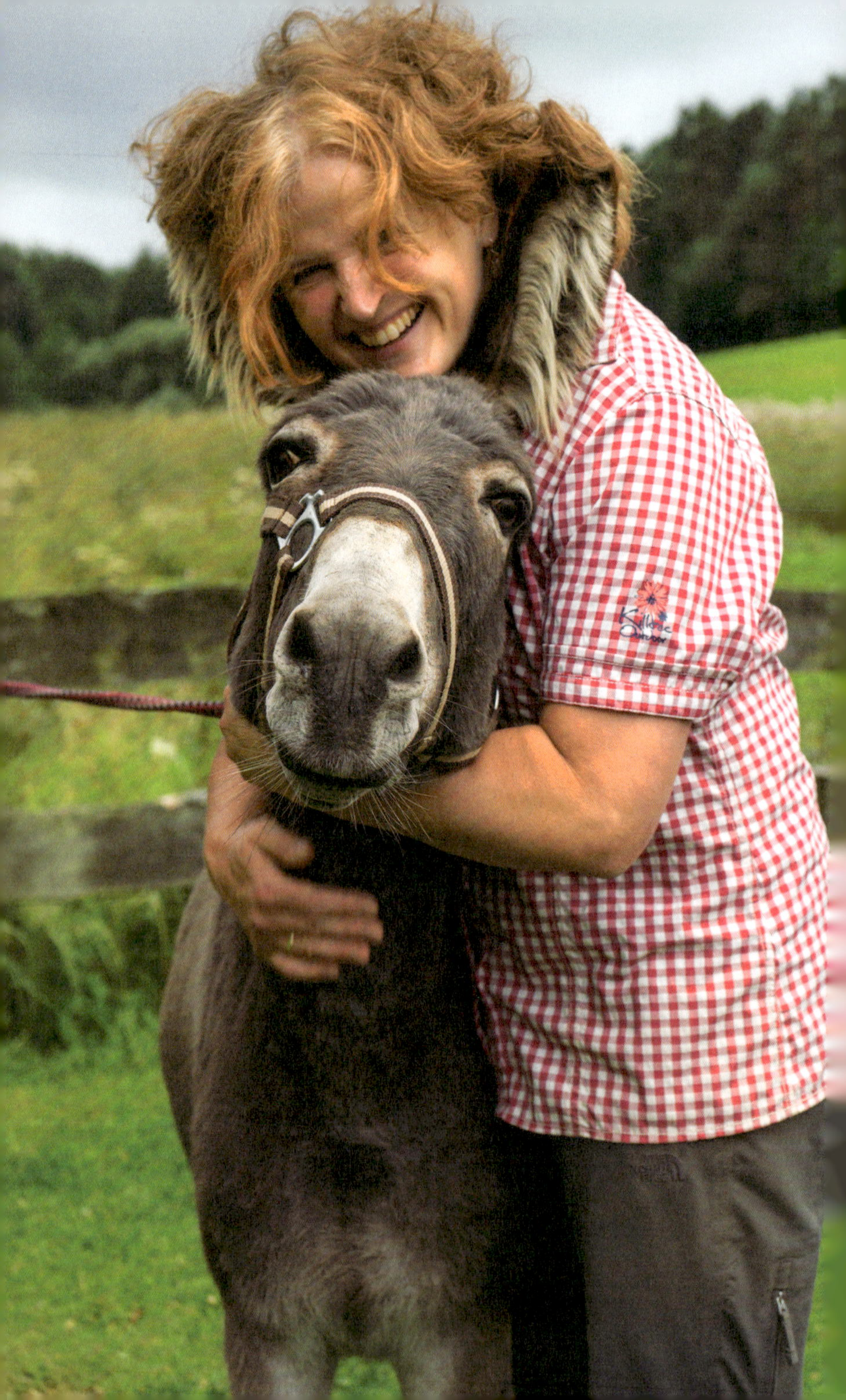

Esel voraus

Eselwanderung bei Bongard

„Wir wollen wandern, wollt ihr mit?“ Auf meine am Telefon gestellte Frage folgt die Antwort: „Wo denn?“ Aber ich sage nur zwei Worte: „Mit Esel.“ Das verdutzte Gesicht am Ende der Leitung kann ich mir gut vorstellen. Ein paar Sätze später ist klar: Wir fahren zu viert zum Eselwandern nach Bongard: Petra und ich, Petras Bruder Harald und dessen 14 Jahre alte Tochter Cora. Cora muss auf jeden Fall mit, denn sie hat als Einzige von uns Erfahrung mit Vierbeinern, wenn auch mit Pferden.

In Bongard steuern wir das ❶ **Alte Forsthaus** an, von wo die Eselwanderungen starten. Es ist malerisch am Ortsrand gelegen, der Wald auf Tuchfühlung, der Barsberg in Sichtweite. Barsberg und Wald spielen in der Geschichte dieser Region eine wichtige Rolle.

Der Wald am Barsberg war Staatswald, früher ein ordentlicher Eichen- und Buchenwald, heute, eine Spätfolge von preußischen Aufforstungen im 19. Jahrhundert, durchsetzt mit Kiefern und Fichten. Im Naturschutzgebiet Barsberg dagegen finden sich auch Bergulmen, Ahorne und Eschen.

Jetzt aber interessiert uns weniger die Flora, mehr die Fauna. Petra Landsberg, die Chefin, und Max, ihr quirliger Junge, begrüßen uns freundlich. Wir sind die ersten Eselwanderer in spe an diesem Samstag, der schon auf der Hinfahrt mit einer dicken Wolkendecke vom Wetterumschwung kündete. Acht Esel bevölkern Stall und Weide, acht graue Gesellen, die alle irgendwie herzerfrischend reizend aussehen. Cora trifft die Wahl:

Variable Streckenlänge
Variable Höhenmeter
Rund 4 Stunden
RUNDWEG

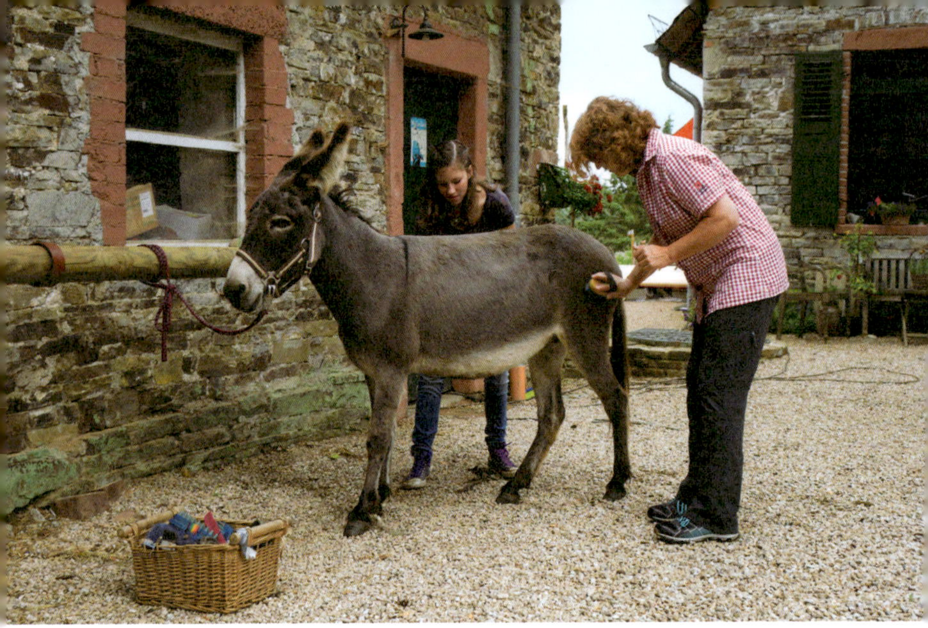

„Käthe“. Ja, Käthe ist gut, bestätigt auch Petra Landsberg. Käthe ist 15 Jahre alt und damit sicher im besten Alter, denn Esel werden bis zu 40 Jahre alt.

Vor dem Wandervergnügen wartet eine Übung auf uns. Käthe wird gestriegelt und gebürstet und von mindestens vier Händen gleichzeitig gestreichelt. Petra Landsberg stellt Fragen für den Eselführerschein, bei manchen unserer Antworten schüttelt sogar Käthe den Kopf. Wir müssen noch einiges lernen, bevor wir echte Eselexperten sind. Schon deshalb ist es gut, dass uns nicht nur Petra Landsberg, sondern auch Max auf den ersten 500 Metern begleiten wird. Käthe bekommt noch ihr Halfter und Cora das Seil in die Hand gedrückt, und los geht es.

Max ist ein pfiffiger Kerl, er steckt uns noch „geheim“ Leckerli für Käthe zu, falls sie partout nicht so will, wie wir gern möchten. Von Petra Landsberg gibt’s noch eine Tüte Möhren und Tipps, wie wir uns verhalten sollen, falls Käthe ihren Kopf durchsetzen will. Mal ruhig von hinten anschieben sollen wir. Klar, Käthe ist ja ein Fliegengewicht.

Vom Forsthaus führt ein weicher Grasweg bis zu einem Feldweg, an dem wir den beiden für die nächsten Stunden Tschüss sagen. Käthe dreht nicht einmal den Kopf zurück. Ist geduldig. Trottet, nein, schlendert zwischen Petra und Cora. Cora hält die Zügel in der Hand, Petra hält das Halfter. Beide streicheln Käthe abwechselnd über den Rücken, die Seite, den lang gestreckten Kopf, kraulen die wuschelweichen Ohren, die sich hin- und herbewegen wie zwei riesige graue Pelzantennen. „Fühl mal, wie weich ihre Nase ist", sagt Cora. Käthe verzieht keine Miene. Käthe senkt den Kopf. Knabbert Gras.

Für die Seele

Eine ganz besondere Art der Entschleunigung – unterwegs mit geduldigen Eseln durch die Wälder bei Bongard.

Sofort wachen wir aus unserer traumseligen Schwärmerphase auf. Käthe darf kein Gras fressen! Nicht, dass ihr Gras schadet, im Gegenteil. Esel beißen liebend gern ins Gras. Vermutlich immer und pausenlos, sobald sie mit unbedarften Eselerstwanderern herumstromern. Und genau da liegt das Problem. Käthe setzt jetzt ihren Kopf durch, frisst munter das saftige Gras und überhört unser gutes Zureden.

Jetzt hilft wohl nur noch einer von Petra Landsbergs Tipps: Erst einmal bis zehn zählen. Dann weitergehen. Doch grau ist alle Theorie, die Praxis scheitert an der Eseldame. Die Blöße, schon nach den ersten Schritten auf Maxens Geheimfutter zurückzugreifen,

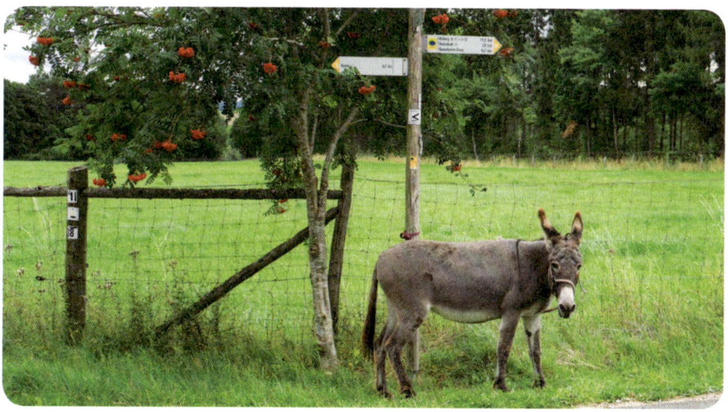

geben wir uns nicht. Käthe geht weiter, und zwar genau zu dem Zeitpunkt, an dem sie es für richtig hält. Heißt ja auch „Eselwandern". Die Geschwindigkeit bestimmen nicht die Menschen.

Käthe folgt uns – oder ist es nicht doch umgekehrt? – bald durch das ruhige ② **Nohner Bachtal.** Die malerische Landschaft bildet den perfekten Rahmen für Eselwanderungen. Das saftige Grün schmeichelt unseren Augen. Natürlich regt es auch Käthes Appetit an, und so entwickelt sich ein spannendes Spielchen zwischen der Eselin und uns. Käthe prüft immer wieder, wie weit sie gehen kann. Bleibt stehen: Futter fassen. Sie hat alle Tricks auf Lager. Beugt den Kopf nach hinten, leckt sich am Bein, als ob es sie dort ausgerechnet jetzt unheimlich jucke. Ruckt dann blitzschnell mit dem Maul runter ins appetitliche Gras, beißt herzhaft zu. Der Kopf mit dem dicken Büschel Gras schwingt bedächtig hoch. Grinst Käthe nicht sogar?

Möhren wechseln ihren Besitzer. Käthe ist bestechlich. Nicht immer, aber die Klügere gibt nach. Sie wandert mit uns weiter.

Wer ein hektisches Naturell besitzt, wird von Käthe bekehrt. Sie entschleunigt allein durch ihre Anwesenheit. Sie nimmt das Tempo raus, wo der Mensch denkt: Jetzt aber mal schnell ein paar Meter machen! Die Eseldame bleibt stehen. Guckt nach links, nach rechts, guckt einen vielleicht sogar an und denkt sich ihren Teil.

Wartet gar, wenn einer von uns zum Pilzegießen in den Wald verschwindet. Geht dann keinen Schritt weiter. Käthe wartet, wo wir weitereilen möchten. Verharrt dann noch einige Wimpernschläge lang. Vermutlich zählt sie durch, ob wir auch alle vier bei ihr sind, und trottet dann erst weiter.

Und so zockeln wir in gemächlichstem Tempo den Hügel hinauf, schwenken mit Käthe links auf einen Querweg, erreichen nach egal welcher Wanderzeit eine ③ **Schutzhütte,** binden Käthe am Schilderpfahl

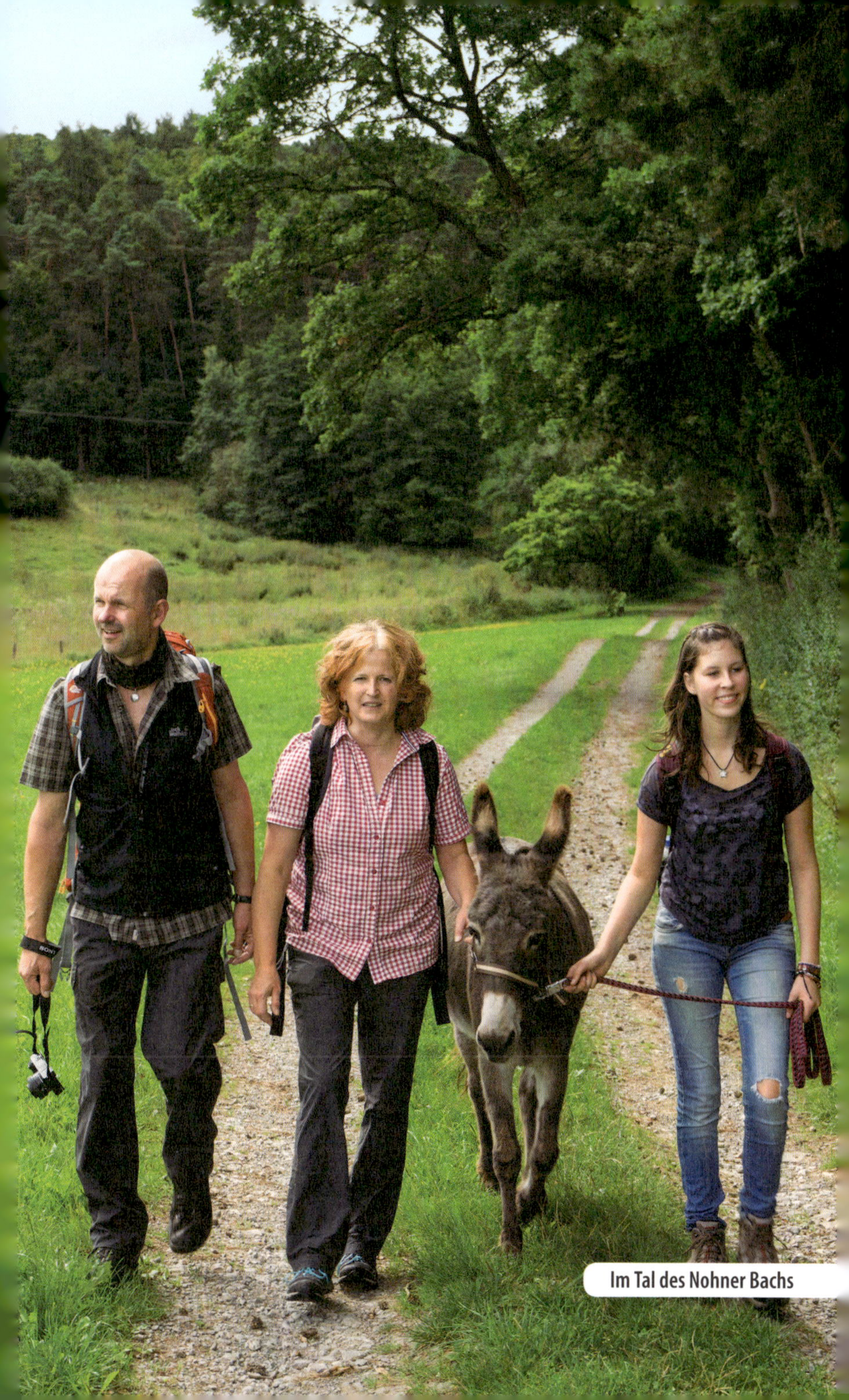

Im Tal des Nohner Bachs

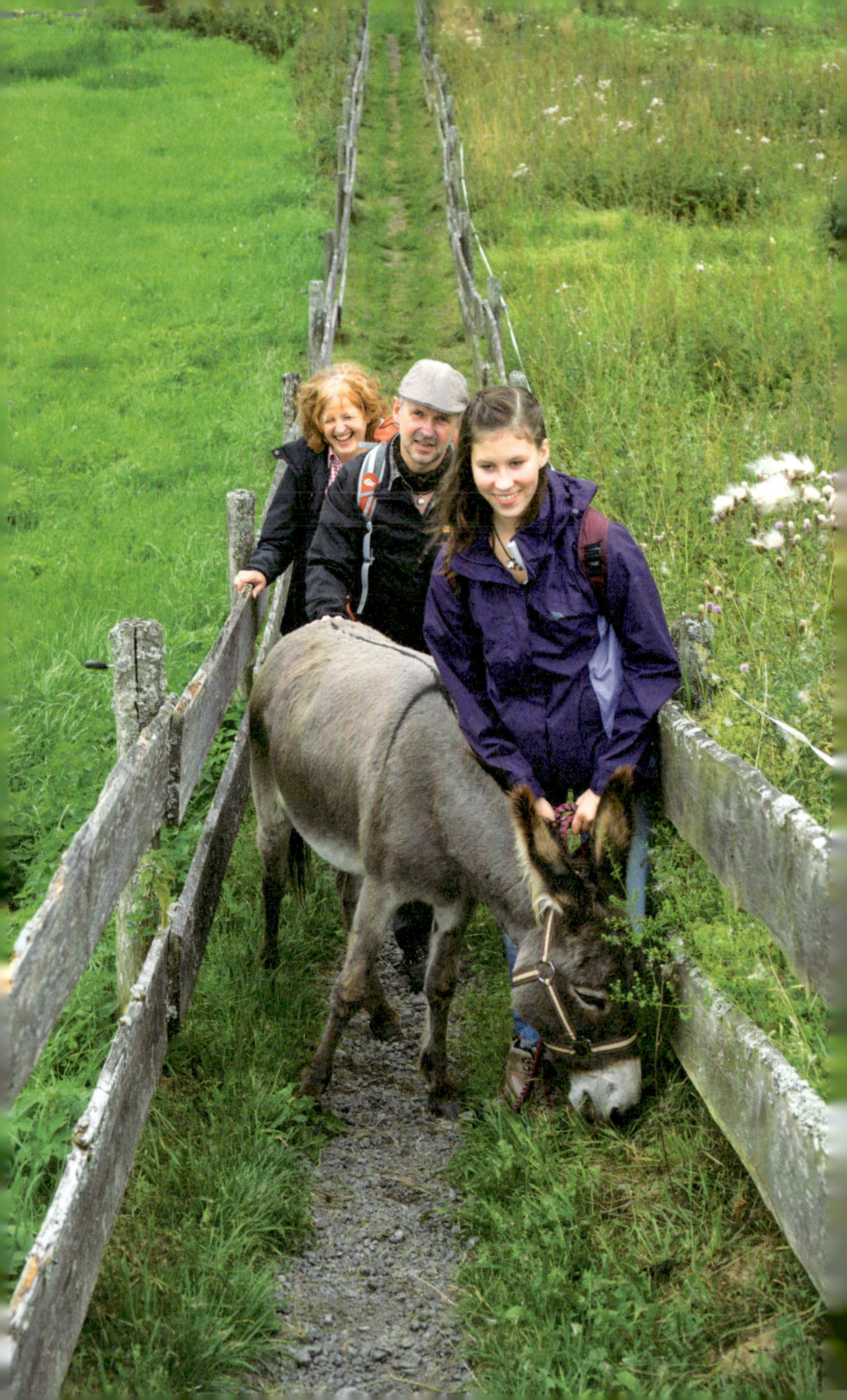

fest und betreiben nun selbst auch schon Entschleunigung. Setzen uns, essen was. Käthe kaut genüsslich am Gras rund um den Pfahl.

Wir könnten jetzt weiterwandern bis zur Heyer Kapelle, deren Ursprünge vermutlich bis ins 12. oder 13. Jahrhundert zurückreichen.

Aber wir kehren zum Querweg zurück, gehen noch einige Meter den Hügel geradeaus hinunter, begegnen einer Herde Rinder, die sich hopp, hopp in einer Reihe am Zaun aufstellen. Sie gaffen Käthe an, vermutlich neidisch. So nett durchs Gelände möchten sie auch mal trotten, ihren Bauern im Schlepptau oder Wanderer wie uns.

Zwischen zwei Zäunen erreichen wir den **4 Bodenbacher Drees,** eine natürliche Mineralquelle, schön eingefasst in Stein und mit Sitzbänken bestückt; ein Rastplatz vervollständigt das Ensemble auf der kurz geschorenen Wiese. „Bitte nicht mit Pferden und Eseln zur Quelle" verlangt die Ortsgemeinde auf einem Schild, und so binden wir Käthe an einen Baum. Leider ist das Quellwasser verunreinigt und derzeit nicht genießbar. Da hat der Mensch wohl wieder meine Natur versaut, wird sich Käthe denken. Nach der Quelle halten wir uns links, queren den Nohner Bach ein zweites Mal, wenden uns dort aber diesmal links den Hang hinauf. An Wiesen und Wald vorbei gelangen wir zu einer Straße, überqueren sie umsichtig und setzen unseren Weg fort, derweil Nieselregen aus den grauen Wolken tropft.

Jetzt geht es entlang an noch saftigeren, noch grüneren, noch ... „Käthe, halt – nicht!" Zu spät, die Eseldame hat dieselben Gedanken und das bessere Argument: Sie ist kräftig. Sie zieht Cora und Petra mit auf die Wiese und frisst, was das Zeug hält. Der Kopf wandert hierhin und dorthin, rupft die Gräser mit Vergnügen, würdigt uns dabei keines Blickes, als wir „Käthe, los jetzt" rufen. Zu zweit, dann zu dritt, letztlich zu viert schieben und drücken wir Käthe, locken mit schönen Worten und mit Möhren. Packen sogar Maxens Geheimmittel aus. Cora legt Käthe ihre Regenjacke über. Ob's das war? Die Eselin zieht wieder los.

An der folgenden Kreuzung halten wir uns links. Im großen Bogen könnten wir zum Forsthaus zurückkehren und kämen dabei noch an Hügelgräbern vorbei, einem zusammenhängenden Gräberfeld aus der vorrömischen Eisenzeit. Hört sich in unseren Ohren reizvoll an, für Käthe ist's aber augenscheinlich kein Brüller.

Sie bleibt nach einer Handvoll Schritte stehen. Es regnet kräftiger, sogar Käthe schaut jetzt bedröppelt drein. Da helfen auch keine Möhren, erst recht nicht gute Worte oder Streicheleinheiten. Esel mögen kein Wasser. Weder stehend noch fließend und offenbar auch nicht regnend. Aus der 10-Sekunden-Regel („Zählt bis zehn, dann ...") werden fast 10 Minuten. Ob Käthe jetzt bis zum Abwinken hier an dieser Stelle stehen bleiben will? Wir vier schauen uns unschlüssig an. Vorwärts jedenfalls will sie nicht mehr. Wir lenken sie in die andere Richtung, und siehe da, sie marschiert los, als habe sie nie etwas anderes geplant. Geht schnurstracks auf kürzestem Weg nach Hause, und innerhalb weniger Minuten stehen wir wieder beim Forsthaus. Käthe und ihre vier Eselwanderer mit breitem Grinsen auf den nassen Gesichtern. Bestimmt grinst auch Käthe. Innerlich. Sie hat garantiert ein sonniges Gemüt, auch wenn sie es nicht so richtig rauslassen kann. Dafür hat sie uns Menschen etwas anderes voraus: Käthe weiß, wie man entschleunigt. Und sie lässt andere daran teilhaben.

*Neben einer Wanderung mit einem oder zwei Eseln können auch **Eselwanderungen mit Übernachtung** im Hof Eifeltrotter oder ESEL-Intensivwochenenden mit praktischem Teil wie Eselkörpersprache oder Erste Hilfe und theoretischem Teil gebucht werden.*

Die Wanderstrecken sind variabel, Petra Landsberg gibt jedem eine Wanderkarte samt eingezeichneten möglichen Routen mit. Die können dann vor Ort so erwandert werden, wie es zeitlich passt und gewünscht ist. Von Mensch und Esel. Wir wollten beispielsweise noch neben dem Abstecher zu den Hügelgräbern den Barsberg umrunden; auf dem Barsberg befindet sich eine Ringwallanlage.

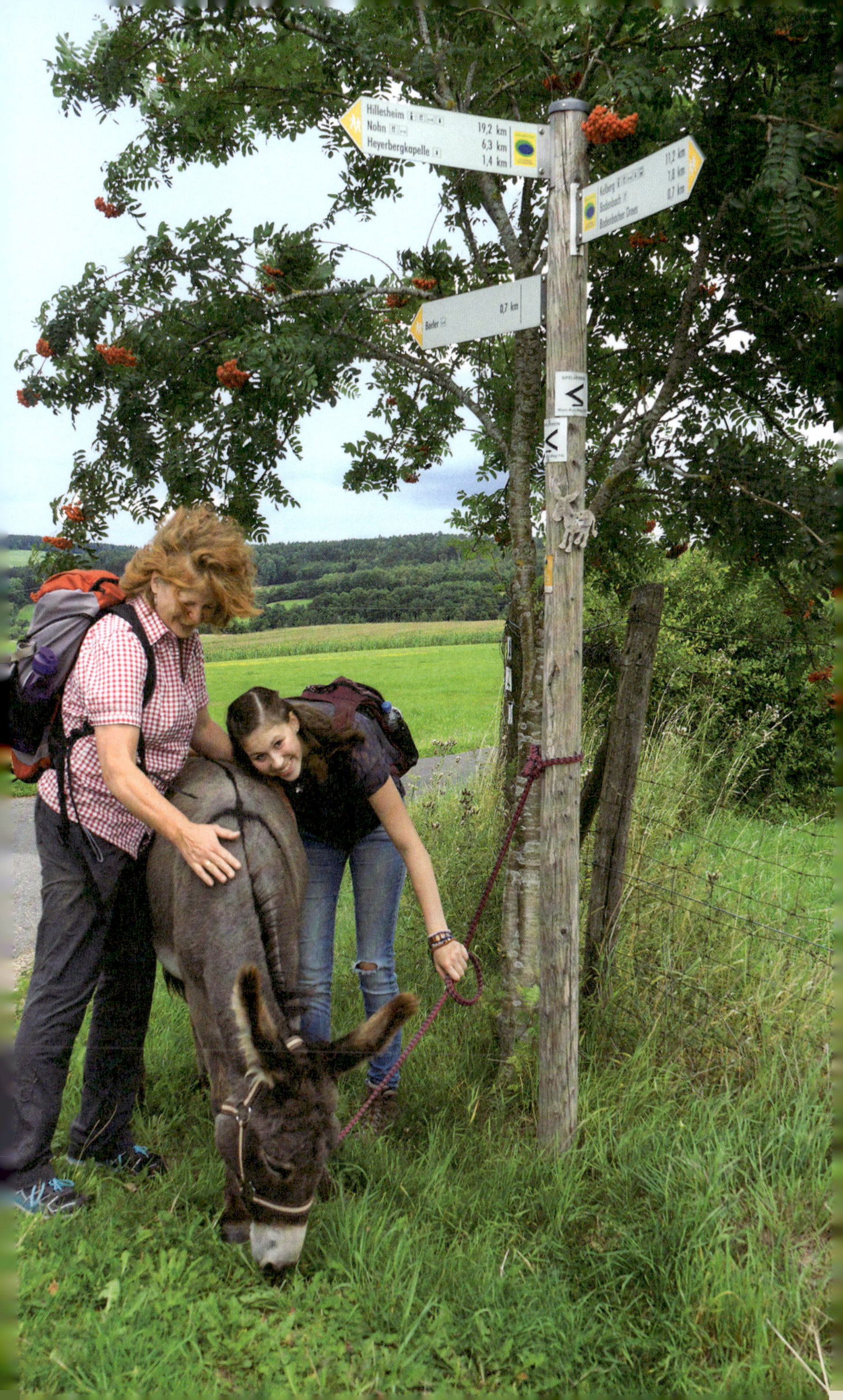
Hillesheim
Nohn
Heyerbergkapelle
19,2 km
6,3 km
1,4 km
0,7 km

Der Regen war dagegen … Die Region bietet noch vieles, was sich mit einem Esel erkunden lässt.

Eine Runde führt auch beim **Bauernhof-Café Clemenshof** vorbei. Wer sie nicht gegangen ist, kann zumindest die Einkehr nachholen. Dazu fahren wir zurück auf die **L 70** bis zum Ortsende Bongard und dort rechts in die **Brücker Straße.** Bei Regen sitzen wir gemütlich im Café, die Außenterrasse, auf der man bei schönem Wetter Kuchen und Ruhe genießen kann, bleibt an diesem Nachmittag verwaist.

Wir haben nur ein Gesprächsthema: Käthe.

PS: Käthe hat nicht alle Möhren gefressen. Wir müssen also wiederkommen, um ihr auch die übrigen zu geben. Versprochen, Käthe.

*Im **Bauernhof-Café Clemenshof** schmecken die köstlichen selbst gemachten Obstkuchen und die leckere Stachelbeertorte besonders gut.*

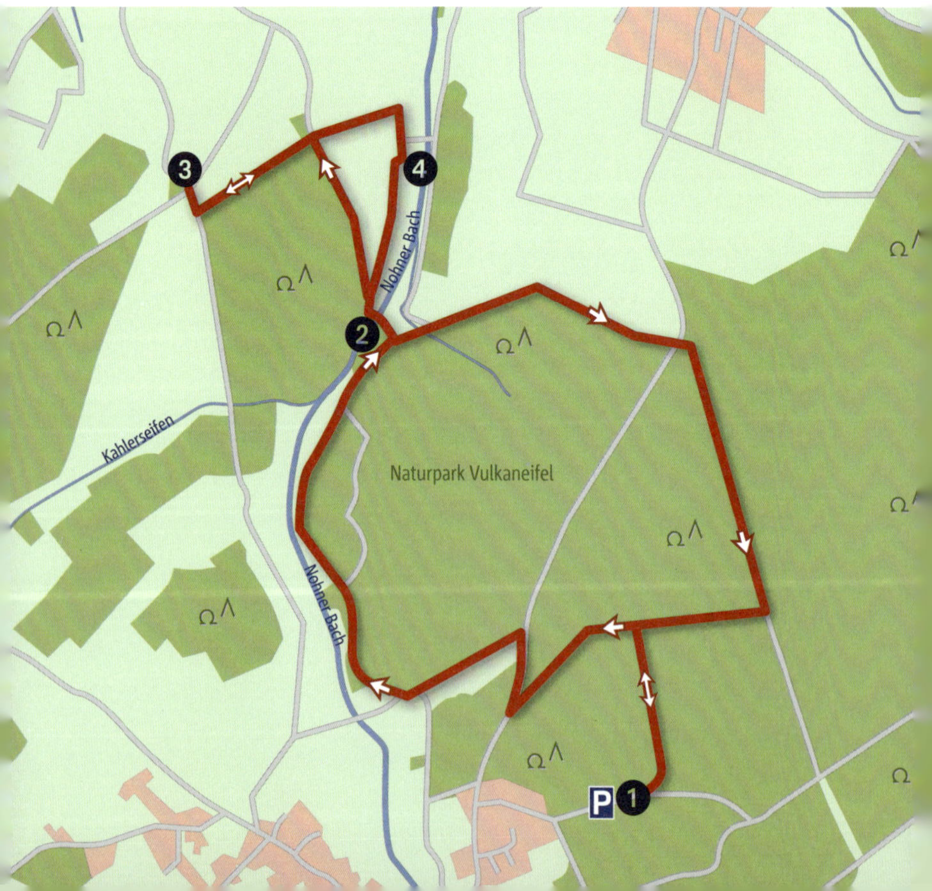

ALLES AUF EINEN BLICK

Entspannung 5/5
Abenteuer 5/5
Vielfalt 3/5

WIE & WANN

Überwiegend Wald- und Feldwege; beste Wanderzeit von März bis Oktober

HIN & WEG

Auto: Parkplatz am alten Forsthaus, Am Barsberg 14, 53539 Bongard
ÖPNV: Keine direkte Anbindung an die Strecke

ESSEN & ENTSPANNEN

Bauernhof-Café Clemenshof, Brücker Straße 1, 53539 Bongard,
Tel. (0 26 92) 93 23 30, www.clemenshof-online.de

ENTDECKEN & ERLEBEN

1. **Altes Forsthaus** (Adresse wie Eselwandern Eifel, siehe „Info")
2. **Nohner Bachtal**
3. **Schutzhütte**
4. **Bodenbacher Drees**

Info: Eselwandern Eifel, Petra Landsberg, Am Barsberg 14, 53539 Bongard,
Tel. (0 26 92) 93 26 77 3, www.eselwandern-eifel.de
1 Esel inkl. zwei Erwachsenen 80 Euro, 2 Esel inkl. vier Erwachsenen 140 Euro, Kinder sind frei.
Weitere eselbegeisterte Begleiter zahlen einen Obolus von 10 Euro pro Person in die Möhrenkasse.

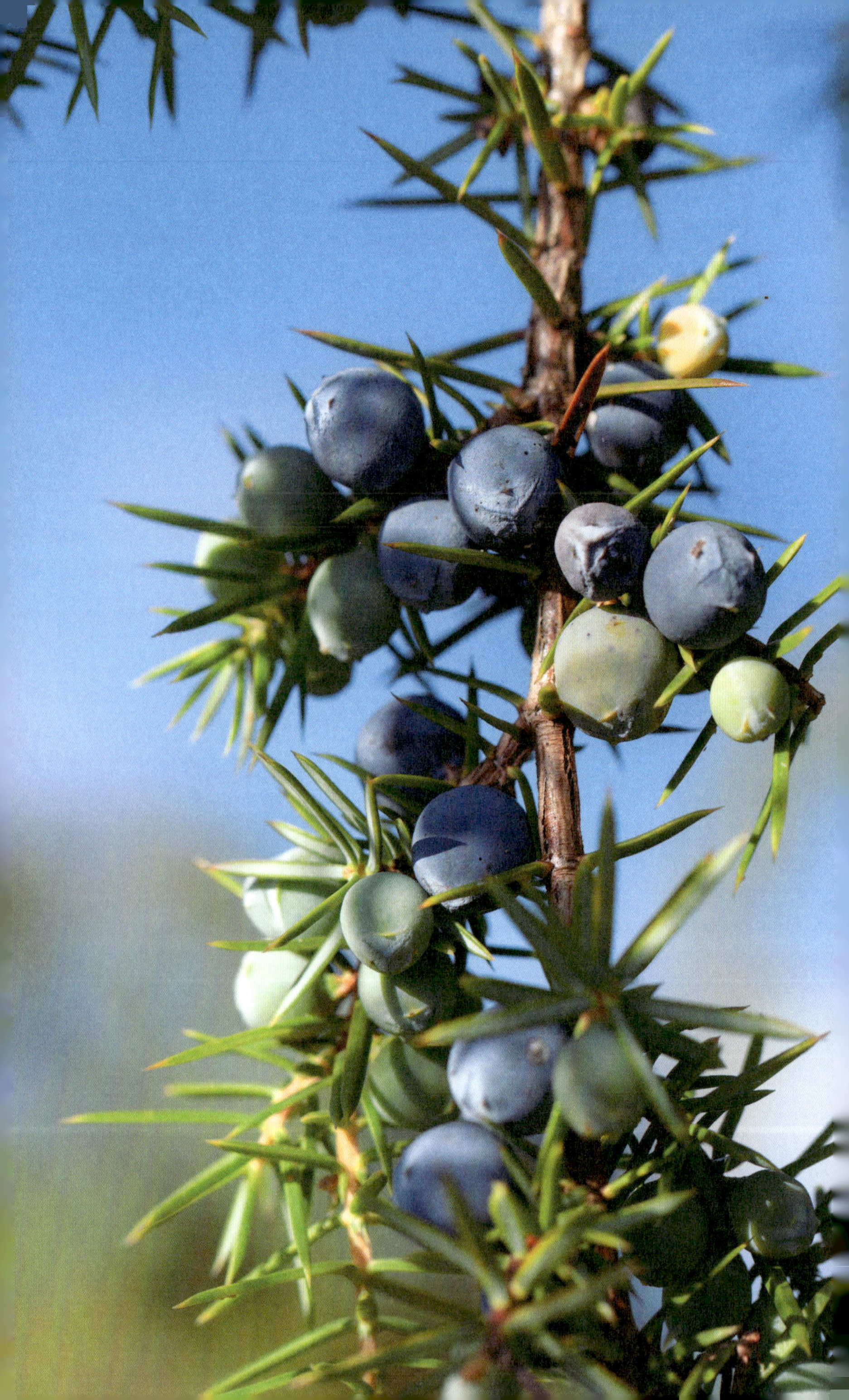

Die Wacholderheide

Auf dem Traumpfad bei Langscheid

Vom Parkplatz gehen wir mit dem **Traumpfade**-Logo, dem weißen Pfad auf orangefarbenem Grund, hoch zur **Wabelsberger Wacholderhütte,** vorbei am Spielplatz und mit Tuchfühlung zur **1 Heidelandschaft Wabelsberg.**

Gleich danach steigen wir rechts auf einem schmalen, von goldgelb leuchtendem Besenginster und Wacholder gesäumten Pfad abwärts.

Wir stoßen auf einen Waldweg, folgen ihm in einer scharfen Rechtskurve weiter talwärts und später nach links durch dichten Nadelwald, der das Sonnenlicht schluckt und an warmen Sommertagen einige Schritte weit Kühle spendet. Wir gelangen in einen Talgrund, bleiben auf dem Hauptweg und hören ein Bächlein rechter Hand zu Tale sprudeln, bis es sich weiter unten mit der Nette vereinigt. Bis unmittelbar zur Nette wandern wir zwar nicht, doch knapp 2 Kilometer weit werden wir uns auf Sicht- und Hörweite zum 60 Kilometer langen Fluss halten.

*Im August und im September treffen wir auf vielen Flächen des Wacholderwegs auf blühendes **Heidekraut.***

An der Hangflanke streifen wir durch den von Buchen, Eichen und Fichten dominierten Wald gemächlich aufwärts. An einer Schonung erhaschen wir Blicke ins **2 Nettetal,** wenn die dicht wachsenden Ginsterbüsche das zulassen, und gönnen uns eine erste Pause an einer malerisch am Rand einer Wiese gelegenen Raststation. Nach weiteren Metern durch dichten Wald und an schroffen Felskanten vorbei fragen wir uns, ob wir die Rast nicht zu früh eingelegt haben, denn allzu verführerisch bietet sich uns ein Waldsofa

Kilometer: 8,7
Höhenmeter: 264
Stunden: 3
RUNDWEG

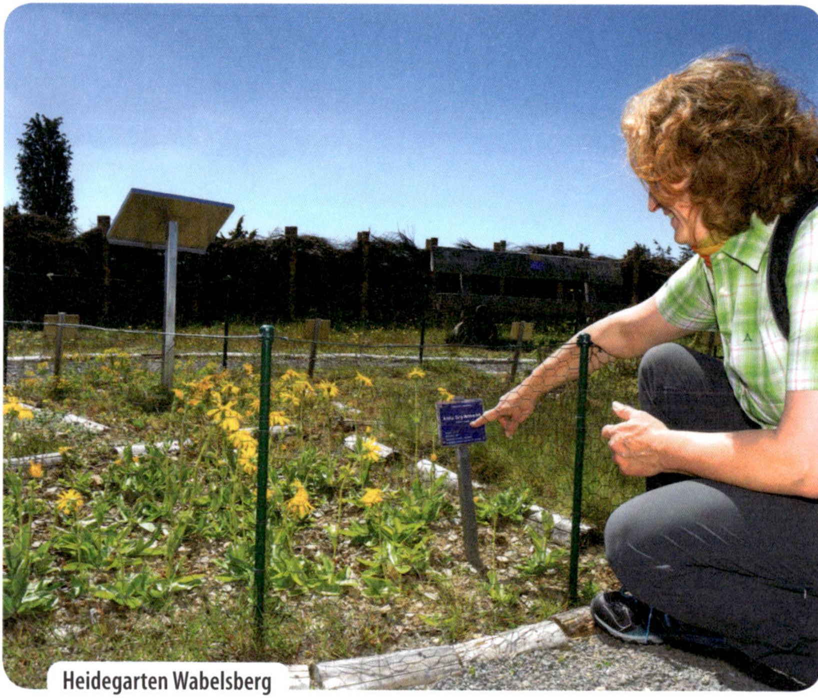

Heidegarten Wabelsberg

Ab Mitte Mai tauchen am Wegesrand und über die weiten Wiesen verteilt Ginsterbüsche auf, das Eifelgold, wie sie auch genannt werden. Hellblau blüht der Wald-Ehrenpreis, den Boden bedeckt das Harzer Labkraut, später im Jahr könnten wir das himmelblaue Berg-Sandglöckchen entdecken – das sind nur wenige von rund 220 Blütenpflanzen auf den ***Wacholderheiden.***

an. Rasten heißt rosten, und so bleiben wir trotz der schönen Aussicht nicht lange sitzen, sondern gehen auf Schusters Rappen nun bedächtig abwärts durch Buchenwald. An einer Weggabelung geht es rechts hinab nach Netterhöfe. Wir aber halten uns links, wandern an einem munter ins Tal schießenden Bach kräftig nach oben und folgen den Kurven, die unser Weg beschreibt, bis zu einer Weggabelung. Dort dürfen wir den Pfad, der rechts schräg in den Hang führt, nicht verpassen. Wir hangeln uns zügig aufwärts, nehmen dann einen Waldweg nach links und haben den Aufstieg fast bewältigt, sobald die Bäume den Weg in die weite, offene Heide freigeben.

Auf den Heidelandschaften heißt es mit offenen Augen genießen, tief einatmen, die Sinne öffnen. Selbst wenn das Heidekraut noch nicht in seinen zarten Violetttönen blüht, hat jede Jahreszeit ihre besonderen Reize.

Vielleicht erleben wir, wie Schafe und Ziegen die Flächen beweiden, um einen Überwuchs durch Brombeersträucher oder Ginster zu verhindern. Außerdem werden die Heidegebiete „geplaggt", das heißt, der rund 4 Zentimeter hohe Oberboden wird großflächig abgetragen, damit sich die Flächen erneuern können.

Für die Seele

Ginster, Heide und Wacholder umrahmen unsere Pfade; eine Kapelle lockt zum besinnlichen Atemholen.

Auf dem Feldweg erreichen wir am Wegkreuz der Jodokuspilger einen Rastplatz. Nachdem wir heute ebenfalls noch einen Besuch bei diesem Heiligen machen werden, ist das auch für uns ein sinnvoller Ort für eine kleine, vielleicht meditative Pause. Nach einem kurzen Stück Asphalt halten wir uns links und gehen schnurgerade auf den **3 Büschberg** zu. Zwischen Wacholderbüschen liegt malerisch eine rustikale Bank. Wir finden Gefallen an der Aussicht auf Langenfeld und die aus heimischem Bruchstein gebaute Pfarrkiche St. Quirinus; die Hallenkirche wird wegen ihrer Größe auch als „Eifeler Dom" bezeichnet.

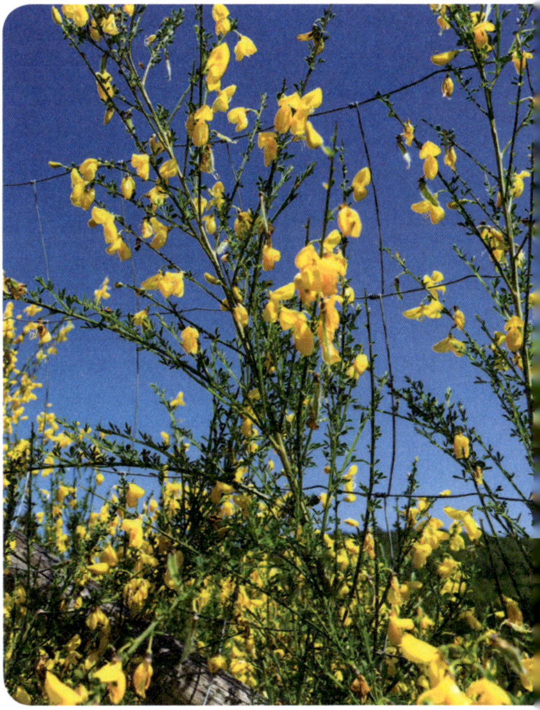

Wenige Schritte später machen wir einen kleinen Schlenker hinauf zum Büschberg und dem Kräutergarten, wo wir zahlreiche Schmetterlinge beobachten können.

Vom Büschberg führt der Weg auf oft grasbewachsenem Untergrund talwärts. Wir halten uns dort links, passieren ein Wegkreuz und steigen gleich danach rechts in den Hang ein.

Wenn wir oben ankommen, orientieren wir uns nach links und wandern um ein Wäldchen herum, derweil uns immer wieder die Aussichten über die Eifelhöhen begeistern.

Auf einem asphaltierten Weg wenden wir uns nach rechts, gehen an einer Weggabelung weiter auf dem Hauptweg und verlassen ihn 20 Meter später nach links. Auf dem Feldweg entdecken wir rechts eine einladende robuste Rastbank, fast versteckt unter schattigen Bäumen und mit schöner Aussicht auf Langenfeld.

Nur eine kurze Strecke weiter legen wir einen Abstecher auf den Wabelsberg ein. Der Pfad bringt uns zum ④ **Heidegarten Wabelsberg** mit reizend angelegten Beeten. Wir riechen an den kleinen Pflänzchen – der geschlängelten Schmiele, dem Öhrchen-Habichtskraut oder der kleinen Bibernelle –, bevor wir auf einem Pfad die letzten Meter hinabsteigen.

Die ⑤ **Wabelsberger Wacholderhütte** besteht seit 1985 und bietet sich mit der netten Terrasse gerade für sonnige Tage zur Einkehr an. Die gut sortierte Speisekarte verspricht nicht nur frische Zutaten, sondern auch regionale Produkte. Doch wir haben noch einen weiteren Besuch eingeplant.

Anschließend fahren wir von Langscheid nach Langenfeld, dort dann auf die **L 10** in Richtung Kirchwald. Nach einer Linkskurve beachten wir den Abzweig, der rechts ausgeschildert zur **Wallfahrtskapelle St. Jost** führt. Wir folgen dem bis zur Kapelle ausgebauten Weg zum Parkplatz. Nach rund 100 Metern Fußweg erreichen wir die Kapelle.

Auffällig in der Kapelle ist unter anderem der Barockaltar aus dem Jahr 1655. Auf einer Konsole nahe beim Hochaltar steht eine Figur des heiligen Jodokus aus dem 18. Jahrhundert.

Wer jetzt völlig entschleunigt ist und wieder etwas Spannung vertragen kann, hat die Möglichkeit, im

Erwähnt wird die ***Wallfahrtskapelle St. Jost*** *erstmals im Jahr 1436, erbaut wurde die zweischiffige Basilika von Graf Philipp von Virneburg. Bereits im 14. Jahrhundert brachte ein Graf eine Reliquie des heiligen Jodokus aus Saint-Josse-sur-Mer zur Kapelle, die in der Folgezeit das Ziel von Pilgern wurde. Die Reliquie wird heute im „Eifeler Dom" in Langenfeld verwahrt und an den Wallfahrtssonntagen von dort zur Kapelle St. Jost gebracht.*

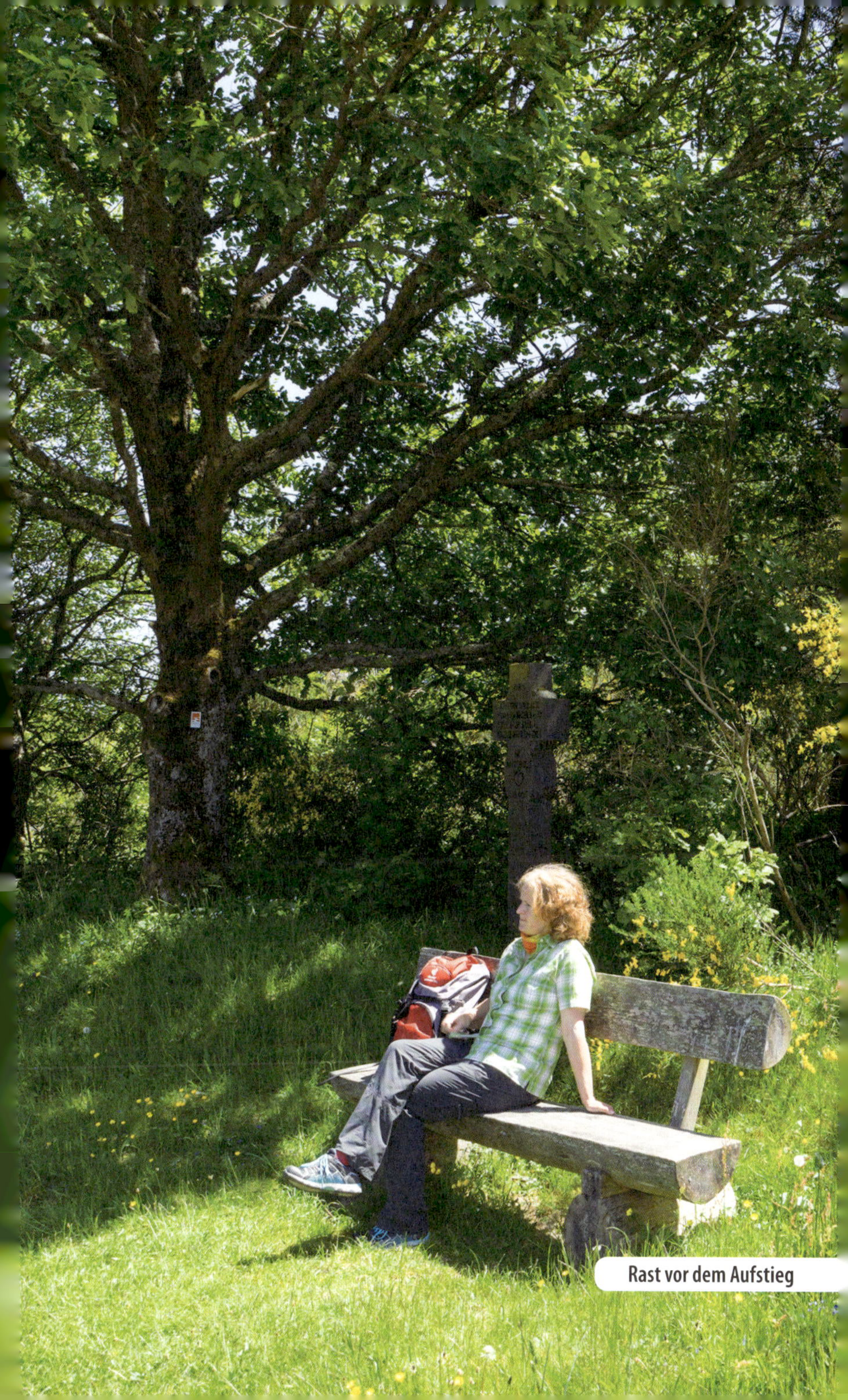

Rast vor dem Aufstieg

*Von 1900 bis 1904 wurde die **Grube Bendisberg** erschlossen, auf fünf Ebenen wurden Erz, Zink- und Bleiblende sowie Silber abgebaut. Im Jahr 1957 wurde der Betrieb endgültig eingestellt. 2011 fand dann nach aufwendigen Vorbereitungsarbeiten durch einen Förderverein die Eröffnung des Besucherbergwerks statt.*

Besucherbergwerk Bendisberg vorbeizuschauen. Wir fahren dazu einfach die Straße wieder hoch, parken nun aber auf halber Strecke zur L 10 auf dem großen Parkplatz linker Hand und gehen den Fußweg hinunter zum **Gasthaus Bergmannshütte.** Es liegt direkt am Zugang zum Besucherbergwerk. Bei einer Führung werden wir mit Jacke, Bergmannslampe und Helm eingekleidet und erkunden dann mit einem Grubenführer den mittleren Eisenheldstollen.

Im „Therapiestollen" soll das Klima heilsam für Menschen mit Atemwegs- und Hauterkrankungen sowie Allergien sein. In den Stollen herrscht eine Temperatur von 8 Grad Celsius, festes Schuhwerk sollte jeder Wanderer allemal an den Füßen tragen.

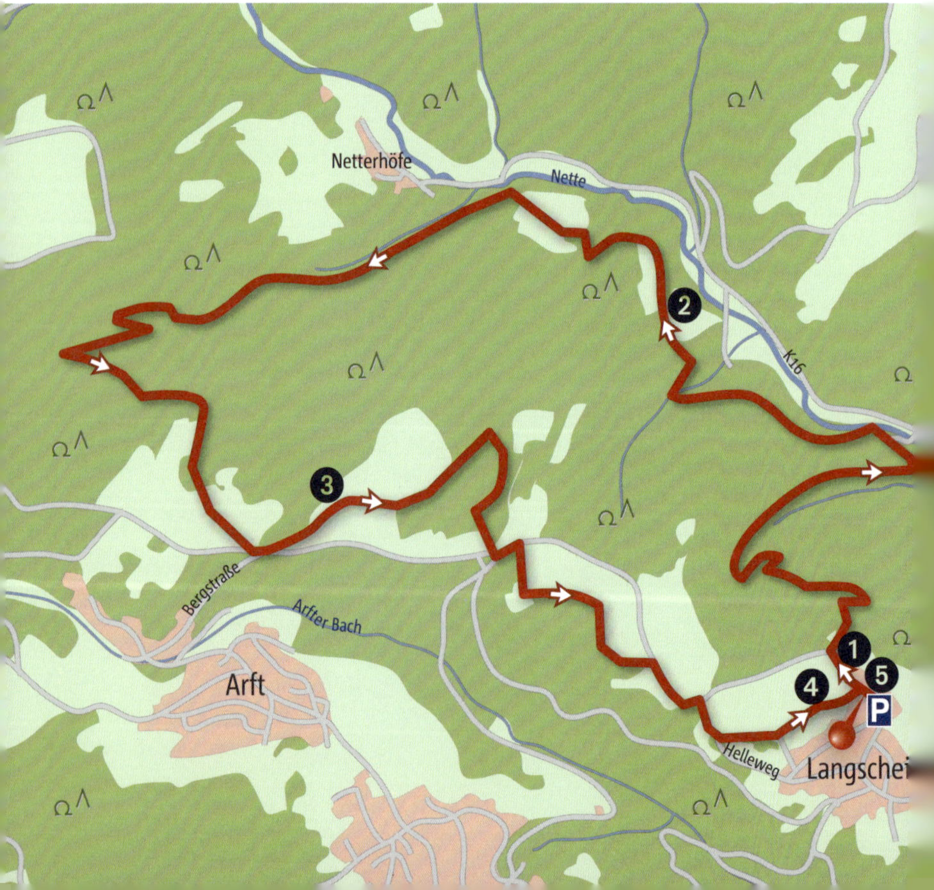

ALLES AUF EINEN BLICK

Entspannung ●●●●●
Abenteuer ●●●○○
Vielfalt ●●●○○

WIE & WANN

Wald- und Wiesenwege, Pfade; beste Wanderzeit von April bis Oktober (besonders zur Blütezeit im Frühjahr und im August/September)

HIN & WEG

Auto: Parkplatz an der Wabelsberger Wacholderhütte, Neuer Weg 16, 56729 Langscheid
ÖPNV: Bus 820 bis Haltestelle Netterhöfe Abzweig, vom Abzweig Richtung Netterhöfe

ESSEN & ENTSPANNEN

5 **Wabelsberger Wacholderhütte,** Neuer Weg 16, 56729 Langscheid, Tel. (0 26 55) 15 77, www.wacholderhuette.de

Abseits der Route empfehlenswert:
Gasthaus Bergmannshütte, In der Eisenkaul 2, 56729 Langenfeld, Tel. (0 26 55) 96 29 97, www.grube-bendisberg.de

ENTDECKEN & ERLEBEN

1 **Heidelandschaft Wabelsberg**
2 **Nettetal**
3 **Heidelandschaft Büschberg**
4 **Heidegarten Wabelsberg**

Abseits der Route sehenswert:
Wallfahrtskapelle St. Jost Langenfeld
Besucherbergwerk Bendisberg, In der Eisenkaul 2, 56729 Langenfeld, Tel. (0 26 55) 96 29 96, www.grube-bendisberg.de

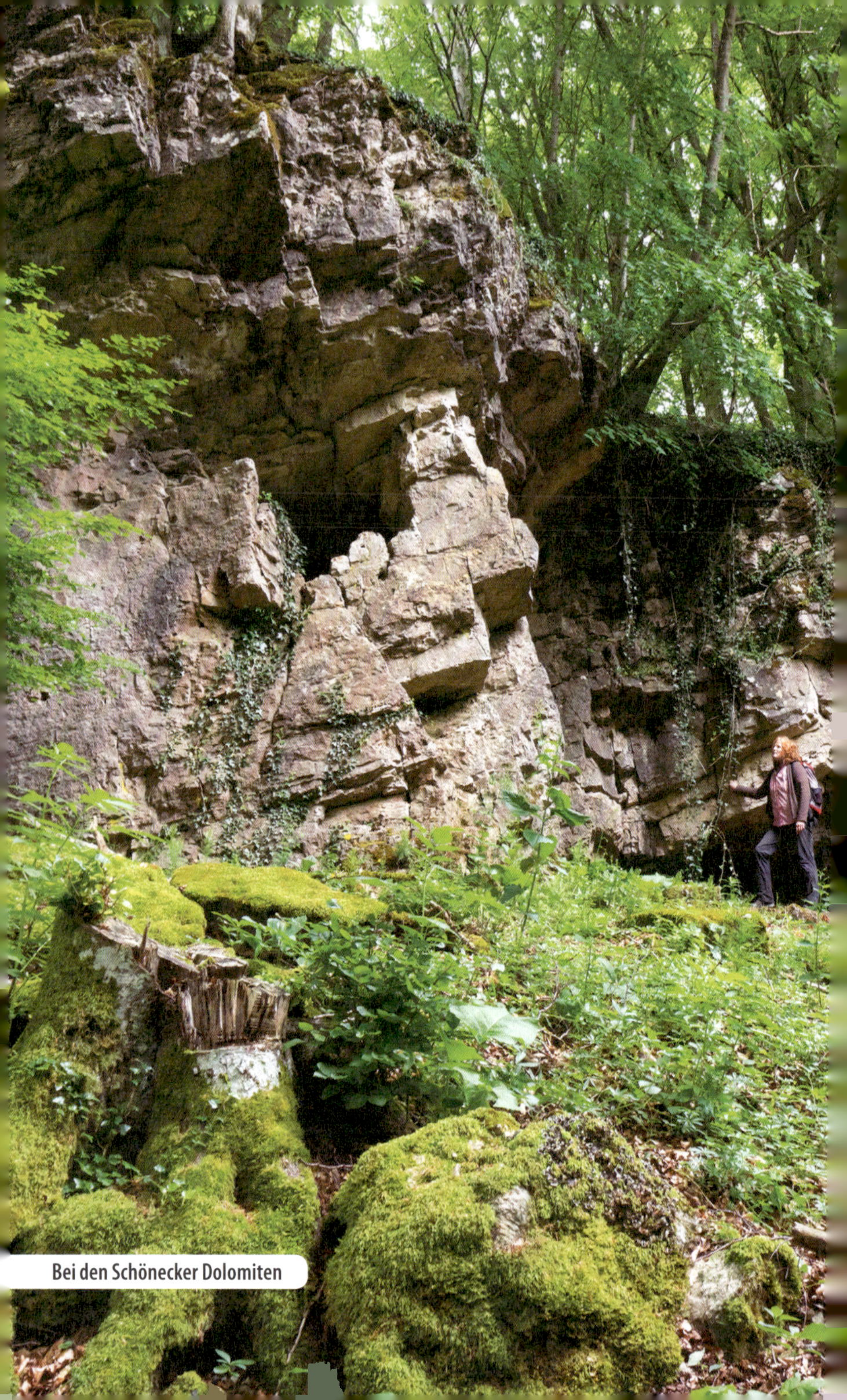

Bei den Schönecker Dolomiten

Blumen & Kräuter

Durch die Täler um Schönecken

Unsere Tour beginnen wir am Wanderparkplatz Nr. 18. Die Route ist mit Schildern markiert, die oben links und unten rechts rote Ecken mit der Bezeichnung **„Prümer Land Tour"** aufweisen, ergänzt um die Ziffer **2.**

Die ersten Schritte legen wir bachaufwärts entlang der **Nims** zurück, nach gut 200 Metern geht es entlang des **Schalkenbachs** weiter.

Im Sommer zeigt sich die Vegetation im Schalkenbachtal üppig, fast überbordend. Doch zuerst überwältigt uns die Jungfernley gleich am Wegesrand, schroffe Felskanten, die sich hoch hinaufrecken, dicht bedeckt mit Farnen, Moosen und Flechten. Eine Schutzhütte duckt sich daneben wie ein Zwergenhäuschen. Einst, so will es uns die Sage glauben machen, soll eine böse Jungfrau in der **❶ Schönecker Schweiz** zu Stein erstarrt sein. Wir setzen uns, obwohl wir erst wenige Meter gewandert sind – vielleicht unter den Blicken der bösen Jungfrau –, und schauen hinüber zur Schusterley auf der anderen Talseite mit nicht minder kantigen Felsen.

*Im Frühjahr breitet sich im auf die Jungfernley folgenden Streckenstück der Duft von **Bärlauch** aus.*

Sanft auf und ab schlängelt sich der Weg gemeinsam mit dem Schalkenbach, samtgrüne Wiesen säumen die Auen, Moschuskraut oder Waldveilchen und Orchideen besiedeln die Ränder unseres Wegs.

Wir queren den **Schalkenbach** und erreichen den **❷ Rastplatz Meyersruh.**

Bänke sind zum Ausruhen da, und so genießen wir die Stille, verweilen einige Minuten und fragen uns gar nicht lange, woher dieser Ort seinen Namen hat: Wer auch immer „Meyer" hieß, er fand hier wirklich Ruhe.

Kilometer: 12,3
Höhenmeter: 241
Stunden: 3,5
RUNDWEG

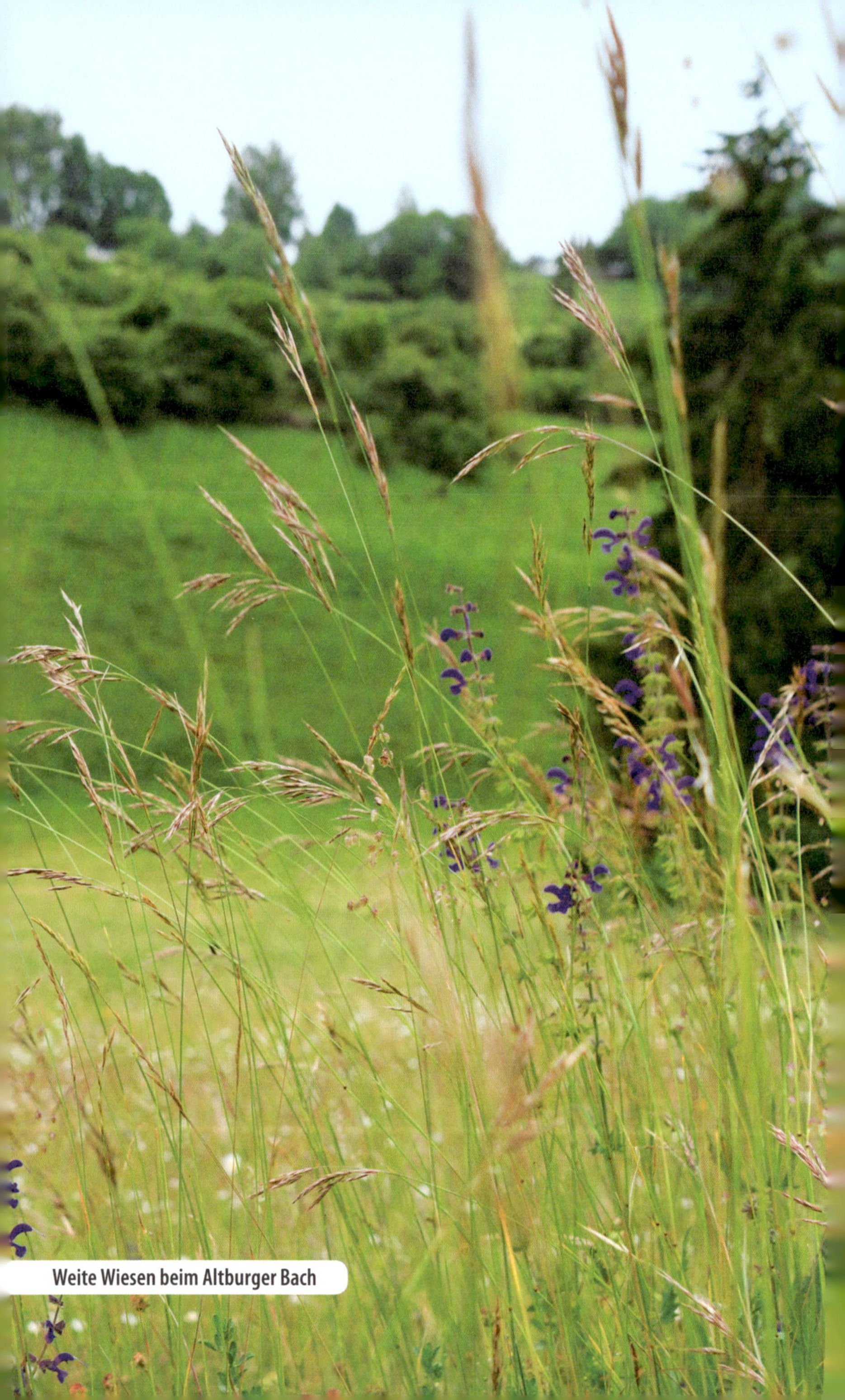

Weite Wiesen beim Altburger Bach

Von der Brücke aus gehen wir weiter bachaufwärts; Storchschnabel und Sauerampfer zu beiden Seiten, Bärlauch sowieso in Hülle und Fülle. Und dazu dieser Duft, der sich intensiv würzig in unsere Nasen schmeichelt. An einer Weggabelung mit Rastbank gehen wir mit dem Schalkenbach geradeaus weiter und entdecken nach einigen Kurven hoch über uns die Hohlley. Eine Informationstafel erzählt uns vom ③ **„Tor zur Unterwelt"**, doch sollten wir nach einem steilen Anstieg die Höhle tunlichst nicht betreten, denn sie dient Fledermäusen als pechschwarzes Quartier.

Für die Seele

Mit Blütenduft und Kräuteraroma ziehen wir entlang des Schalkenbachs und durch das Altburger Bachtal.

Unser Weg wechselt nun zwischen Waldpassagen und offener Wiesenlandschaft, verwöhnt uns mit weichem Gras unter den Füßen und leitet uns zu einer quer laufenden Straße, der wir erst rechts, dann sanft den Hang hinauf folgen. Rechter Hand mustern uns Rindviecher, während wir in weitem Bogen die Viehweide umrunden und rechts auf einen Schotterweg schwenken. Nun wandern wir gut 2 Kilometer mit stetem Blick über die Eifelhöhen entlang an Feldern und Weiden, passieren einen Bauernhof, halten uns am **Ichter Berg** auf Höhe einer Pferdekoppel links, kommen an einer einladenden Rastbank vorbei und tauchen wieder, nun leicht abwärts gehend, in den Wald ein.

Der weiche Waldboden dämpft unsere Schritte, während wir uns in kleinen Kehren und Kurven einer Gabelung nähern. Unser

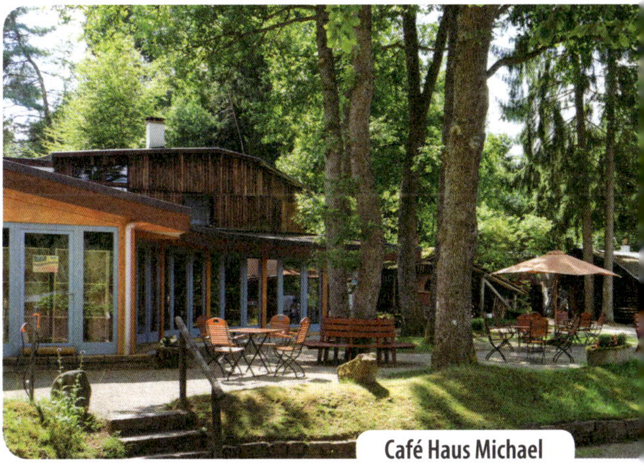

Café Haus Michael

Weg würde nun nach links führen – doch erst wollen wir einen Ausflug zur Keltenfliehburg machen. Daher gehen wir zunächst ein rund 200 Meter langes Wegstück geradeaus weiter und dürfen dann einen Abzweig nach links tiefer in den Wald nicht verpassen. Er bringt uns zu den Überresten der 4 **Keltenburg Niederhersdorf,** die mutmaßlich aus dem 5. Jahrhundert v. Chr. datiert.

Wir wandern zurück zur Weggabelung und dort den Hang hinab zum 5 **Altburger Bach.**

Der Weg wandelt sich im Altburger Bachtal zum Pfad, wir schlüpfen entlang an Felskanten und dicken Brocken und spähen in kleine Höhlen. Schautafeln informieren uns über das Geheimnis der Schwindbäche. Längst sind uns die trockenen Bachbette aufgefallen, wo – so erfahren wir – in Versickerungsstellen das Wasser quasi im verkarsteten Grund abtaucht und später wieder hervortritt.

Die von Wacholderbüschen dominierten Flächen mit Kalkmagerrasen sind ein Tummelplatz für ***Tagfalter*** *wie den Hufeisen-Gelbling oder den Silbergrauen Bläuling, denn diese sind im Raupenalter auf Futterpflanzen wie Wildklee oder Dost angewiesen. 50 Prozent aller in Rheinland-Pfalz vorkommenden Tagfalterarten finden wir hier vor.*

An einer **Holzbrücke** gehen wir geradeaus weiter und tauschen bald darauf den Waldpfad gegen einen grasbewachsenen Weg ein, der uns zurückführt in die offene Tallandschaft des Altburger Bachs. An einer Weggabelung, gerade dort, wo sich auf den Hängen links und rechts die 6 **Wacholderheiden** ausbreiten und Weideflächen unseren Weg begrenzen, gehen wir geradeaus. Wir erfreuen uns an Orchideen, Hyazinthen und Glockenblumen und müssen achtgeben, dass wir nicht den scharf rechts in den Hang hineinführenden Grasweg übersehen.

Weil der Weg recht gemächlich bergauf führt, genießen wir die Wacholderlandschaft mit allen Sinnen und lassen die Blicke über die sanften Talhänge gleiten. Auf dem Plateau halten wir uns links, folgen dem Hauptweg bis zu einem Feldweg, gehen dort wenige Meter links, dann rechts. Wir wechseln auf einen grasbewachsenen Weg nach links, der uns entlang an Sträuchern nach unten trägt. Wieder flanieren wir an Wacholderbüschen und auch einem Steinbruch vorbei und gelangen auf die Talsohle der **Nims.** Nun sind es

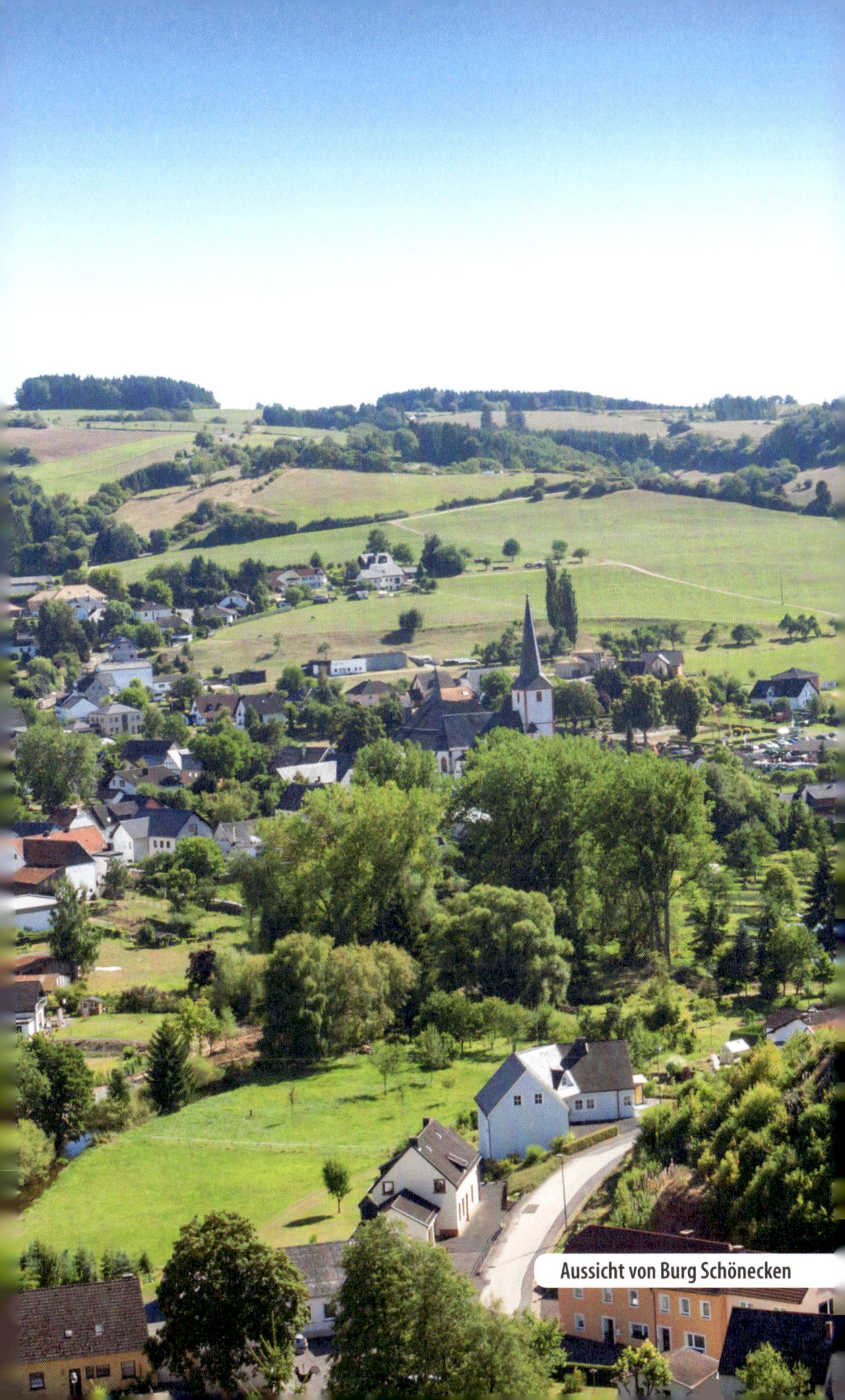
Aussicht von Burg Schönecken

nur noch wenige Schritte, und wir erreichen unseren links liegenden Zielpunkt.

Doch wir wollen unseren Tag an dieser Stelle längst noch nicht abschließen. Zum einen können wir **7 Burg Schönecken** einen Besuch abstatten. Die genaue Geschichte der heutigen Ruine liegt im Dunkeln, doch vermutlich wurde sie im 13. Jahrhundert von den Grafen von Vianden begründet. Später war Schönecken kurtrierische Landesburg, fiel aber 1802 einer Feuersbrunst zum Opfer. Heute gehört die Burg zum Kulturellen Erbe Rheinland-Pfalz. Burg Schönecken war in eine Vor- und eine Hauptburg unterteilt, von dieser sind noch eindrucksvolle Mauerreste vorhanden.

Den Aufstieg zur Burgruine unternehmen wir vom Parkplatz aus, gehen die **Lindenstraße** hinunter in den Ortskern, wenden uns nach links in die **Von-Hersel-Straße** und dann über den **Burgweg** hinauf zur Anlage. Wir streichen zwischen den Burgmauern umher und gewinnen von dort oben traumhafte Aussichten über **Schönecken** zu den verhalten ansteigenden Hügeln.

Um den Tag abzurunden, machen wir uns per Auto auf den Weg ins Künstlerdorf Weißenseifen. Dazu fahren wir nach Schönecken hinein, biegen links ab auf die **L 16** in Richtung Mürlenbach und dürfen kurz vor Mürlenbach die unscheinbare Abfahrt nach **Weißenseifen** nicht verpassen. Wir halten auf dem Parkplatz gleich nach dem Abzweig und gehen die wenigen Meter zu Fuß zu den ersten Gebäuden, die zum „Haus Michael" gehören, einer dort seit 1973 bestehenden heilpädagogischen Heimstätte mit Schule und Werkstätten nach anthroposophischem Menschenbild. Kurz darauf entdecken wir links den Zugang zum **Künstlerdorf Weißenseifen.**

Besonders lebhaft geht es im Künstlerdorf Weißenseifen alljährlich während des Symposiums im Juli und August zu, einer Kunstveranstaltung für bildende Künstler und Laien. Seit 1974 werden in diesem Rahmen regelmäßig Ausstellungen oder Lesungen,

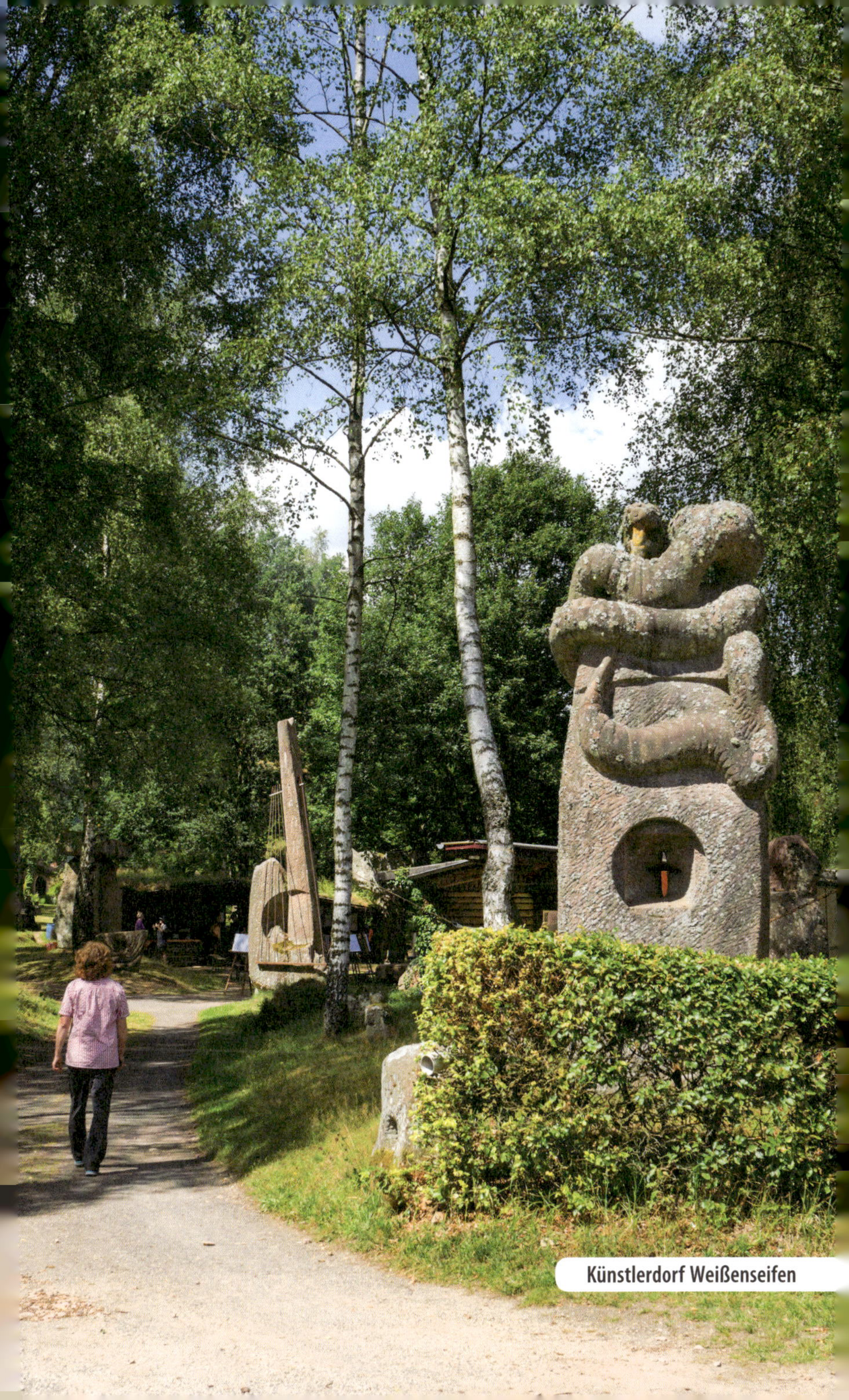

Künstlerdorf Weißenseifen

Ton- oder Malwerkstätten, Bildhauer- und andere Kurse sowie Schreibwerkstätten geboten.

Wir spazieren durch den Skulpturengarten und betrachten die beeindruckenden Objekte wie die Omega-Steine oder das Triptychon mit Pan, Glockenstuhl und Ohr und werfen Blicke in die Werkhalle und die Galerie Pi.

Zum Abschluss verlassen wir das Areal durch den Nordausgang, gehen um das Verwaltungsgebäude von Haus Michael herum und gelangen zum **Café Haus Michael,** das an Sonntagen geöffnet ist und wo wir in einem ansprechenden Ambiente unter Bäumen bei einer Tasse Kaffee oder Tee und Kuchen den Tag ausklingen lassen können.

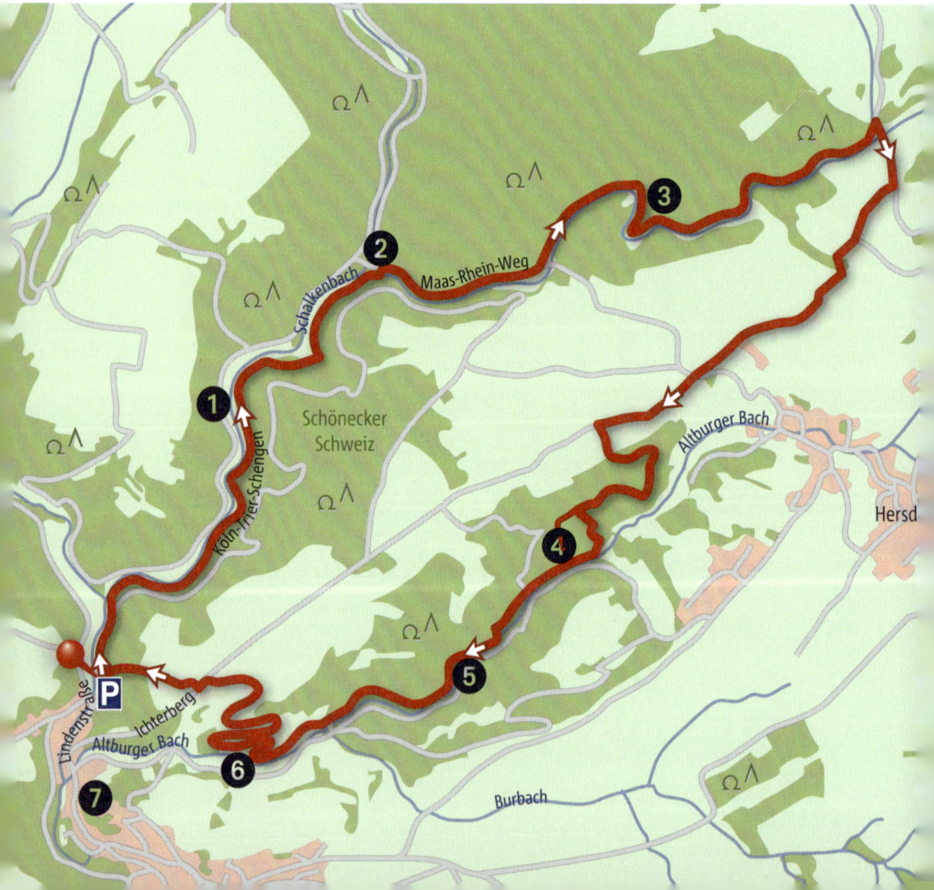

ALLES AUF EINEN BLICK

Entspannung 4/5
Abenteuer 3/5
Vielfalt 4/5

WIE & WANN

Wald, Feld- und Wiesenwege; beste Wanderzeit von April bis Oktober (besonders zur Blütezeit im Frühjahr und Frühsommer)

HIN & WEG

Auto: Wanderparkplatz Schönecker Schweiz, 54614 Schönecken, Lindenstraße
ÖPNV: Bus 411 von Gerolstein nach Prüm; weiter mit Bus 201 von Prüm nach Schönecken ZOB; von dort Zuweg über Nimstalstraße Richtung Ortsmitte, Teichstraße, Alter Markt und Unter der Pfordt in die Lindenstraße, dieser bis zum Wanderparkplatz folgen

ESSEN & ENTSPANNEN

Abseits der Route empfehlenswert:
Café Haus Michael, Dorfstraße 5, 54597 Weißenseifen, Tel. (0 65 94) 92 43 10, www.hm-weissenseifen.de

ENTDECKEN & ERLEBEN

1. **Naturschutzgebiet Schönecker Schweiz**
2. **Rastplatz Meyersruh**
3. **„Tor zur Unterwelt"**
4. **Keltenburg Niederhersdorf**
5. **Altburger Bachtal mit Felsformationen**
6. **Wacholderheiden mit Kalkmagerrasen**
7. **Burgruine Schönecken**

Abseits der Route sehenswert:
Künstlerdorf Weißenseifen, Ansprechpartner: Förderkreis Symposion Weißenseifen e. V., Am Pi 2, 54597 Hersdorf, Anschrift: Förderkreis Symposion Weißenseifen e. V., Bernd Rommerskirchen, Alte Bitburger Straße 3, 54614 Schönecken, www.symposion-weissenseifen.de

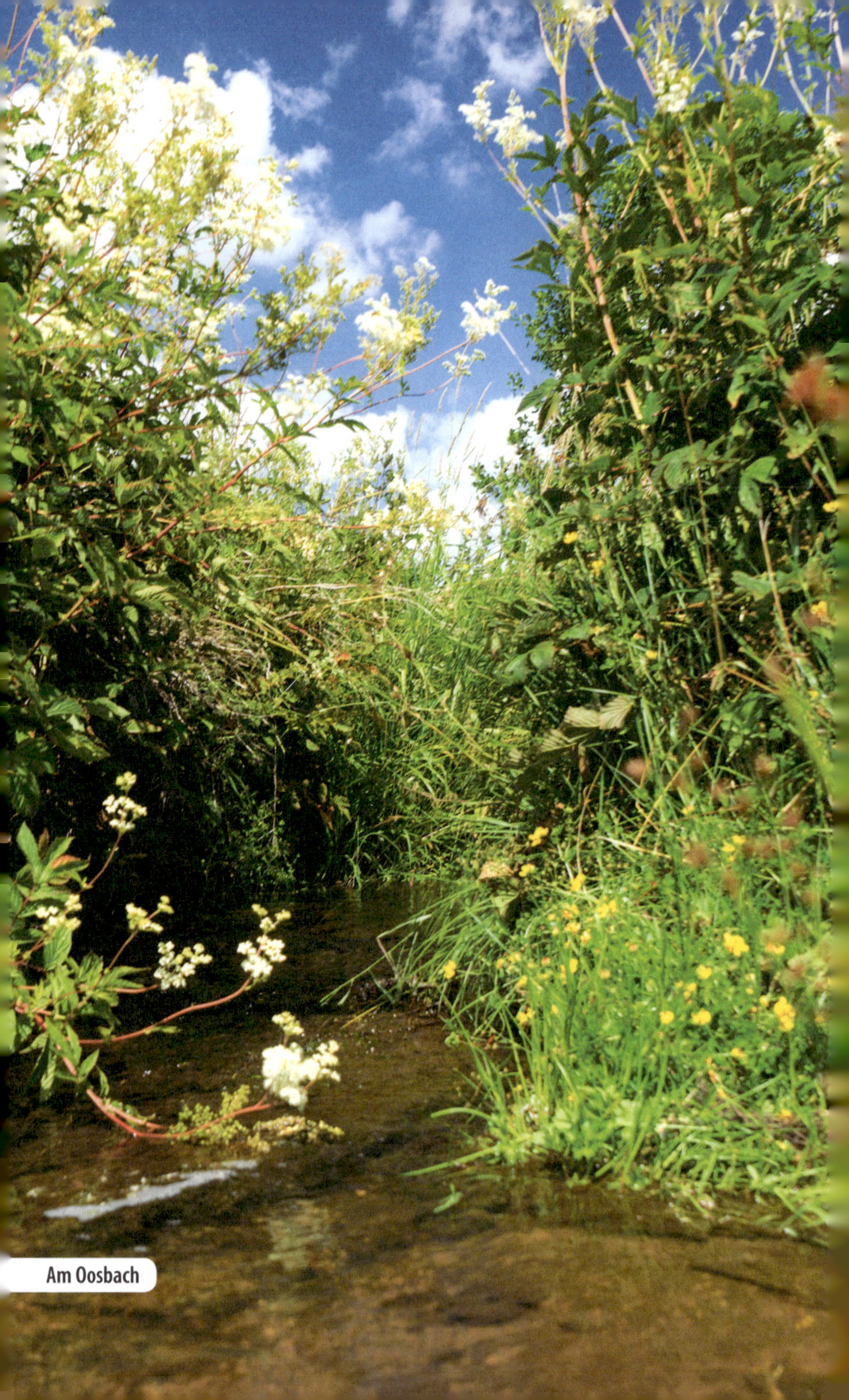

Am Oosbach

Quellen & Vulkane

Rund um Steffeln

Am Parkplatz Vulkangarten gehen wir los. Wir orientieren uns am Wegzeichen „Georundweg Steffeln – Maare + Vulkane“ mit stilisiertem **Maar** auf gelbem Grund. Rechts vom Parkplatz wandern wir einen Feldweg hinauf, der uns geradewegs zum Eingang des ❶ **Vulkangartens** am **Steffelnkopf,** einem einstigen Eifelvulkan, führt. In den vergangenen Jahrzehnten reduzierte der Abbau der Schlacken die Bergspitze um 60 Meter.

Wir steigen auf direktem Weg hinab in die Lavagrube. Am Steffelberg wurden im Mittelalter Mühlsteine aus dem Berg gebrochen. Nach dem endgültigen Ende des Abbaus siedelten sich auf dem nackten vulkanischen Terrain Pflanzen an, die mit dem nährstoff- und wasserarmen Boden zurechtkommen. Weidenbäume, Schlehen und einen Krautsaum entdecken wir im Eingangsbereich, an den Abhängen kleine, schnellwüchsige Pflanzen. Ginster siedelt sich an, in der Sohlenzone auf den nährstoffreichen Auffüllungen Brennnessel oder Hahnenfuß. Unser Blick schwenkt auch hinauf zur Vulkanwand, die sich mächtig über uns erhebt. Mit einem kurzen Ausflug zur Vogel-Beobachtungshütte nahe beim Ausgang schließen wir den Rundgang durch den Vulkangarten ab.

Dann halten wir uns rechts, legen aber noch eine Stippvisite linker Hand zur Schutzhütte mit Rastmöglichkeit ein. Dort befindet sich auch eine Informationstafel **„Eifel-Blicke Steffelberg“,** denn wir können von dieser Stelle aus einige markante Vulkane und andere

Kilometer: 10,7
Höhenmeter: 203
Stunden: 3
RUNDWEG

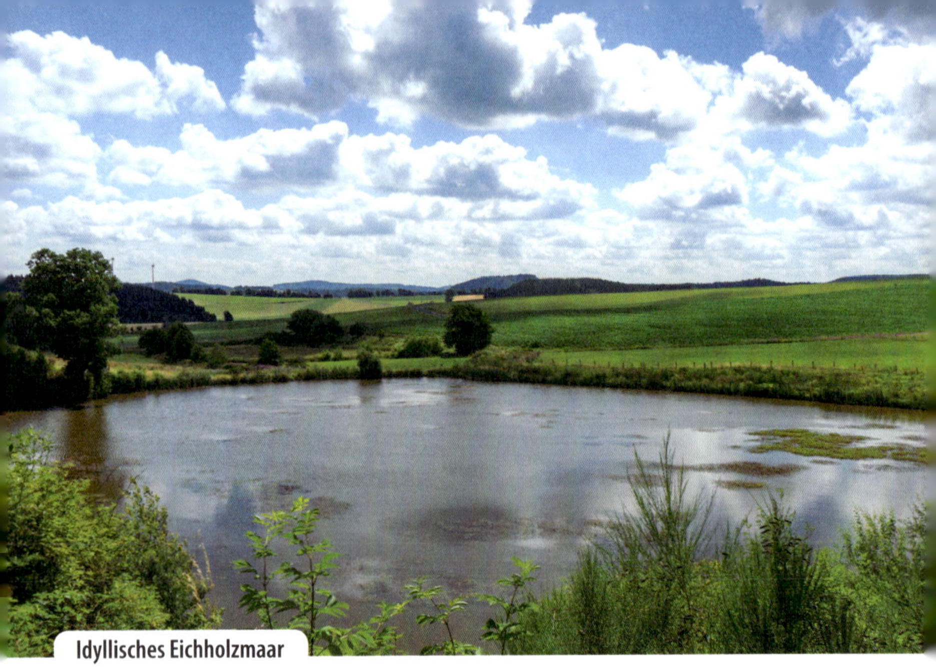

Idyllisches Eichholzmaar

Berge in der Ferne sichten. Einige Schritte weiter entdecken wir am Wegesrand eines von vielen Wegkreuzen auf unserer Tour. Das **Markuskreuz** stammt vermutlich aus dem 16. Jahrhundert.

Zu Beginn des 20. Jahrhunderts wurde das ***Maar*** *trockengelegt, von 2007 bis 2008 jedoch renaturiert, sodass eine rund 1,1 Hektar große Wasserfläche entstand. Das ganze Jahr über lassen sich nun Wasser- und Wiesenvögel beobachten; eine Schautafel des NABU zeigt auf, welche Vogelarten in den letzten Jahren gesichtet wurden.*

Vom Vulkangarten wenden wir uns einem leicht abschüssigen, grasbewachsenen Weg zu, der uns erst durch Wald und an mächtigen Steinbrocken vorbei, dann in die offene Felderlandschaft führt. Wir queren ein asphaltiertes Wegstück und bald den Oosbach, stoßen auf einen Feldweg, an dem wir uns nach links wenden, und bald auf einen befestigten Weg, mit dem wir nach rechts gehen. Rund 100 Meter weiter erreichen wir eine Kreuzung. Nun halten wir uns links, wandern auf mit Gras bedecktem Untergrund erst leicht bergauf, dann hinab zum 2 **Steffelner Drees,** flankiert von weitläufigen Weiden und Hecken.

Wir kosten vom kohlensäure- und eisenhaltigen Wasser der Mineralquelle und genießen die Abgeschiedenheit des Orts, der inmitten einer idyllischen Senke liegt.

Nach der Rast setzen wir unseren Weg durch ein Spalier von Hecken fort. Wir brauchen nicht lange und erreichen das ❸ **Eichholzmaar,** wandern im Uhrzeigersinn bis zu einem Beobachtungsturm und lassen uns von diesem malerisch ruhenden Gewässer verzaubern.

Eichen, Ulmen und Haselnusssträucher biegen ihre Äste weit über das im Sonnenlicht glitzernde Eichholzmaar, während wir auf einer Rastbank oberhalb des Wassers unsere Beine ausstrecken. Wir schauen hinab auf die stille Oberfläche und weiter über die von Wiesen und Viehweiden geprägte Landschaft mit ihren sanften Hügeln. Fast scheint sich unser eben noch vom Wandern eiliger Atem der Natur anzupassen und nun ruhiger zu fließen.

Für die Seele

Mit vollen Händen schöpfen wir Quellwasser und finden Ruhe am verträumten Eichholzmaar.

Wir wandern um das halbe Maar herum und nehmen einen schmalen Grasweg, der uns zügig zur **L 24** leitet. Wir überqueren die Straße und folgen einem herrlich schmalen Pfad durch Auenwald zum ❹ **Aueler Drees.** Weil diese Quelle abgedeckt ist, können wir uns nicht am Wasser laben. Wir setzen unseren Weg über eine Holzbrücke fort, die uns aus dem Wäldchen auf einen samtweichen Wiesenweg führt.

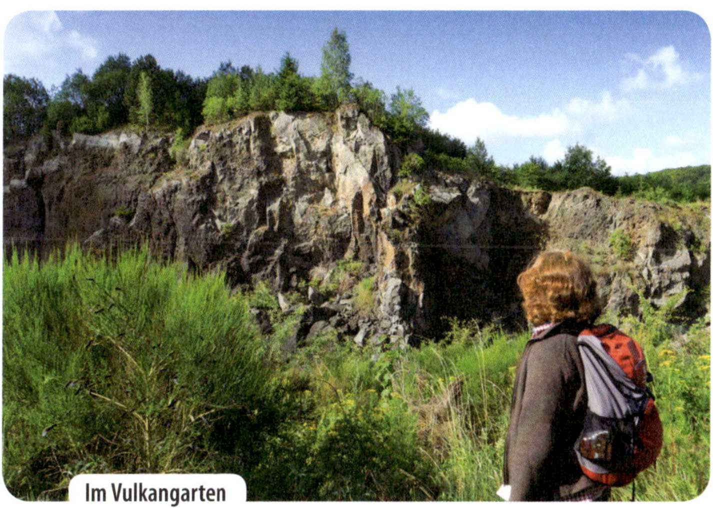

Im Vulkangarten

Wir stoßen bald auf einen Feldweg, folgen ihm nach links und wandern auf dem Hauptweg bis zur 5 **Römischen Ausgrabungsstätte Weiermühle.** Wir sehen die Nachbauten einer römischen Villa. An das Gräberfeld bei der Villa erinnert die Skulptur eines gewaltigen Greifenkopfs, der einst ein Grabmal zierte. Ein Sitzkreis wurde aus Sandsteinen der römischen Grabsteine hergestellt, die noch alte Bearbeitungsspuren aufweisen, ein römisches Speichergebäude wurde nachgebildet. In dessen Innerem finden wir nicht nur Informationsmaterial, sondern auch Rekonstruktionszeichnungen und Reliefköpfe. Die Villa wurde am Anfang des 1. Jahrhunderts n. Chr. gebaut; ab 2002 wurde sie einschließlich zweier großer Grabdenkmäler ausgegraben. Ein Kräutergarten rundet das beeindruckende Ensemble ab.

Links an der Ausgrabungsstätte gehen wir auf einem Wiesenpfad zunächst in Richtung Weiermühle, wenden uns auf einem quer laufenden Feldweg aber nach links, noch bevor wir die Mühle erreichen, und queren bald danach den **Oosbach.** Auch wenn wir es nicht bemerken, befinden wir uns mitten im 6 **Duppacher Weiher,** denn dieser wurde bereits 1930 trockengelegt. So gelangen wir, ohne nasse Füße zu bekommen, aus dem ehemaligen Maarkrater heraus, wandern an Wäldchen und Feldern entlang und lassen dabei den Oosbach nicht aus den Augen, bis unser Weg einen scharfen Rechtsknick einlegt und über die ruhige Landstraße das Dörfchen **Auel** erreicht.

Über **Am Tieferbach** treffen wir auf die **Hauptstraße.** Zwischendurch entdecken wir an einigen markanten Gebäuden wie dem 1818 erbauten Haus „Kolosse" Plexiglasschilder, auf denen kurz die jeweilige Namensherkunft erläutert wird. An der Hauptstraße halten wir uns links, werfen noch einen Blick auf den heiligen Nepomuk, der die Brücke über den Tieferbach beschützt, und trauen unseren Augen nicht, als ein Schildchen darauf hinweist, dass selbiger 1951 von

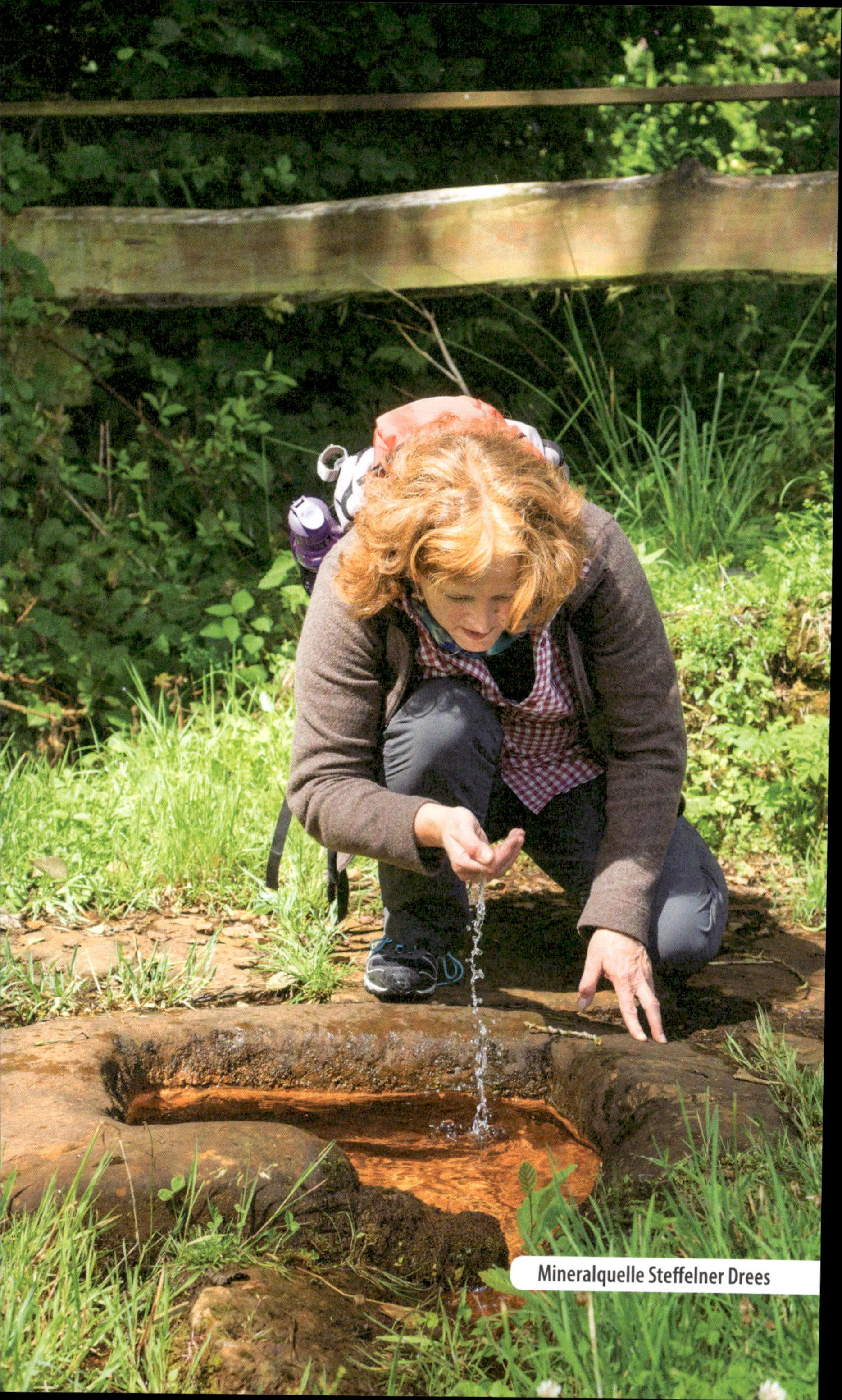

Mineralquelle Steffelner Drees

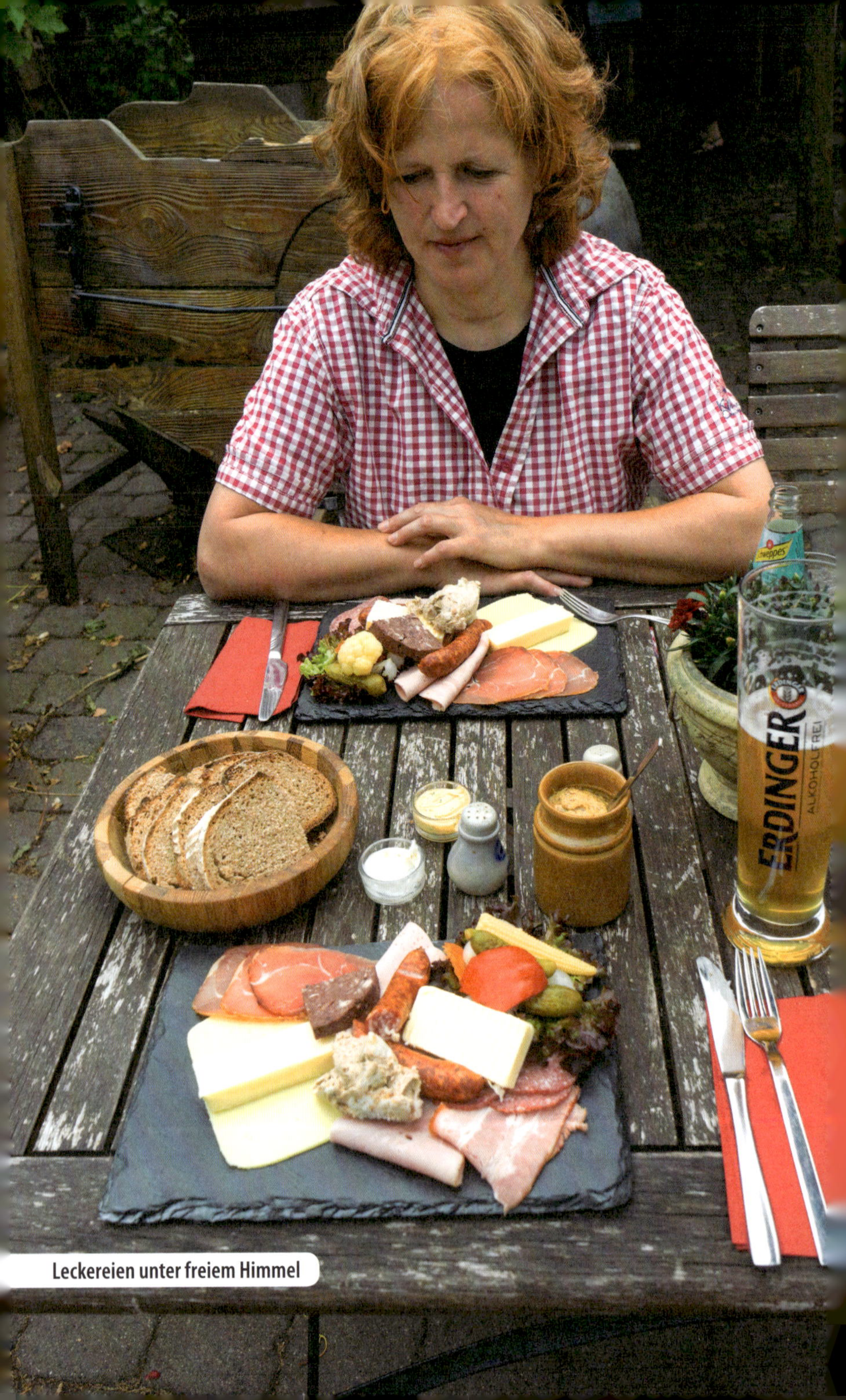

Leckereien unter freiem Himmel

einem Holzauto zerstört wurde. Da hätte er wohl selbst einen Schutzpatron gebraucht.

Nach der Brücke wandern wir links auf einem Grasweg, dem wir bis zur Straße **Am Killenberg** folgen. Wir überqueren sie und folgen dem Weg rund 500 Meter einen Berg hinauf.

Den Abzweig nach links dürfen wir nicht übersehen – er bringt uns über weichen Wiesengrund quer zwischen den Feldern nach **Steffeln.** Rechts von uns sehen wir auf der Anhöhe **Wahlhausen** abseits unserer Strecke die gleichnamige Wallfahrtskapelle, während wir links den Tuffring mit dem ehemaligen Steinbruch am Killenberg erkennen.

In Steffeln gelangen wir auf die **Lindenstraße,** die wir rechts in den Ort hinuntergehen. Bevor wir rechts den **Kirchweg** hinaufsteigen, betrachten wir rechter Hand das 1556 erstmals erwähnte **ehemalige Pfarrhaus,** das heute der Akademie Bildende Kunst Vulkaneifel als Stätte dient.

Weiter den Kirchweg hinauf nähern wir uns der katholischen **7 Pfarrkirche St. Michael,** die auf einem mächtigen Palagonitfelsen thront. Die Kirche steht am selben Ort wie eine einstige Burg der Grafen von Hochstaden, der heutige Kirchenbau wurde im frühen 18. Jahrhundert errichtet.

Von der Kirche steigen wir einige Treppen hinunter, schauen uns das teilweise in den Tufffelsen gebaute alte **Backhaus** an und gehen über den **Marienweg** in die **Bohnengasse.** Wir queren die **Hochstraße,** stoßen auf die **Waldstraße,** passieren eine Grotte am Hang und wenden uns kurz vor der **K 52** links auf einen schmalen Weg. Der bringt uns erst leicht ansteigend, später dann hinablaufend zwischen Wiesen zum Zielpunkt, wobei wir einige schöne Ausblicke über Steffeln hinaus genießen.

Im Anschluss suchen wir die **Historische Wassermühle Birgel** auf. Dazu fahren wir die **K 52** in Richtung **Steffeln,** über die **L 24/Hochstraße** bis zum Ortsausgang, links in die **L 25/Lindenstraße,** der wir über **Lissendorf** bis **Birgel** folgen. In Birgel dann links in die **Mühlenstraße,** Parkplätze finden wir rechts.

Etwas ungewöhnlich, aber zur Mühlenbesichtigung außerhalb der Führungen wird uns ein Schlüssel in die Hand gegeben. Nacheinander können wir so auf eigene Faust die vier Mühlen besuchen.

In der Senfmühle dringt uns herzhaft-scharfer Geruch in die Nase, hier und in den anderen Mühlen werden noch Produkte frisch hergestellt, die wir im angeschlossenen Laden erstehen können.

Wir schauen ins alte Backhaus und bewundern die Sägemühle. Zum Abschluss genießen wir auf dem Areal eine deftige Mahlzeit unter freiem Himmel im **Wirtshaus zum Sägewerk.**

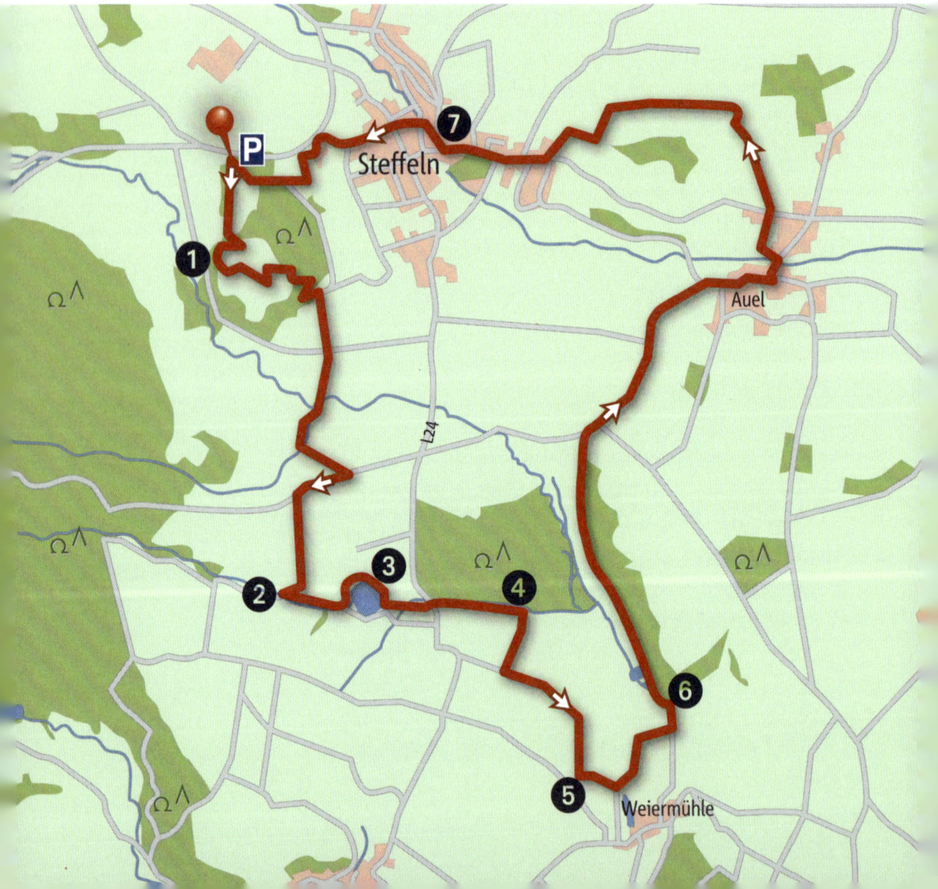

ALLES AUF EINEN BLICK

Entspannung 5/5
Abenteuer 3/5
Vielfalt 4/5

WIE & WANN

Wiesen- und Feldwege, Pfade, wenige asphaltierte Wege; beste Wanderzeit von April bis Oktober

HIN & WEG

Auto: Wanderparkplatz am Vulkangarten, K 52, 54597 Steffeln
ÖPNV: Bus 522 von Gerolstein Bf nach Steffeln

ESSEN & ENTSPANNEN

Abseits der Route empfehlenswert:
Wirtshaus zum Sägewerk in der Historischen Wassermühle Birgel
(Adresse wie Historische Wassermühle Birgel, siehe „Entdecken & Erleben")

ENTDECKEN & ERLEBEN

1. **Steffelnkopf mit Vulkangarten**
2. **Mineralquelle Steffelner Drees**
3. **Eichholzmaar**
4. **Aueler Drees**
5. **Römische Ausgrabungsstätte Weiermühle**
6. **Duppacher Weiher**
7. **Pfarrkirche St. Michael**

Abseits der Route sehenswert:
Historische Wassermühle Birgel, Mühlenstraße 1, 54587 Birgel,
Tel. (0 65 97) 9 28 20, www.muehlebirgel.de

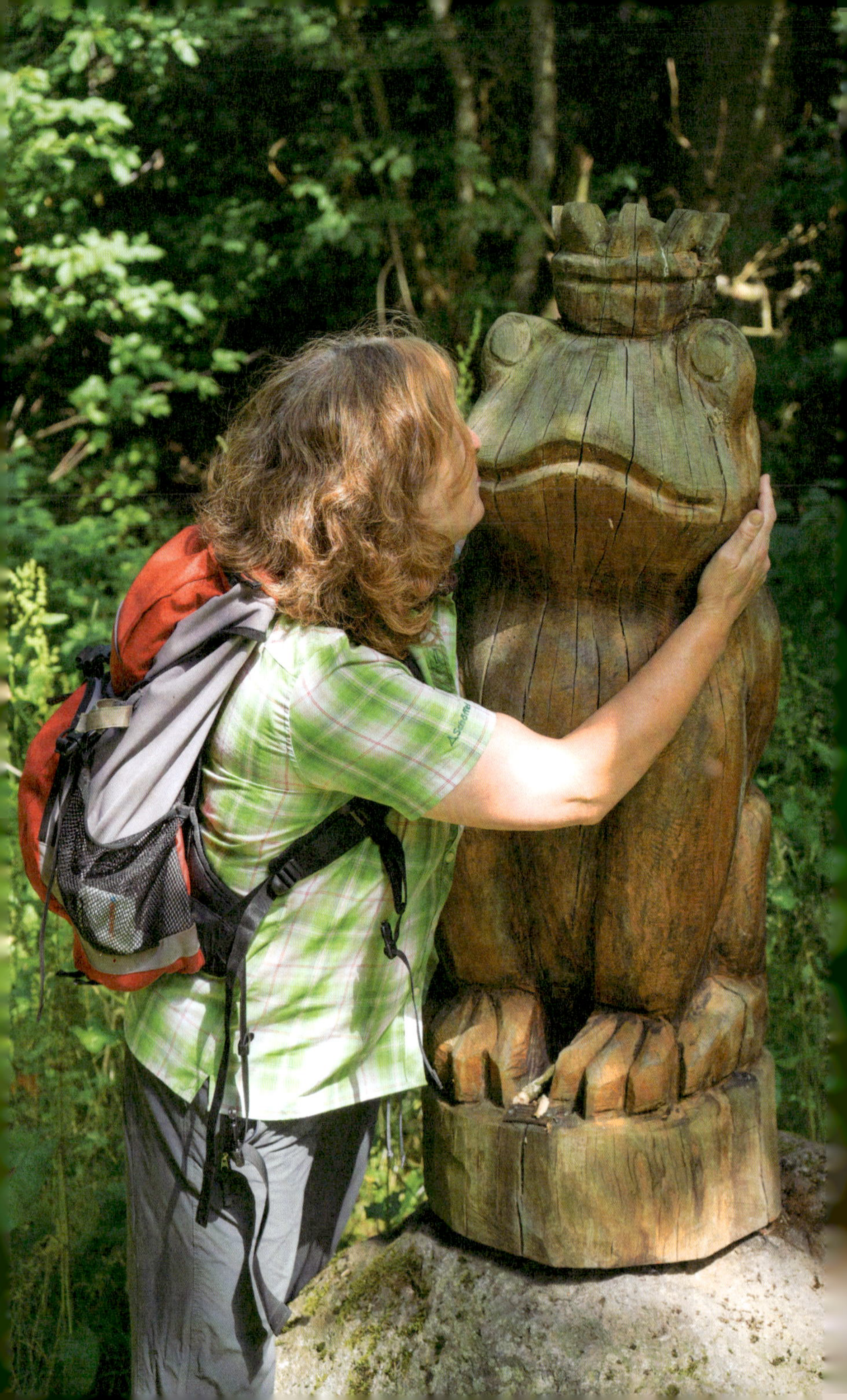

Märchen & Maare

Auf dem Määrchen-Naturwaldpfad

Bei unserer fantastischen Wanderung erkunden wir auf dem „Määrchen-Naturwaldpfad“ nicht nur drei kleine Maare, die Määrchen, sondern lesen auch zauberhafte Märchen wie das von den zwei alten Buchen. Es ist keltischen Ursprungs, und wir hören darin von Traude und Praude. Eng umschlungen harren sie im Wald aus, bis sie sich des Abends endlich an einem Kaminfeuer im nahen Haus wärmen können. Zu Lebzeiten nämlich zeigte sich Praude knauserig den Ärmsten gegenüber. Was es damit sonst noch auf sich hat, erfahren wir aber erst auf dem Määrchenweg.

Gleich am **Parkplatz Holzmaar** richten wir unser Augenmerk auf einen Totempfahl, der uns den Weg weist, und erspähen rechter Hand die Holzskulptur der „Hetschenkönigin“. Der **Froschkönig** mit seiner kleinen Krone begleitet uns als Markierungszeichen auf dem Määrchenweg.

Auf weichem Wiesenpfad entdecken wir nach kaum 100 Metern das erste Märchen: „Die barmherzige Eiche“, dessen Seiten wir nacheinander aufschlagen und lesen.

An der folgenden Weggabelung wählen wir die linke Route, die uns mitten hinein in den verwunschenen **1 Auenwald** führt. Die Region um den Sammetbach, den wir bald über eine urige **Holzbrücke** queren, wurde vor einigen Jahren renaturiert, der Auenwald wird sich selbst überlassen. Der Pfad zeigt sich darum von Wurzeln durchzogen und verschlungen, und manchmal wird es sogar abenteuerlich, wenn wir den richtigen Weg suchen.

Kilometer: 4,2
Höhenmeter: 54
Stunden: 1,5
RUNDWEG

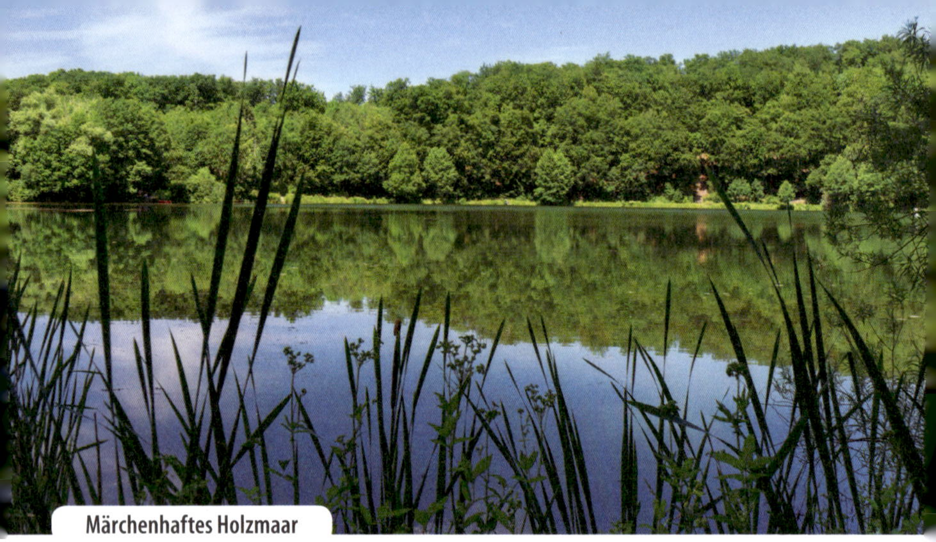

Märchenhaftes Holzmaar

Nach der Holzbrücke halten wir uns rechts, wandern durch die verträumte Bachlandschaft und überwinden den Sammetbach ein zweites Mal. Zwischen Buchen, Eichen und Fichten treffen wir hier und da auf kleine Hinweistafeln, die unser Augenmerk auf Besonderheiten am Bachlauf lenken wie das „alte Bachkorsett“. Der Sammetbach und seine Zuflüsse wurden von den Rohrdurchlässen befreit, der Bach erhielt sein altes Bett zurück. Wir schließen auch Bekanntschaft mit der „Fichtenbaumelfe“. Überhaupt regen ineinander verschlungene und krumm gewachsene Bäume unsere Fantasie an, welche Wesen wohl des Nachts hier umherstreifen könnten.

Bald gehen wir einen breiteren Waldweg nach links und verharren am Märchenbuch zu „Die zwei alten Buchen“. 100 Meter darauf dürfen wir zur Linken einige in den Boden eingelassene Treppenstufen nicht übersehen. Wir steigen hinab. Später werden wir den Weg, der geradeaus führt, vom Hügel hinabwandern und wieder hier ankommen.

Erneut umfängt uns der verwunschene Auenwald. Am Bachufer entlang geht es über Stock und Stein, dann queren wir einen Steg, nach dem wir das Wäldchen hinter uns lassen. Während wir uns nach rechts orientieren, umgeben uns Feuchtwiesen. Gut 100 Meter weiter, wenn uns der Pfad nach rechts lenkt, tauchen wir erneut in den Wald ein. Nach dem nächsten Steg streifen wir auf einem wurzeligen Weg an einer Holzskulptur vorbei und lassen bald darauf die Waldung hinter uns.

Wir queren eine ausladende Wiese. Dabei halten wir uns an einem eingezäunten Areal rechts und treffen nach knapp 100 Metern auf ein Waldstück. Dort orientieren wir uns am Feldweg rechts und gehen entlang an **2 Kräuterwiesen** und Äckern einen sanft ansteigenden Hügel hinauf.

Für die Seele

Auf märchenhaften Pfaden wandeln wir um drei stille Maare herum.

Nach rund 200 Metern stoßen wir auf einen Schotterweg, den wir aber sofort nach rechts verlassen. 20 Meter weiter halten wir uns an einem Holzpfosten links und streben auf das **3 Hetsche Maar** zu. Mit seinen 60 Metern Durchmesser und 5 Metern Tiefe ist es das kleinste und älteste der drei Maare auf unserer heutigen Tour, und längst ist es verlandet. Als Feuchtbiotop mit Binsen und Seggen dient es unter anderem Laubfröschen als Domizil.

Am linken Uferrand wandern wir durch ein Feld voller Kamillen zum nächsten Märchenbuch: „Der Schatz des Krötenkönigs". Danach haben wir noch ein

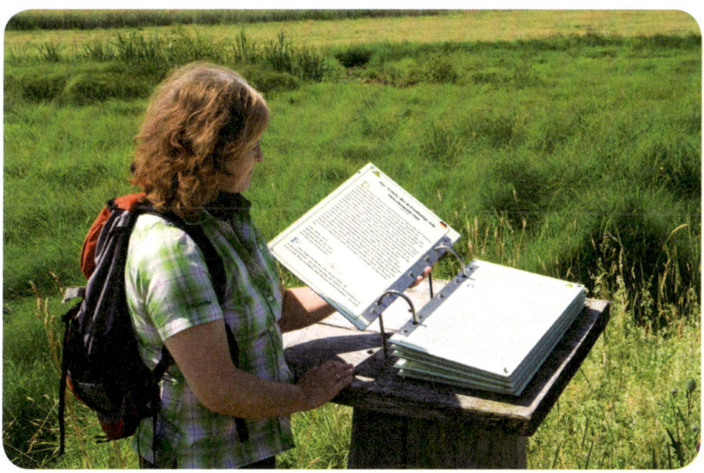

*Seit vielen Jahrtausenden verlandet das **Dürre Maar,** bildet ein buckliges, von einer 10 Meter dicken Torfschicht bedecktes Hochmoor, in dem sich seltene Schmetterlings- und Libellenarten, Sonnentau und weinrote Moosbeeren wohlfühlen.*

kurzes Stück bis zum Waldrand zu gehen, wo wir uns auf dem Feldweg rechts halten, bis wir nach rund 150 Metern einen schmalen Pfad zwischen den Bäumen ausmachen. Gleich darauf sichten wir zwischen den Bäumen das ④ **Dürre Maar.**

Unterwegs bemerken wir nicht nur eine Hinweistafel zum Sturm Xynthia, der 2010 seine Spuren hinterlassen hat, sondern auch die nächste Märchentafel mit „Wie alles begann". Später bleiben wir auf Sichtweite des Maars bis zu einer **Wanderhütte,** an der wir eine Rast einlegen. Unser Blick ruht sich auf dem friedlichen Maar aus, das Sonnenlicht zeichnet Konturen in die saftig grüne Landschaft, und uns nimmt die Stille ringsum gefangen.

Unser Weg bringt uns rechts am Waldrand entlang, und gemächlich steigt er an, bis wir rund 300 Meter nach der Schutzhütte an einem Wegpfosten links wieder in den Wald eintauchen. Auf einem wurzeligen Pfad stapfen wir talwärts, passieren dann die Stelle mit den Treppenstufen, an dem sich unsere Route vorhin teilte, und sehen kurz darauf wieder das Märchen von den zwei alten Buchen.

Nun erreichen wir rund 50 Meter weiter eine Weggabelung, an der wir uns geradeaus halten, also von der Strecke des Herwegs abweichen. So stoßen wir auf weitere Hinweistafeln, die uns sonst entgangen wären – wie die zur „Fledermauswohnung", die wir mit wachen Augen hoch über uns im Baum entdecken. An einer Weggabelung lenken wir unsere Schritte nach links und erreichen nach kurzer Zeit den **Parkplatz.**

Aber noch wartet etwas Besonderes auf uns: das ⑤ **Holzmaar.** Dazu überqueren wir die **K 29.** Durch das dichte Laub glitzert die Oberfläche des verträumten Maars. Nach wenigen Metern bietet uns eine übers Wasser reichende Holzplattform eine schöne Aussicht auf das Wasser. Auf einem schmalen Weg umrunden wir das sanft zwischen Hängen eingebettete Holzmaar im Uhrzeigersinn, ruhen uns hier und da auf einer der

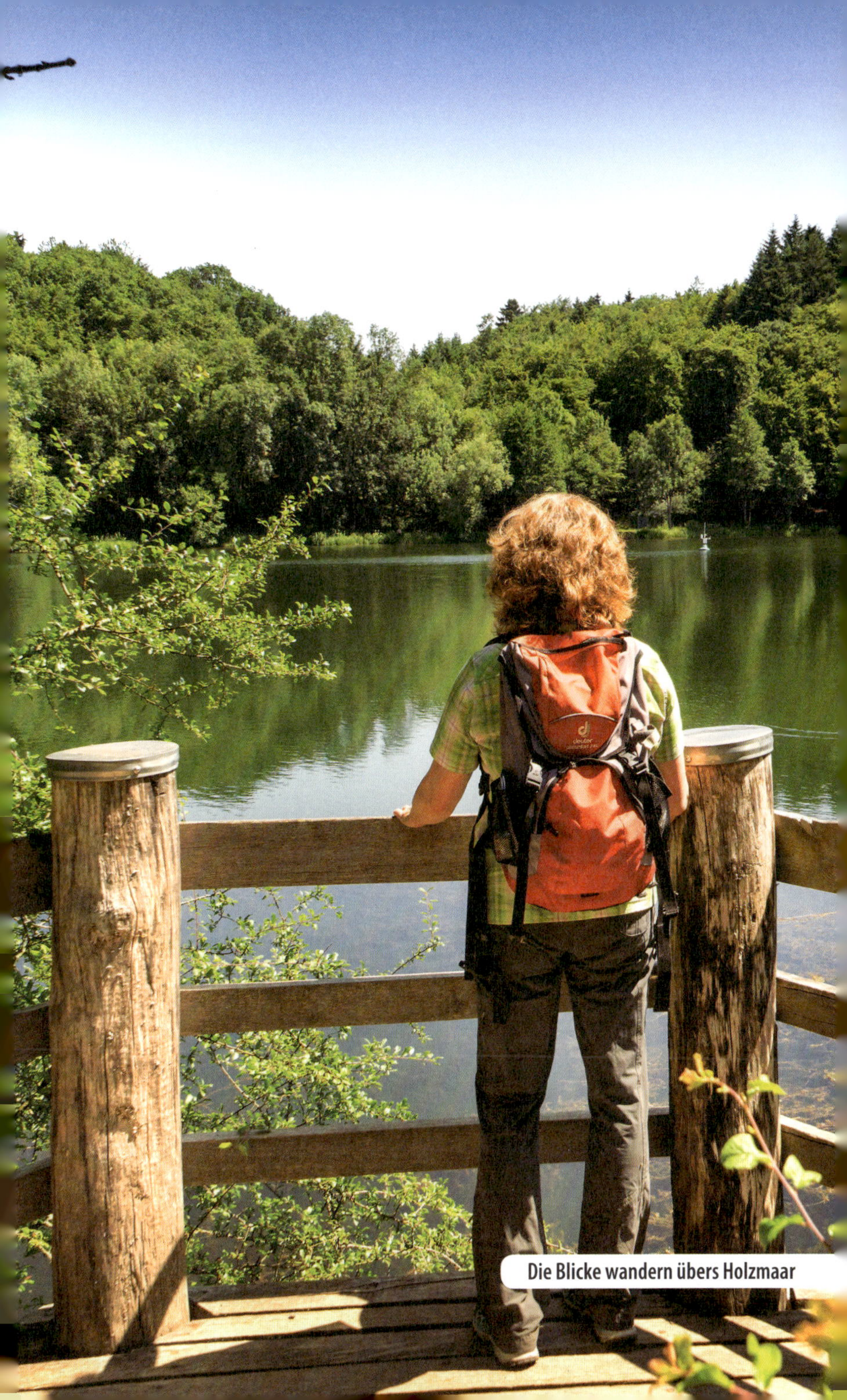

Die Blicke wandern übers Holzmaar

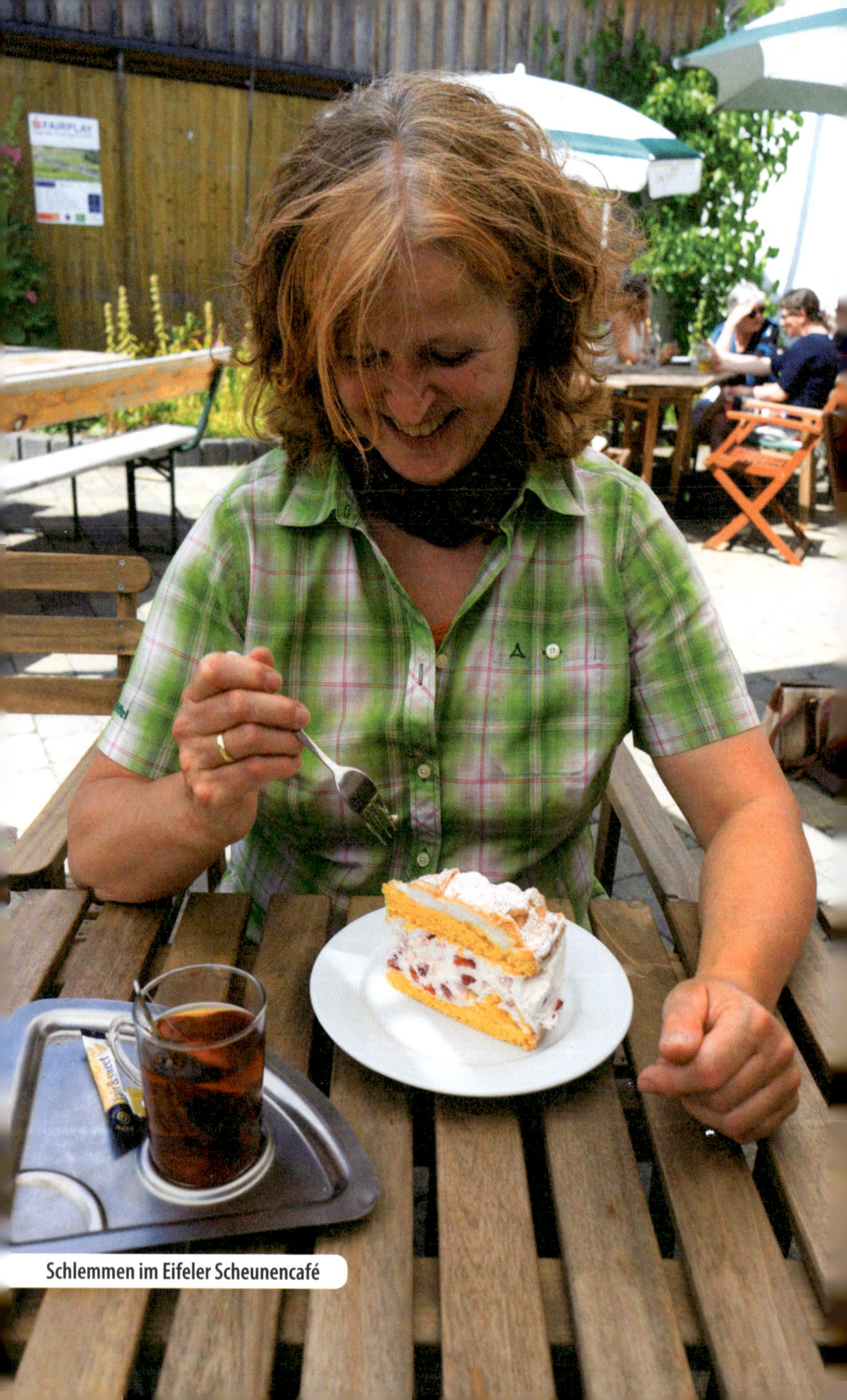

Schlemmen im Eifeler Scheunencafé

vielen Rastbänke unter dem Blätterdach der Buchen aus. Dabei beobachten wir vielleicht die Angler, die sich das fischreiche Gewässer mit zehn Fischarten wie Hecht, Aal, Barsch oder Brachse zunutze machen, oder entdecken einen Haubentaucher, der ihnen gerade einen Fisch vor der Nase wegschnappt.

Das letzte Märchen „Als das Holzmaar ausbrach" entführt uns noch einmal in vergangene Zeiten, bevor sich dann der Uferbereich weitet. Pflanzen haben sich im südlichen Areal ihr Revier erobert, denn hier verlandet auch das Holzmaar.

Wir schließen unsere märchenhafte Wanderung ab, indem wir die **K 29** ein zweites Mal überqueren und wieder zum **Parkplatz** gelangen.

Unseren Tag wollen wir noch abrunden. Wir fahren zurück auf die **K 16,** dort links in Richtung **Gillenfeld,** weiter über die **Holzmaarstraße** bis zum Abzweig Vulkanstraße. Wir fahren rechts in die **Vulkanstraße** und erreichen am Ortsausgang auf der linken Seite die **Vulkanhof-Ziegenkäserei.**

Im kleinen, aber feinen Hofladen fällt uns die Wahl zwischen den vielen Frischkäsen wie „Pinien-

*Im lauschigen Hof der Ziegenkäserei können wir uns einen **Probierteller** mit den favorisierten Käsespezialitäten servieren lassen. Die Wahl, welche Sorten man mit nach Hause nimmt, fällt hiernach nicht unbedingt leichter, denn alles schmeckt vorzüglich.*

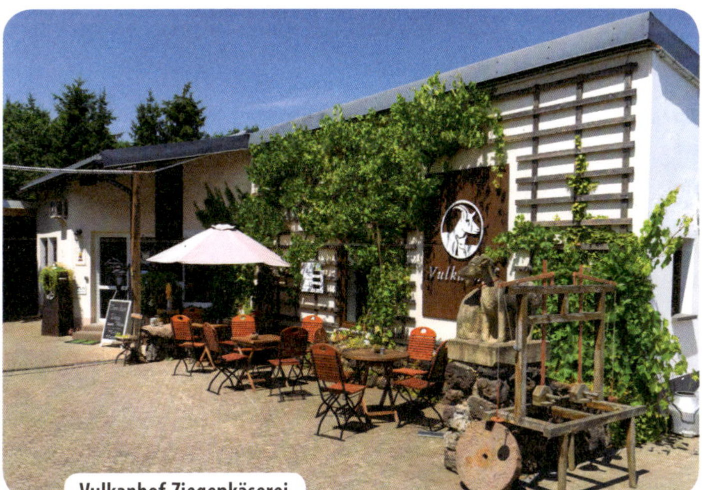

Vulkanhof-Ziegenkäserei

Asche“ und „Ringelblume“ oder den Weichkäsen mit „Bärlauch in Öl“ und „Rotschmiere, Trester und Weinblatt“ schwer.

Und vielleicht legen wir noch einige der köstlichen Pralinen in unseren Einkaufskorb, eine Kombination aus Ziegenkäse und belgischer Pralinenkunst.

Ebenfalls in Gillenfeld versteckt sich das **Eifeler Scheunencafé** etwas abseits der **Holzmaarstraße.** Kurz vor dem Marktplatz fahren wir in die Straße **Im Wiesenthal,** gleich darauf in das Gässchen **Im Gänspech,** um fast an dessen Ende den nicht markierten Parkplatz des Scheunencafés zu finden. Bei schönem Wetter wählen wir natürlich einen der Sitzplätze draußen vor dem herrlich hergerichteten Café. Die Innenräume, die sich über zwei Stockwerke erstrecken, laden aber genauso zum Verweilen ein.

Im Scheuencafé schmeckt der selbst gebackene Kuchen vorzüglich. Wer es herzhafter mag, greift zum Flammkuchen oder einem vegetarischen Gericht.

Die Alternative für den kulinarischen Teil unseres Ausflugs sind **Landgasthaus und Geflügelhof Janshen.** Wir fahren rechts in die **Holzmaarstraße,** weiter über die **Pulvermaarstraße** auf die **K 14,** passieren das Pulvermaar und biegen kurz vor der Einmündung in die B 421 links auf die **K 20** in Richtung **Ellscheid.** Am Ortseingang sehen wir rechts den Hof Janshen, den wir über den **Moselweg** erreichen.

Im gut sortierten, stilvoll eingerichteten Hofladen führt Familie Janshen nicht nur eigene Produkte wie hausgemachte Nudeln, frische Eier oder Geflügelfleisch, sondern mit Säften, Wurstwaren oder Brotbackmischungen auch regionale Erzeugnisse.

Im angeschlossenen Landgasthaus dreht sich natürlich vieles ums Federvieh.

Vor oder nach der Wanderung? Das ist die Frage, wenn wir an einer Führung in der Eifeler **Glockengießerei** in Brockscheid teilnehmen wollen. Von Gillenfeld fahren wir in Richtung Holzmaar zurück, biegen

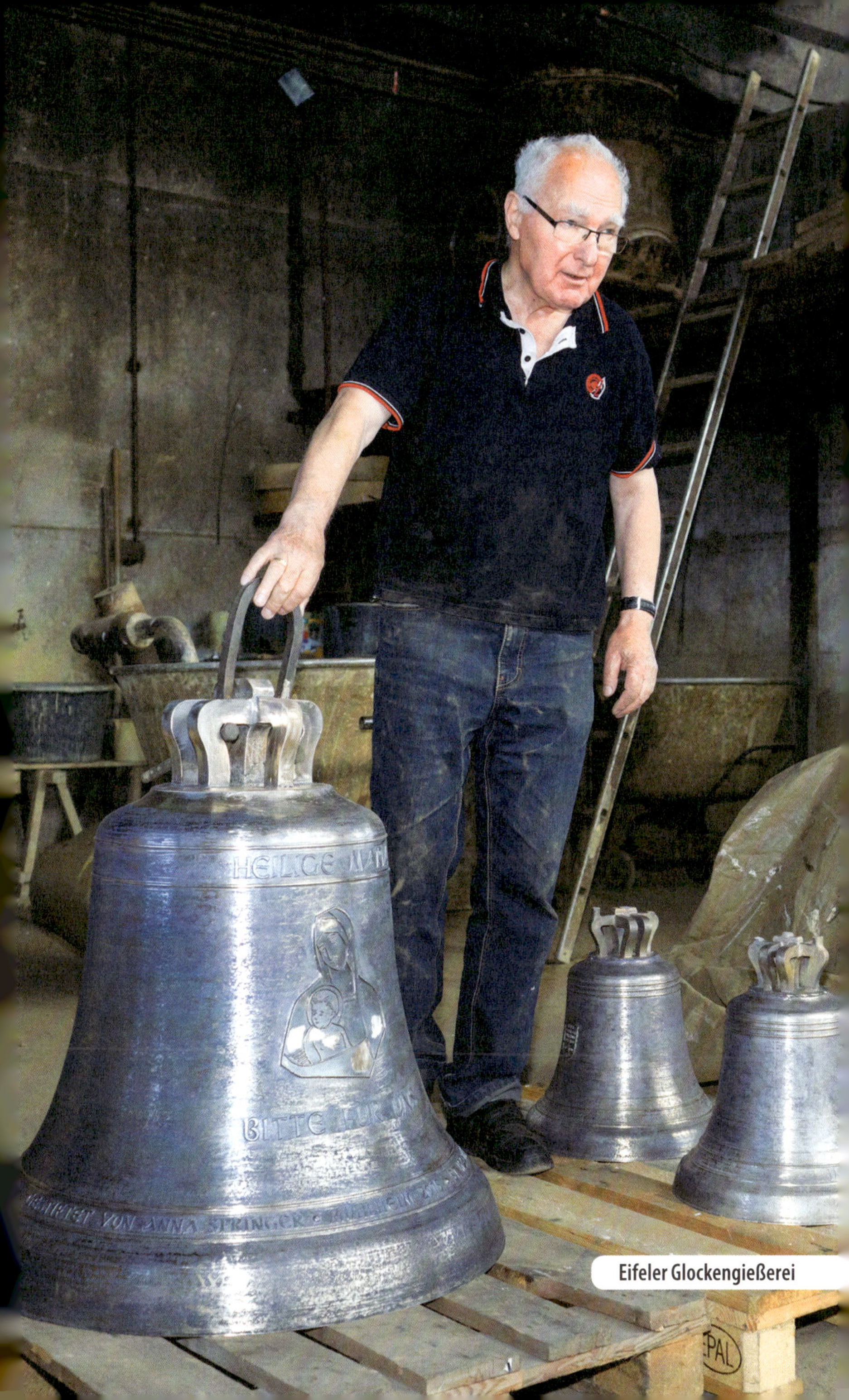

Eifeler Glockengießerei

vor dem Wald aber rechts ab auf die K 18 in Richtung Brockscheid. Die Glockengießerei befindet sich am Ortseingang rechts. Auch nach einem Eigentümerwechsel werden Führungen angeboten. Bei dieser erfahren wir viel über die Herstellung einer Glocke – kein Wunder, lässt sich das Kunsthandwerk des Glockengießens in der Familie Mark doch bis 1620 zurückverfolgen.

Einen Glockenguss zu erleben, ist große Glückssache, denn dieser findet nur vier- bis fünfmal im Jahr statt – am besten vorher anrufen. Aber auch die fertig gegossenen Glocken, die nur noch darauf warten, dass sie am vorgesehenen Platz angebracht werden, sind ein eindrucksvoller Anblick.

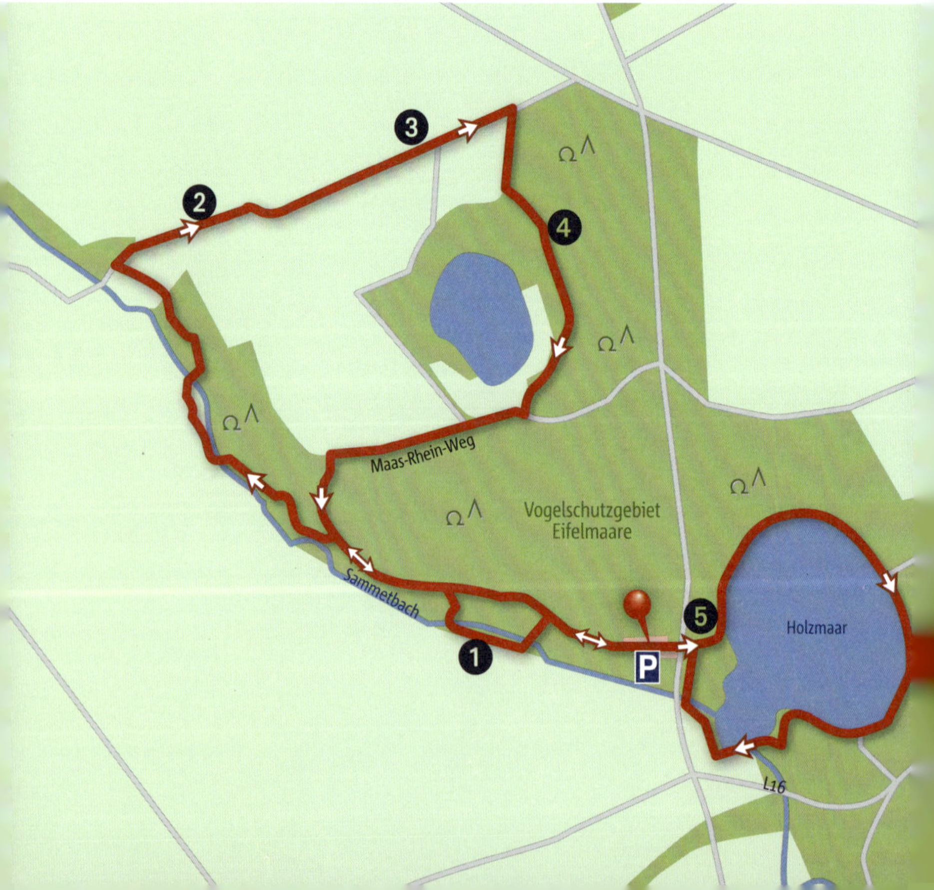

ALLES AUF EINEN BLICK

Entspannung
Abenteuer
Vielfalt

WIE & WANN

Schmale Pfade, Wald- und Feldwege; beste Wanderzeit von März bis Oktober

HIN & WEG

Auto: Parkplatz Holzmaar an der K 17
ÖPNV: Bus 300 von Bernkastel-Kues Forum bzw. Wittlich Hbf nach Gillenfeld Holzmaar (an der K 18); Zuweg zum Holzmaar entlang der K 17

ESSEN & ENTSPANNEN

Abseits der Route empfehlenswert:
Eifeler Scheunencafé, Holzmaarstraße 23, 54558 Gillenfeld, Tel. (0 65 73) 9 52 62 08, www.eifeler-scheunencafe.de
Landgasthaus und Geflügelhof Janshen, Moselweg 11, 54552 Ellscheid, Tel. (0 65 73) 95 38 70, www.janshen-ellscheid.de

ENTDECKEN & ERLEBEN

1. **Auenwald am Sammetbach**
2. **Kräuterwiesen**
3. **Hetsche Maar**
4. **Dürres Maar**
5. **Holzmaar**

Abseits der Route sehenswert:
Vulkanhof-Ziegenkäserei, Vulkanstraße 29, 54558 Gillenfeld, Tel. (0 65 73) 9 52 99 28, www.vulkanhof.de
Eifeler Glockengießerei, Glockenstraße 51–53, 54552 Brockscheid, Tel. (0 65 73) 95 30 15-0, www.sbaf-technik.com/eifeler-glockengiesserei, Führungen nach Absprache

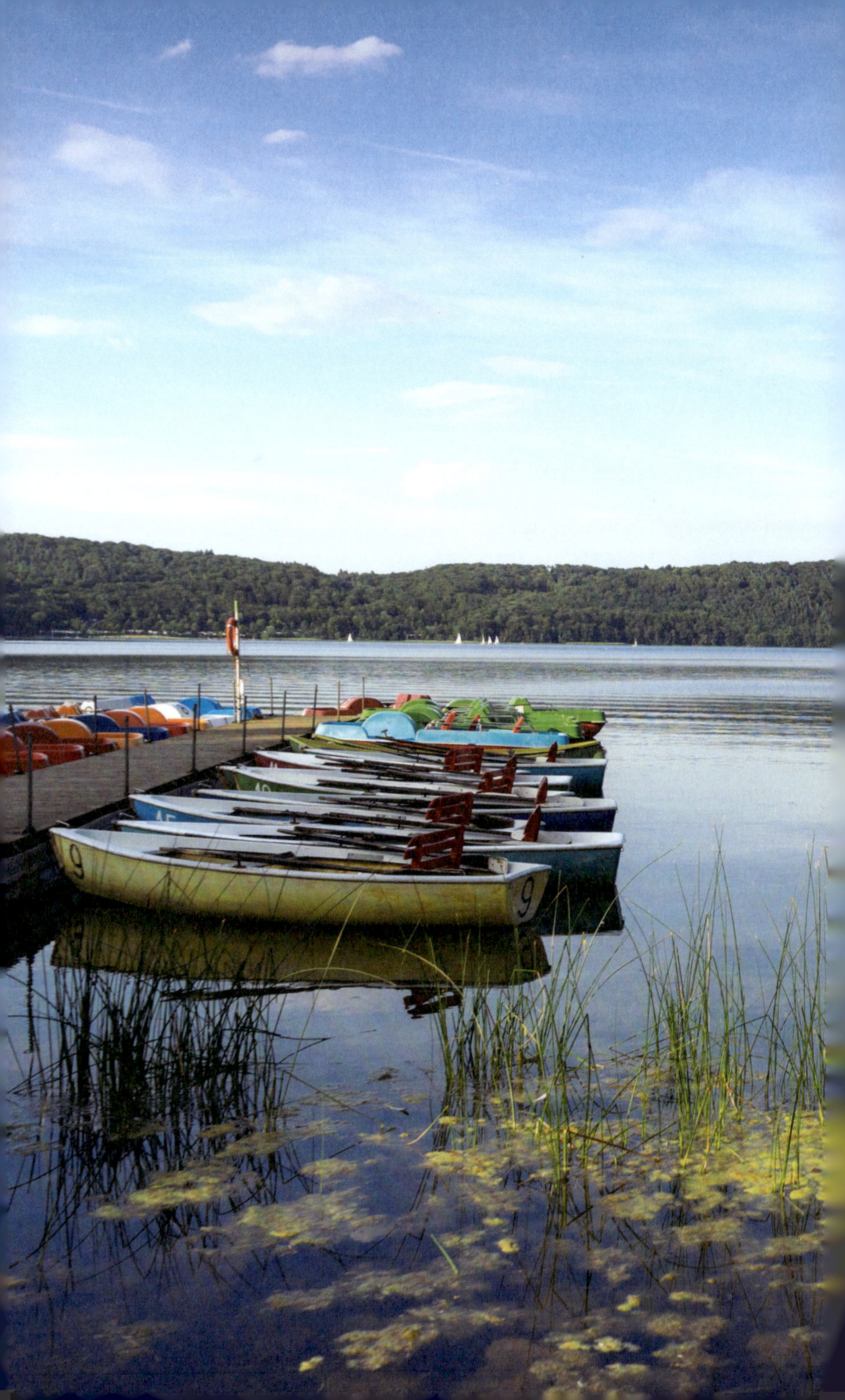

Seeblick inklusive

Unterwegs zur Abtei Maria Laach

Unsere Wanderung rund um den Laacher See beginnen wir am **Parkplatz Waldfrieden.** Von dort wenden wir uns an einer Schranke nach rechts. Dabei folgen wir mit einer im Text genannten Ausnahme dem Markierungszeichen Geo-L, einem stilisierten **Vulkan** auf weißem Grund, werden aber drei Abstecher bei unserer verkürzten Rundtour nicht beachten.

Der Weg neigt sich erst langsam, später dann, nachdem wir uns an der ersten Kreuzung nach rechts orientiert haben, zügig in Richtung **1 Laacher See.** Zuletzt sehen wir sein Wasser durch das dichte Laubdach der Bäume blausilbern glitzern. An einer Weggabelung in Ufernähe halten wir uns links; rechts führt der Waldweg zum Camping Laacher See.

*Die tiefste Stelle hat der **Laacher See** im Nordteil mit gut 50 Metern. Dort öffnete sich bei den Ausbrüchen vor rund 13.000 Jahren ein Schlot. Aus ihm wurden Bimsmassen herausgeschleudert, die wiederum hohe Wälle entstehen ließen. Zahlreichen Wasservögeln dient der See als Rast- und Überwinterungsplatz.*

Auf dem gut ausgebauten Wanderweg erhaschen wir immer wieder Blicke auf den See. Gerade im Sommer nutzen viele Menschen ihn zum Baden, auf dem Wasser entdecken wir farbenfrohe Tretboote und Segelboote.

Das Laacher Becken stellt zwar ein vulkanisches Gebiet dar, ist aber kein einheitlicher Krater. Andere Basaltvulkane wie der Krufter Ofen oder der Nickenicher Hummerich gruppieren sich um ihn herum; Basaltvulkane ruhen unter der Seeoberfläche.

Unterwegs werden wir auf einige Informationstafeln aufmerksam, beispielsweise „Bei der rechten Erde“ zum Unterdevonfelsen. Die markanten Sand- und Siltsteine treten linker Hand sehr eindrucksvoll zutage. Wir wandern weiter und entdecken etwas abseits des

Kilometer: 12
Höhenmeter: 137
Stunden: 3,5
RUNDWEG

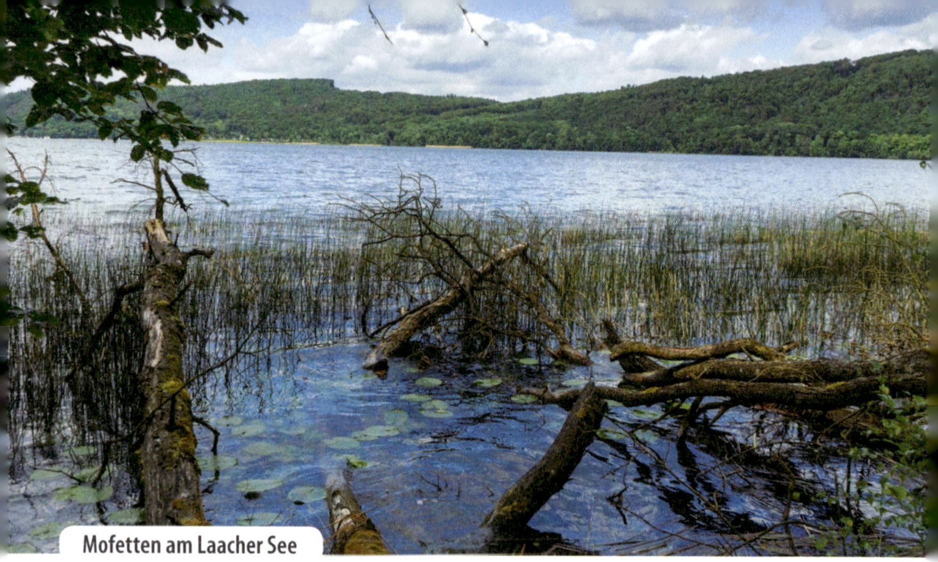
Mofetten am Laacher See

Wegs zum Ufer hin eine weitere große Informationstafel, die uns auf eine spektakuläre Besonderheit aufmerksam macht, die **2 Mofetten.** Kohlendioxid-Gas und teilweise auch andere Gase wie Schwefelwasserstoff steigen im Waldboden oder gut sichtbar im Uferbereich auf, die kleinen Blasen zerplatzen vernehmbar. Links und rechts von der erwähnten Schautafel können wir das Schauspiel beobachten. Wir begleiten das Spektakel einige Meter weit nahe beim Ufer, setzen uns auf einen der Steine oder umgestürzten Baumstämme und lassen die Zeit verfliegen. Derweil gleiten unsere Blicke über das dicht stehende Schilf und die See- und Teichrosen zum See. Wir lauschen dem Geschnatter der Enten, die mit ihren Flügeln aufgeregt schlagen, schauen den Anglern in ihren kleinen Fischerbooten zu. Ans Weitergehen wollen wir gar nicht denken.

Und doch kehren wir auf den ursprünglichen Weg zurück und setzen unsere Tour in Ufernähe fort. Wir können, kurz bevor sich der Uferwald lichtet, rechts an einem Rastplatz eine Pause einlegen. Links davon erstreckt sich hoch hinauf ein Schlackenkegel, die sogenannte **3 Alte Burg,** die Halbinsel wird Jägerspitze genannt. Einst befand sich hier tatsächlich eine Burg, nämlich die des Stifters von Maria Laach, Pfalzgraf Heinrich II.

Auf dem ***Felssporn*** *erstreckte sich die 170 Meter messende Festung, zwei Türme besaß sie, doch bereits 1115 wurden auf Bitten der Mönche beträchtliche Teile abgetragen. Im 19. Jahrhundert entfernte man weitere Gebäudeteile.*

Wir entdecken nichts mehr von der Burg, doch eine alte Sage erinnert noch an sie: Ein kaltherziger Ritter und seine Gesellen hausten auf einer Burg im See, und sie beraubten Wanderer und Pilger. Doch eines Tages erkrankte der Ritter. Die Gesundung ließ ihn fast gutmütig werden, er ruderte ans Ufer zu einem Einsiedler, wollte Buße tun – und war dann doch wieder so erbost über die Schwere der Buße, dass er den Einsiedler noch in der Kapelle meuchelte. Was dann geschah, überrascht nicht. Der Himmel verfinsterte sich, die Burg versank im Laacher See, die Fluten rissen den Ritter mit sich. Und wie die Menschen wissen, geriet er geradewegs in den Schlund der Hölle.

Für die Seele

Wir schöpfen händeweise Wasser am Laacher See und lassen unsere Seele in der Abtei Kraft schöpfen.

Während unsere Gedanken noch einer der vielen Sagen nachhängen, die sich um den Laacher See ranken, geben uns die Bäume wieder frei. Die Uferzone weitet sich, Blumenwiesen links und rechts, dazu Viehweiden und Felder. Gelegentlich entdecken wir vielleicht einige der rund 300 aus Frankreich stammenden Limousin-Rinder mit ihrem rötlichen Fell.

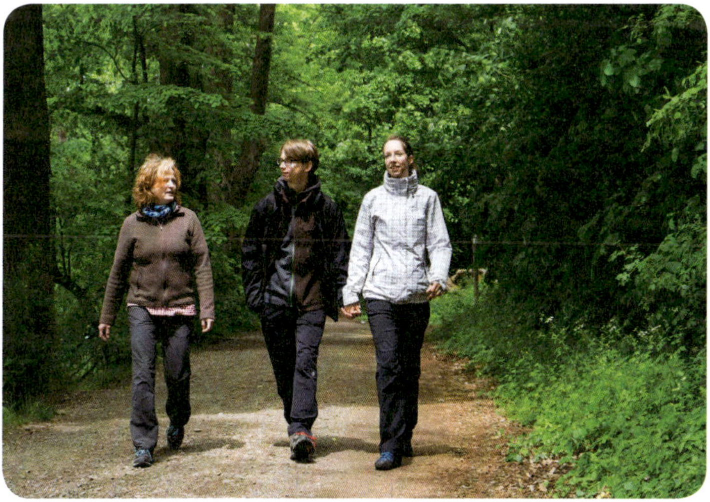

Auf den Feldern wird kontrollierter ökologischer Anbau durch das Klostergut betrieben.

Unser Weg führt vorbei am ausgeschilderten 4 **Fulbertstollen,** benannt nach einem Abt, der bereits zwischen 1152 und 1170 dafür sorgte, dass durch den Abzugsstollen weiteres Land dazugewonnen werden konnte.

Die Arbeiten an der dreischiffigen romanischen ***Basilika von Maria Laach*** *mit ihren sechs Türmen begannen im Jahr 1093; im selben Jahr wurde das Kloster gegründet. 1802 wurde die Abtei säkularisiert, 1892 dann durch Benediktinermönche wiederbesiedelt.*

Danach erreichen wir die **L 113,** gehen an ihr entlang wenige Meter Richtung Abtei, queren sie dann umsichtig und wandern auf einem Pfad links entlang der Straße auf Höhe der Klostermauern. Wir überqueren die Straße am Ende der Mauern, schlendern vorbei an einem Rastplatz und weiter auf einem Steinlehrpfad, bis wir links den Waldfriedhof und die **St.-Johannes-Kapelle** sehen. Gleich darauf erblicken wir die 5 **Abteikirche von Maria Laach.**

Wir betreten die gewaltige Kirche durch das sogenannte Paradies mit dem Paradiesbrunnen im Mittelpunkt eines kleinen Gartens. Innen lassen wir die Basilika in aller Stille auf uns wirken.

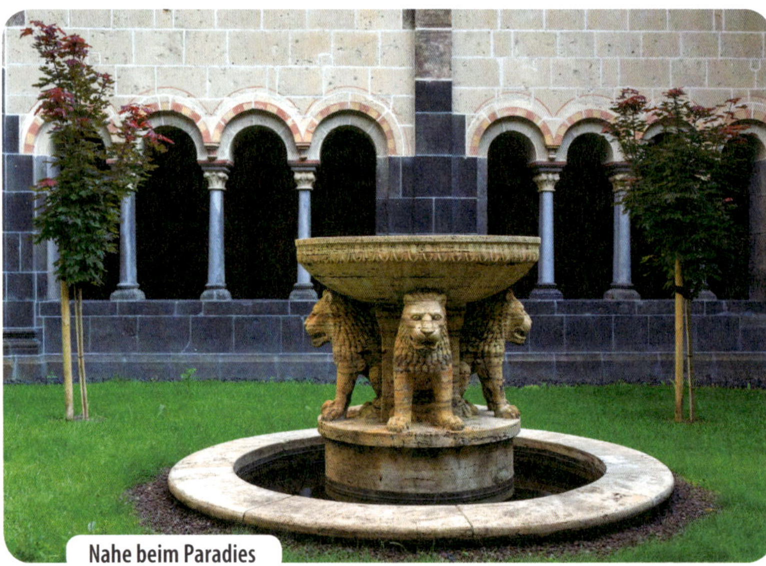

Nahe beim Paradies

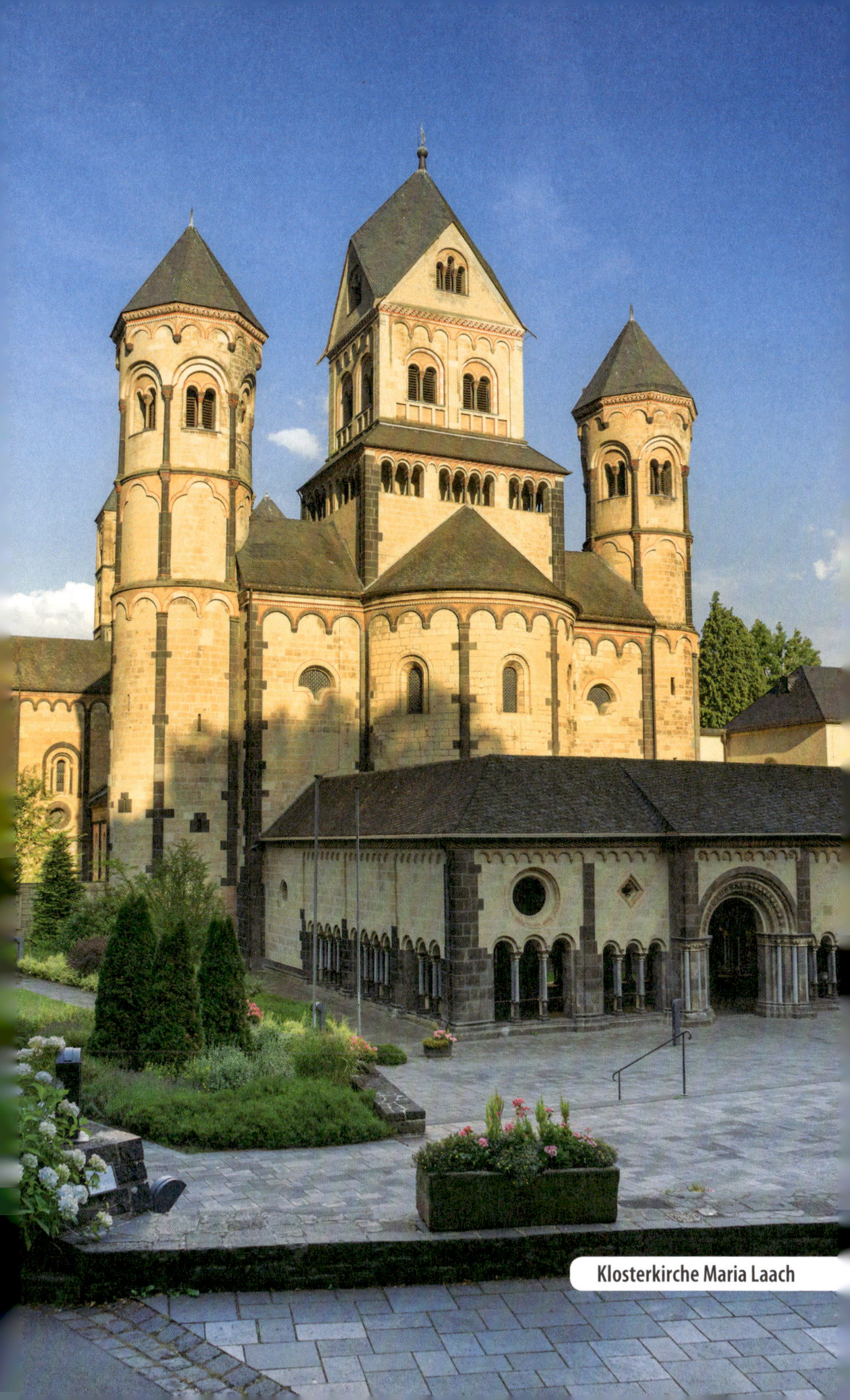

Klosterkirche Maria Laach

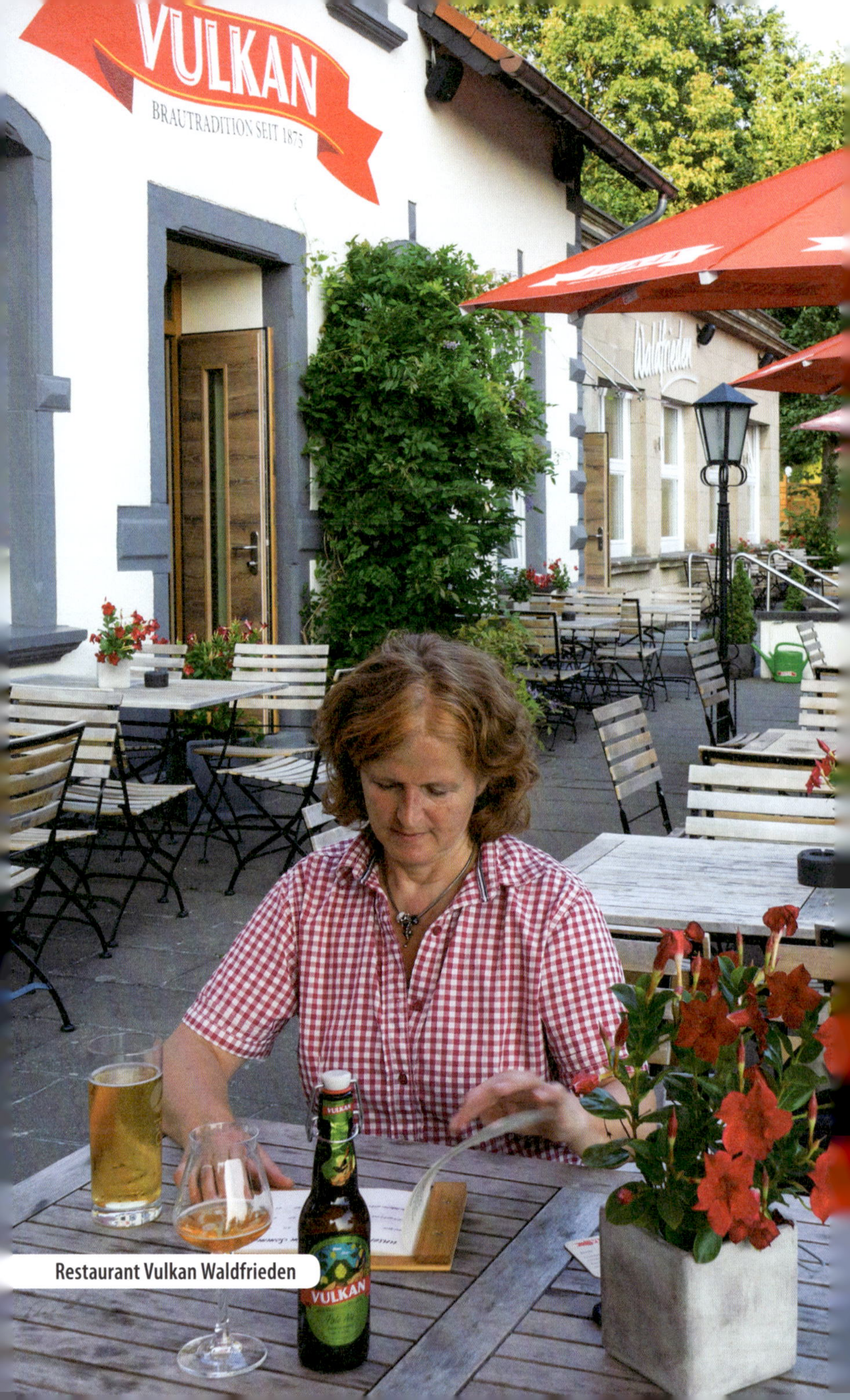

Restaurant Vulkan Waldfrieden

Danach trennen wir uns von ihr wieder durch das Paradies, wenden uns nach rechts, besuchen vielleicht noch die Gärtnerei, in der Kräuter und Stauden selbst herangezogen werden und in der wir Früchte aus dem klostereigenen Obstgarten erwerben können, schauen uns in der neu eingerichteten Klosterbuchhandlung um. Die Abtei weist außerdem Betriebe wie eine Glockengießerei und Bildhauerei auf.

Das Abteigelände verlassen wir durch eine Unterführung. Unser Weg führt uns nun nach links. Wir legen aber noch einen Abstecher in den **Hofladen** nahe beim Parkplatz der Abtei ein, wozu wir uns nach rechts wenden.

*Im **Hofladen** nahe der Abtei kann man Bioprodukte und Fisch aus dem Laacher See, Honig, Wild oder Fleisch vom Rind und Schwein kaufen.*

Von der Unterführung gehen wir nach links, bald rechts zum Seeufer. Am Tretbootverleih mit verführerischen Liegesofas werfen wir Blicke über den beschaulichen See, halten uns aber bald schon links und wandern auf einem jetzt schmalen Weg immer in Sichtweite zum Wasser. An einer Stelle können wir auf Tuchfühlung an ihn heran. Sumpfige Areale passieren wir gemütlich auf Holzbrücken. Nach etwa 1 Kilometer verlassen wir an einer Wegegabelung Geo-L. Wir wandern nun mit dem Wanderweg **Ni4** (weißes Haus auf violettem Grund) aufwärts zur **L 113,** queren die Straße und halten uns am Waldrand rechts. Wir tauchen in den Wald ein und gehen bis zur L 113. Diese überqueren wir und gehen am Straßenrand bergab. Nach 50 Metern treffen wir in einer Kurve wieder auf **Geo-L,** der nun gemeinsam mit Ni4 verläuft, und gemeinsam geht es fort von der Straße. Jetzt schlängelt sich der Weg in Hanglage sanft auf- und abwärts. Wir umkurven kleine Kerbtäler, halten uns auf dem Hauptweg, erfreuen uns am Buchen- und Eichenwald, der uns ab und an Blicke hinunter auf den See gönnt. Wenige Meter bevor wir erneut auf die L 113 stoßen, wenden wir uns auf einem Pfad links den Hang hinauf. Wir treffen auf eine Wegespinne, der wir halb links zum nun sichtbaren 6 **Lydiaturm** folgen.

*Es lohnt sich, den 1927 eingeweihten **Lydiaturm** zu besteigen. In den 1980er-Jahren wurde er aufgestockt, weil die Bäume die Aussicht verhinderten. Nun ist er 23 Meter hoch und die Weitsicht ist phänomenal.*

Vom Turm aus haben wir eine eindrucksvolle Rundumsicht und können über das Brohltal bis zum Siebengebirge schauen. Besonders genießen wir aber die letzten Blicke auf den Laacher See.

Von der Wegespinne orientieren wir uns geradeaus zum **7 Restaurant Vulkan Waldfrieden.** Hier finden wir den perfekten Abschluss des Tages, heute mit einem Beef Burger mit Fleisch vom Bauern vor Ort und einem Brioche-Brötchen vom ortsnahen Bäcker oder einem Laacher Silberfelchen in Kräuterbutter gebraten. Dazu könnten wir ein sehr süffiges, fruchtiges Pale Ale probieren. Im modern und geschmackvoll eingerichteten Restaurant sitzen wir so gemütlich, dass der Abschied vom Laacher See nicht leichtfällt.

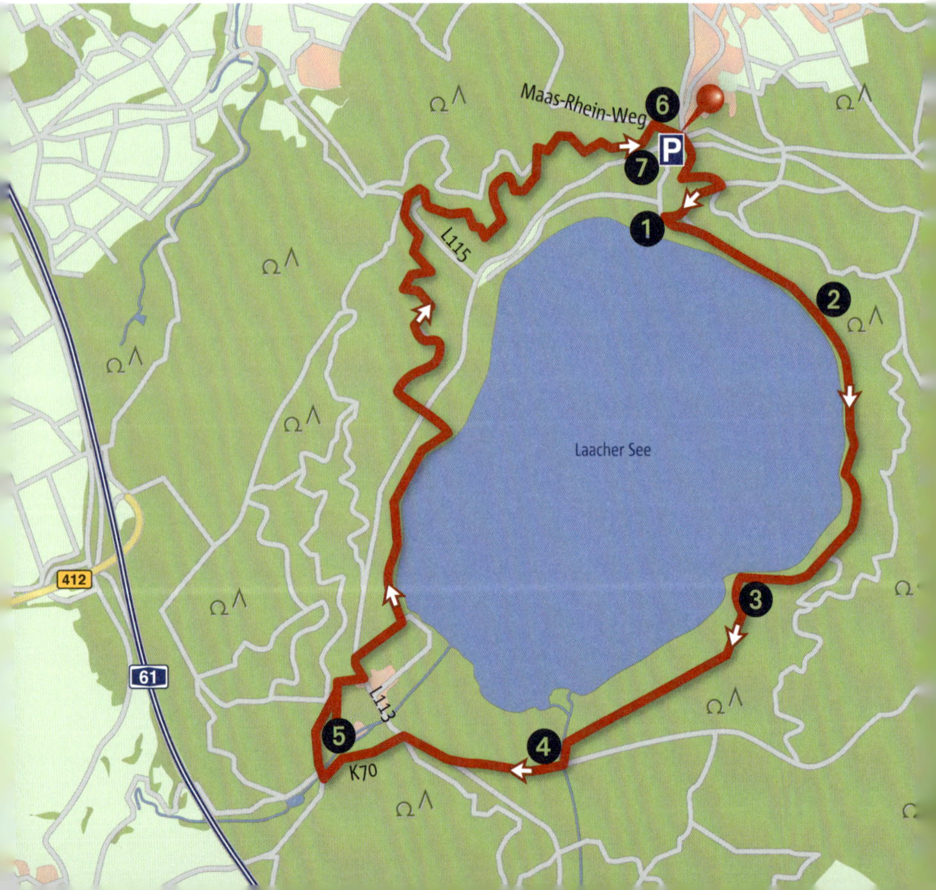

ALLES AUF EINEN BLICK

Entspannung 5/5
Abenteuer 3/5
Vielfalt 4/5

WIE & WANN

Überwiegend Wald- und Feldwege, einige Pfade; beste Wanderzeit von März bis Oktober

HIN & WEG

Auto: Parkplatz Waldfrieden am Restaurant Vulkan Waldfrieden
ÖPNV: Bus 310 von Andernach Bf bis Waldfrieden Laacher See

ESSEN & ENTSPANNEN

7 **Restaurant Vulkan Waldfrieden,** Am Laacher See, 56653 Wassenach, Tel. (0 26 36) 8 09 60, www.vulkan-waldfrieden.de

ENTDECKEN & ERLEBEN

1 **Laacher See**
2 **Mofetten**
3 **Alte Burg**
4 **Fulbertstollen**
5 **Benediktinerabtei Maria Laach mit Abteikirche,** 56653 Maria Laach, Tel. (0 26 52) 59-0, www.maria-laach.de
6 **Lydiaturm**

Die GPS-Daten zu jeder Tour gibt es auf
www.droste-verlag.de

9., aktualisierte Auflage 2024
Konzeption: Droste Verlag, Düsseldorf
Satz: Vollnhals Fotosatz, Neustadt/Do.
Einbandgestaltung: Britta Rungwerth, Düsseldorf, unter Verwendung von Bildern von © Fotolia.com: Andrey Kuzmin; Jenny Sturm; undrey; daboost; niroworld
Fotos: Karl-Georg Müller, Neuwied (S. 98, S. 102: Mit freundlicher Genehmigung der Burg Eltz)
Karten: Sameena Jehanzeb, Bonn
Druck und Bindung: LUC GmbH, Greven

ISBN 978-3-7700-2652-4
www.droste-verlag.de